LAROUSSE

GRAMÁTICA
LENGUA
ESPAÑOLA

CONJUGACIÓN

LAROUSSE

Gramática Práctica de la Lengua Española

Irma Munguía Zatarain
Universidad Autónoma Metropolitana

Martha Elena Munguía Zatarain
Universidad de Sonora

Gilda Rocha Romero
Universidad Pedagógica Nacional

NI UNA FOTOCOPIA MÁS

D. R. © MMIII, por Ediciones Larousse, S. A. de C. V.
          Renacimiento núm. 180, México 02400, D. F.

ISBN 970-22-0992-7 (Colección)
     978-970-22-0992-8
ISBN 970-22-0996-X
     978-970-22-0996-6

PRIMERA EDICIÓN — 14ª reimpresión

Impreso en México — Printed in Mexico

PRESENTACIÓN

El propósito de este libro es iniciar al hablante en el estudio reflexivo sobre la estructura y el funcionamiento de la gramática del español.

Se busca que, de manera eficiente y ágil, el lector conozca el sistema de la lengua y pueda resolver dudas específicas sobre el uso correcto del español. Por ello, los temas se tratan de una manera accesible y se evita terminología técnica, así como referencias a teorías particulares, que pudieran confundir a un lector no especialista.

Este libro está dirigido no sólo a estudiantes, sino también a profesores, profesionales de distintas disciplinas y, en general, a cualquier persona interesada en adquirir una buena formación en la gramática de la lengua española.

La exposición de los temas se ha organizado tomando como base las partes fundamentales de la gramática: fonética y fonología, morfología y sintaxis. En el estudio sobre fonética y fonología se tratan los principios básicos sobre los sonidos y los fonemas del español. En el apartado de morfología se describe y se caracteriza cada una de las categorías gramaticales del español: sustantivo, adjetivo, artículo, pronombre, verbo, adverbio, preposición y conjunción. Finalmente, en la parte de sintaxis se analiza la forma en que se estructuran las oraciones y la función que desempeñan las palabras dentro de éstas.

Se incluye, además, un índice analítico para facilitar la consulta de términos y nociones específicos, así como de ciertas palabras cuya categoría gramatical pudiera presentar dudas; sólo se remite al lector a las páginas donde es posible encontrar definiciones e información indispensable.

Las autoras

Índice General

INTRODUCCIÓN

COMUNICACIÓN Y LENGUAJE

La comunicación es un proceso de intercambio de información, de conocimientos, de sentimientos, de opiniones, entre los seres humanos. Los animales también emplean sistemas comunicativos; por ejemplo, las abejas utilizan cierto tipo de movimientos para comunicar cantidad, calidad y ubicación del polen; otros animales emplean sonidos particulares para expresar miedo, agresión, afecto. La diferencia entre la comunicación humana y la animal radica en que la primera utiliza sistemas más complejos, construidos conscientemente, mientras que la comunicación animal está más ligada a los instintos.

La comunicación entre los seres humanos es fundamental para el desarrollo de la vida en sociedad y se realiza mediante el empleo de distintos sistemas o lenguajes. Lenguaje es la capacidad que tienen los seres humanos para crear diversas formas de comunicación. Existen muchos tipos de lenguajes como la pintura, la música, la mímica, la danza, las señales de humo que han utilizado algunas comunidades, pero indudablemente, el más importante es la lengua.

La lengua se diferencia de otros sistemas de comunicación, porque es mucho más eficaz y precisa, además de que es exclusiva de los seres humanos.

Para que el proceso de la comunicación sea posible, es necesario que intervengan seis elementos: hablante o emisor, oyente o receptor, código, mensaje, medio o canal físico y referente.

Hablante o emisor es el individuo que transmite un mensaje.

Oyente o receptor es el destinatario del mensaje emitido por el hablante.

Mensaje es la información que el hablante transmite.

Código es el sistema de signos por medio del cual se elabora el mensaje; por ejemplo, las lenguas son códigos. Es indispensable que hablante y oyente compartan el mismo código para que sea posible la comunicación.

1

Canal es el medio físico que se emplea para transmitir el mensaje.

Referente es el mundo sobre el cual se habla en el mensaje.

La interacción de estos elementos constituye el proceso de la comunicación y puede representarse de la siguiente manera:

LENGUA Y HABLA

La lengua es un sistema complejo de signos regidos por un conjunto de normas, según las cuales está permitido combinarlos. Cada hablante conoce el código de su lengua y lo emplea para comunicarse.

La lengua es producto de una convención social y constituye una herencia cultural; se adquiere de manera natural y todas las personas están capacitadas para aprender cualquier lengua. Las lenguas son sistemas que le permiten al individuo entender y producir un número ilimitado de oraciones y mensajes, a partir de un pequeño número de signos y de reglas.

El español, el francés, el alemán, el griego, el ruso, el chino, el náhuatl, el quechua, son lenguas empleadas por diferentes comunidades lingüísticas. En la actualidad existen aproximadamente cinco mil lenguas en el mundo.

La lengua es una entidad abstracta; por el contrario, el habla es una realidad concreta pues constituye la realización individual de la lengua. Una sociedad determinada puede conocer y emplear la misma lengua, el español por ejemplo, pero cada miembro de esa comunidad habla de manera distinta; la lengua es de carácter social, mientras que el habla es individual.

A toda persona capaz de ejercer su capacidad lingüística se le llama hablante.

LENGUA HABLADA Y LENGUA ESCRITA

Es difícil establecer el momento en que los seres humanos crearon las lenguas para comunicarse, pero se sabe que la lengua hablada es anterior a la escrita. Es posible encontrar todavía en la actualidad comunidades que desconocen la escritura.

La lengua hablada y la lengua escrita constituyen dos tipos de comunicación, igualmente importantes, con características y funciones propias.

La lengua hablada emplea sonidos y cumple una función comunicativa inmediata; generalmente es un lenguaje espontáneo, el emisor puede rectificar lo dicho y el receptor está en posibilidad de comprender el mensaje en el mismo momento de la emisión. Además, se apoya en la entonación, en las pausas, en cambios de ritmo, y en signos no verbales como los gestos y los movimientos corporales.

La lengua hablada se adquiere con éxito en los primeros años de la vida, sin ningún entrenamiento específico; es suficiente con que el niño esté en contacto con una lengua para que la adquiera de manera natural.

La lengua escrita emplea signos gráficos y la comunicación se establece de manera diferida, es decir, el receptor puede tardar para leer el texto del emisor. El aprendizaje del lenguaje escrito requiere de adiestramiento especial pues implica el dominio de un sistema alfabético y ortográfico. El mensaje generalmente es autónomo y por ello el emisor crea el contexto necesario para ser entendido por el receptor.

Culturalmente, existe la tendencia a otorgar mayor relevancia a la lengua escrita debido a su carácter duradero, lo que ha permitido, en cierta medida, preservar y difundir más ampliamente el conocimiento.

Todas las personas interesadas en el conocimiento de su lengua, deben desarrollar tanto la lengua hablada como la escrita y, para ello, pueden utilizar los recursos propios de cada una de estas dos formas en que se manifiesta la lengua. Tanto la lengua hablada como la escrita, requieren de un contexto cultural para ser aprendidas, las dos son capacidades comunicativas propias del individuo.

LA GRAMÁTICA

Las investigaciones que se han realizado sobre la estructura y el funcionamiento de cada lengua han recibido comúnmente el nombre de gramáticas.

Los estudios gramaticales se iniciaron en Grecia en el siglo V a. de C., aunque la primera gramática no fue escrita sino hasta el siglo II a. de C. por Dionisio de Tracia. Estos estudios se vinculaban con «el arte de escribir», dado que en ese tiempo se consideraba el lenguaje escrito más importante que el lenguaje oral. También de esta época datan las primeras distinciones entre las clases de palabras: nombres, verbos, artículos, adverbios, pronombres, preposiciones, y las categorías de: género, tiempo, caso, voz, modo.

Las gramáticas que los latinos elaboraron después, estaban inspiradas en las aportaciones de los griegos, y las modificaciones que introdujeron fueron mínimas. Muchos de los principios gramaticales clásicos se mantuvieron durante la Edad Media, época en la que se estimuló el estudio del latín. No fue sino hasta el Renacimiento cuando comenzaron a aparecer las gramáticas de las nuevas lenguas europeas: irlandés, islandés, provenzal, francés, español.

Los estudios que nacieron en Grecia, se desarrollaron en Roma y en la Europa medieval, son los que se conocen como gramática tradicional. Esto no significa que en otras regiones del mundo no hayan existido estudios sobre el lenguaje; es sabido que, independientemente de la tradición grecorromana de la que se habló anteriormente, en la India se realizaron investigaciones sobre gramática en el siglo IV a. de C., pero no fueron conocidas en Occidente, sino hasta el siglo XVIII con el descubrimiento del sánscrito.

En Europa se hicieron estudios durante el siglo XIX, con el fin de investigar el origen y el parentesco entre las lenguas, y con ello se desarrolló la gramática histórica. En la primera mitad del siglo XX, tanto en Europa como en Norteamérica, se realizaron investigaciones sobre la estructura de las lenguas, lo que dio origen a las llamadas gramática estructural y gramática descriptiva que lograron importantes avances, entre los cuales se encuentra la descripción de lenguas indígenas americanas. Durante los últimos cincuenta años, aproximadamente, ha recibido gran impulso la llamada gramática generativa que pretende hacer una teoría universal de las lenguas.

La lingüística es la ciencia que estudia las lenguas en todos sus aspectos, y la gramática forma parte esencial de ella. Existen otras ramas de la lingüística que no están vinculadas directamente con la gramática; por ejemplo, la psicolingüística investiga cómo los seres humanos adquieren su lengua materna; la sociolingüística estudia cómo se emplea el lenguaje en la sociedad, en situaciones concretas; la patología del lenguaje estudia los problemas que pueden padecer los seres humanos en el empleo de su lengua.

La gramática estudia el sistema de cada lengua. Las lenguas no son un listado anárquico de palabras; las palabras pueden agruparse según su forma, su función o su significado y, además, existen reglas para combinarlas y poder formar frases y oraciones coherentes. Esto es lo que estudia la gramática. Antiguamente se consideraba la gramática como el arte que enseña a hablar y escribir correctamente un idioma, pero en la actualidad, se define la gramática como la parte de la lingüística que estudia el conjunto de reglas que tiene una lengua, para formar palabras y combinarlas en la construcción de oraciones.

PARTES DE LA GRAMÁTICA

Las partes fundamentales de la gramática son la morfología y la sintaxis; muchos estudiosos incluyen, además, la fonética, la fonología y, en algunos casos, la semántica.

En este libro se tratarán sólo algunos aspectos básicos de fonética y de fonología, indispensables para un conocimiento completo de la gramática del español. La semántica se considerará únicamente como apoyo en la elaboración de las distintas definiciones y clasificaciones.

La fonética y la fonología estudian los sonidos de una lengua; la primera analiza la realización física de los sonidos lingüísticos, es decir, cómo se producen, cómo se perciben y cómo están formadas las ondas sonoras. La fonética se interesa, por ejemplo, en distinguir las diversas pronunciaciones del sonido [b] en español: si es suave como en la palabra *nabo*, o si es fuerte como en la palabra *barco*. La fonología, en cambio, estudia los sonidos, no como realizaciones físicas, sino como representaciones que permiten establecer diferencias de significado. Se interesa en analizar si el cambio de un sonido provoca cambio de significado, por ejemplo: *peso, beso; sal, sol.*

La morfología estudia cómo se forman las palabras, qué modificaciones sufren para indicar los distintos accidentes gramaticales: género, número, tiempo, modo; establece, además, cuáles son las clases de palabras: sustantivos, adjetivos, verbos, pronombres.

Por ejemplo, en español es posible formar un adjetivo derivándolo de un verbo como en:

Comprable del verbo *comprar*

Variable del verbo *variar*

Considerable del verbo *considerar*

5

Otro ejemplo es la concordancia, de género y número, que deben observar los artículos y los adjetivos respecto del sustantivo al que acompañan:

La manzana podrida (femenino y singular)

El limón podrido (masculino y singular)

La sintaxis estudia cómo ordenar, coordinar y subordinar las palabras, así como las relaciones que guardan éstas dentro de una oración; por ejemplo:

La hermana de Juan escribe poemas.

Sujeto: *La hermana de Juan*

Predicado: *escribe poemas*

Asimismo, la sintaxis establece la función que cada una de las palabras desempeña dentro del sujeto y del predicado.

La semántica estudia la significación en las lenguas; examina el significado de cada palabra y de las oraciones.

FONÉTICA
Y
FONOLOGÍA

ELEMENTOS BÁSICOS

ELEMENTOS BÁSICOS

SONIDOS, FONEMAS Y GRAFÍAS

Los hablantes de cualquier lengua utilizan sonidos lingüísticos articulados para formar palabras. En la escritura, estos sonidos se representan por grafías o letras.

Un sonido lingüístico se produce por los llamados órganos de fonación del ser humano: labios, dientes, alvéolos, lengua, paladar, glotis, cuerdas vocales, etcétera. Los sonidos que conforman una palabra pueden aislarse y distinguirse entre sí. Existe la convención de transcribir los sonidos entre corchetes: [b], [a], [m].

Un sonido puede presentar variaciones en el momento de articularse, debido a la influencia del sonido que le sigue o le precede; por ejemplo, la [n] de la palabra *nube*, se pronuncia como [m] cuando aparece junto al sonido representado por la grafía **v**: *invierno, envase*; también se advierte una variación junto a los sonidos [g], [f], como en *angosto, enfermo*. Las distintas producciones de un mismo sonido, como las diferentes formas de pronunciar la [n], se llaman alófonos.

La fonética estudia la producción de sonidos lingüísticos y las diferentes realizaciones de éstos, es decir los alófonos.

La fonología se ocupa del estudio de los sonidos en tanto unidades que provocan cambio de significado; estas unidades se llaman fonemas y se transcriben entre barras: /n/, /b/, /e/. La fonología no se interesa por las diferencias articulatorias, sino que hace abstracción de éstas; por ejemplo, para las distintas pronunciaciones de [n] establece un único fonema: /n/. Los sonidos son la realización acústica de los fonemas. Estos últimos son unidades abstractas que, sin embargo, los hablantes pueden reconocer, a pesar de las diferencias de pronunciación.

La fonología determina cuáles son los fonemas de una lengua y los organiza dentro de un sistema a partir de sus diferencias fundamentales. Los fonemas /n/, /s/, /t/ son distintos porque la presencia de uno o de otro, en un mismo contexto, ocasiona cambio de significado: *pana, pasa, pata*.

9

Los fonemas del español son veintidós, diecisiete consonantes y cinco vocales. Suelen utilizarse símbolos convencionales para transcribirlos, por lo que su representación gráfica no siempre corresponde a las letras del abecedario:

Fonemas	Ejemplos
/p/	pan
/b/	boca, vaca
/t/	tema
/k/	casa, queso, kilo
/d/	dato
/g/	gata
/f/	feo
/s/	saber, cebra, zarpar
/x/	joroba, gitano
/č/	chorizo
/r/	pera
/r̄/	perra
/l/	lobo
/m/	mesa
/n/	nada
/ñ/	baño
/y/	yeso, llama
/a/	alma
/e/	era
/i/	ira, Paraguay
/o/	ocio
/u/	universo

En algunas zonas del mundo hispanohablante, pueden reconocerse dos fonemas más:

/Θ/ caza, cocer, cima
/ḻ/ valla

El fonema /Θ/ se emplea en varias regiones de España y corresponde a las grafías **z** y **c**, esta última ante **e** o **i**. El fonema /ḻ/ se utiliza en algunas regiones de España, Colombia, Ecuador, Bolivia, Chile, entre otras.

Las grafías representan los fonemas en la escritura, por ejemplo, la letra **m** transcribe el fonema /m/; la grafía **rr**, el fonema /r̄/; las grafías **b** y **v**, el fonema /b/.

El alfabeto de la lengua española tiene las siguientes grafías o letras que pueden ser mayúsculas o minúsculas; en la columna de la derecha pueden verse los fonemas correspondientes; en algunos casos un fonema puede tener diversas formas de representación gráfica, por ejemplo /b/ puede escribirse como **b** o **v**; en otros casos, una grafía no corresponde, necesariamente, a un fonema específico, por ejemplo **w** y **x**:

Letras Mayúsculas	Letras Minúsculas	Fonemas
A	a	/a/
B	b	/b/
C	c	/k/ o /s/
D	d	/d/
E	e	/e/
F	f	/f/
G	g	/g/ o /x/
H	h	
I	i	/i/
J	j	/x/
K	k	/k/
L	l	/l/
M	m	/m/
N	n	/n/
Ñ	ñ	/ñ/
O	o	/o/
P	p	/p/
Q	q	/k/
R	r	/r/ o /r̄/
S	s	/s/
T	t	/t/
U	u	/u/
V	v	/b/
W	w	
X	x	
Y	y	/y/ o /l̦/
Z	z	/s/ o /Θ/

En 1995 la Real Academia Española dispuso la desaparición, dentro del alfabeto, de las letras **ch** y **ll**; esto no significa que los sonidos que representan ya no existan. Se trata sólo de incluir las palabras que tengan estas letras en las secciones del diccionario asignadas a la **c** y a la **l**.

La falta de correspondencia exacta entre fonemas y grafías suele ocasionar problemas ortográficos:

a) Las letras **v** y **b** representan el fonema /b/: *barco, vanidad*.

b) La letra **c** puede pronunciarse como [s] frente a las vocales **e, i**: *cieno, cigarra, celos, cerro*. En todos los demás casos, se articula como [k]: *cresta, coco, clima, cuenca*.

c) La letra **g** se pronuncia de manera distinta; tiene sonido suave ante:

— ue, ui: *guerrero, guirnalda*

— a, o, u, ü: *ganar, golosina, gusano, vergüenza*

Tiene sonido fuerte y suena como [x] ante:

— e, i: *gelatina, gimnasio*

d) La letra **h** no corresponde a ningún sonido, es decir, sólo es un signo ortográfico, por eso se le ha llamado "h muda": *hilo, zanahoria*.

e) La letra **i** se escribe **y** cuando representa la conjunción *y*: *limones y peras*; también cuando aparece en posición final de palabra, sin ser núcleo vocálico: *muy, estoy, hoy*.

f) En algunos casos la letra **u** no corresponde a ningún fonema, pues no se pronuncia:

— Después de **q**, ante **e** o **i**: *queso, quizá*.

— Después de **g**, ante **e** o **i**: *guerra, guisado*. En esta misma posición sólo se pronuncia cuando lleva diéresis: *cigüeña, pingüino*.

g) La letra **x** puede pronunciarse de diferentes maneras:

— [ks]: *hexágono, examen*

— [s]: *expectativa, extracto, Xochimilco*

— [x]: *México*

h) La letra **w** puede pronunciarse como [u] o [b]; en general se emplea en palabras de origen extranjero: *whisky, wat, Wagner*.

VOCALES Y CONSONANTES

Las vocales son sonidos que se producen dejando salir libremente el aire, sin obstrucción; además, todas ellas son sonoras porque en el momento de pronunciarlas hay vibración de las cuerdas vocales.

Cada uno de los sonidos vocálicos corresponde a los fonemas /a/, /e/, /i/, /o/ y /u/. Se distinguen entre sí por el grado de abertura de la boca:

a) La vocal /a/ es la más abierta y la lengua se coloca en la parte baja de la boca.

b) La vocal /e/ es más cerrada que la /a/ y la lengua se eleva un poco y se adelanta hacia los dientes superiores. Los labios se alargan hacia los lados.

c) La vocal /i/ es más cerrada que la /e/ y la lengua se aproxima al paladar y a los dientes superiores. Los labios se alargan hacia los lados.

d) La vocal /o/ presenta la misma abertura que la /e/, pero la lengua se coloca hacia atrás, aproximándose al velo del paladar. Los labios se redondean.

e) La vocal /u/ es tan cerrada como la /i/ pero la lengua se aproxima, aún más que en la /o/, al velo del paladar. Los labios se redondean.

Las vocales más abiertas, /a/, /e/, /o/, se llaman fuertes y las cerradas, /i/, /u/, se llaman débiles.

De acuerdo con la posición que adopta la lengua en el momento de producir las vocales, es posible ubicarlas en la cavidad bucal:

A diferencia de los fonemas vocálicos, los consonánticos representan sonidos que se producen con cierta obstrucción en la salida del aire y se pueden clasificar, básicamente, desde cuatro puntos de vista:

a) Por la sonoridad y la sordez, según si hay o no vibración de las cuerdas vocales, pueden ser:

Sonoras:

/b/ _barco_	/d/ _dona_	/g/ _agua_	/ñ/ _añil_
/m/ _amar_	/n/ _nido_	/l/ _luna_	
/r/ _aroma_	/r̄/ _tierra_	/y/ _llama_	

Sordas:

/p/ _pozo_	/t/ _tener_	/k/ _cosa_
/s/ _sueño_	/f/ _afilar_	/č/ _muchacho_
/x/ _jamás_		

b) Por el modo de articulación, es decir, por la forma como sale el aire de la boca, pueden ser:

Oclusivas, cuando existe una obstrucción total y el aire sale bruscamente:

/p/ _paño_	/t/ _metro_	/k/ _mecánico_	/b/ _borrar_
/m/ _mano_	/n/ _anatomía_	/ñ/ _año_	/g/ _gorro_
/d/ _dátil_			

Fricativas, cuando no se cierra completamente el canal de la salida del aire y existe mucha fricción:

/f/ _afán_	/s/ _sonido_	/x/ _juicio_	/l/ _ala_

Africadas, cuando el aire sale con fricción después de una obstrucción:

/č/ _mucho_	/y/ _llorar_

Vibrantes, cuando el paso del aire se interrumpe momentáneamente y la lengua vibra una o varias veces:

/r/ _pereza_	/r̄/ _parra_

c) Por el punto de articulación, es decir, por el lugar donde hacen contacto dos órganos de la boca y se produce con ello cierta fricción; pueden ser:

Bilabiales. Se producen uniendo los labios:

/p/ _palo_	/b/ _burro, ventana_	/m/ _mito_

Labiodental. Se produce cuando el labio inferior roza los dientes superiores:

/f/ _foca_

Dentales o alveolares. Se producen cuando la lengua toca los alvéolos, es decir, la parte interior de los dientes superiores:

/t/ _tener_	/d/ _disco_	/s/ _musa_
/n/ _animal_	/l/ _loma_	/r/ _traje_

Palatales. Se producen cuando la lengua se apoya en el paladar:

/č/ _pecho_	/y/ _llorar_	/r̄/ _arruinar_	/ñ/ _caña_

Velares. Se producen cuando el dorso de la lengua se aproxima al velo del paladar:

/k/ _kilo, eco, quizá_	/g/ _ángulo_	/x/ _México, mejor_

d) De acuerdo con la cavidad por donde sale el aire, pueden ser:

Nasales. Cuando el aire sale por la nariz:

/m/ _amigo_	/n/ _anillo_	/ñ/ _puño_

Orales. Cuando el aire sale por la boca; todas las consonantes son orales, excepto las tres anteriores.

En la página siguiente se presentan las consonantes del español, clasificadas según los tres criterios mencionados anteriormente.

Muchos de estos fonemas consonánticos se pronuncian de distintas maneras en varias regiones del mundo hispanohablante. Todas estas variaciones se consideran alófonos. Por ejemplo:

a) /y/ se articula como fricativo, palatal sordo, [š], en zonas de Argentina y Uruguay.

b) /s/ se aspira o no se pronuncia cuando aparece en ciertas posiciones de palabra. Esto ocurre en regiones de Venezuela, Cuba, Puerto Rico, México, etc.

c) /x/ se pronuncia como uvular, es decir que la fricción no se produce en el velo del paladar, sino en la úvula. Esto sucede en algunas regiones de España.

Modo de articulación → / Punto de articulación ↓	Oclusivas			Fricativas		Africadas		Vibrantes	
	Sonoras		Sordas	Sonoras	Sordas	Sonoras	Sordas	Sonoras	Sordas
	Orales	Nasales	Orales	Orales	Orales	Orales	Orales	Orales	Orales
Bilabiales	b	m	p						
Labiodental					f				
Dentales o alveolares	d	n	t	l	s			r	
Palatales		ñ				y	č	r̄	
Velares	g		k		x				

LA SÍLABA

Las palabras pueden estar compuestas por una o más sílabas. Sílaba es la unidad mínima que se produce en una sola emisión de voz. En toda sílaba debe haber por lo menos una vocal y es posible que se formen de la siguiente manera:

a) Un fonema vocálico: *a-re-na*

b) Dos fonemas: *ai-re, al-bur*

c) Tres fonemas: *cue-va, car-go*

d) Cuatro fonemas: *blas-fe-mia*

e) Cinco fonemas: *trans-por-tar*

Toda sílaba tiene un núcleo silábico que corresponde siempre a una vocal.

A la unión de dos vocales diferentes en una misma sílaba se le llama diptongo: *huer-to, an-sia, cie-lo, con-clu-sión, gua-po, ais-lar, pei-ne, lau-rel*. Para que dos vocales formen diptongo, es necesario que una de ellas sea débil y átona, es decir sin acento. Si se reúnen dos vocales fuertes, el diptongo se deshace: *fa-e-na, La-ti-no-a-mé-ri-ca*.

El triptongo es la unión de tres vocales en una misma sílaba. Se forma con una vocal fuerte en medio de dos débiles: *es-tu-diáis, sen-ten-ciáis, Cuauh-té-moc, buey*.

EL ACENTO

En una palabra, las sílabas pueden ser tónicas o átonas, dependiendo de si tienen o no acento; el acento es la fuerza o énfasis con que se pronuncia una sílaba; todas las palabras tienen una sílaba tónica. Por ejemplo, en la palabra *casa* (*ca-sa*), la primera sílaba es tónica y la segunda, átona. En la palabra *pizarrón* (*pi-za-rrón*) la última es la sílaba tónica.

El acento puede ser ortográfico o prosódico; el primero se escribe gráficamente, como por ejemplo en las palabras *débil, cálido, acuático, razón, colibrí, dátil*. El acento prosódico se pronuncia pero no se escribe, por ejemplo: *cama, tigre, luz, paladar*.

Según el lugar donde se encuentre la sílaba tónica, las palabras se clasifican en:

a) **Agudas**. Su última sílaba es la tónica:

sal-<u>tar</u>   co-<u>rrió</u>   ca-<u>fé</u>

Sólo llevan acento ortográfico las palabras terminadas en **n**, **s**, o vocal:

can-<u>ción</u>   des-<u>pués</u>   fre-ne-<u>sí</u>

b) **Graves o llanas**. Su penúltima sílaba es la tónica:

cam-<u>pa</u>-na   a-<u>zú</u>-car   <u>ár</u>-bol

Llevan acento ortográfico todas las palabras que no terminen en **n**, **s** o vocal:

<u>ú</u>-til   <u>néc</u>-tar   <u>ás</u>-pid   <u>ám</u>-bar

Las excepciones más comunes son las palabras que terminan en **-ps**, que sí se acentúan:

<u>fór</u>-ceps   <u>bí</u>-ceps

c) **Esdrújulas**. Su antepenúltima sílaba es la tónica. Estas palabras siempre llevan acento ortográfico:

<u>cá</u>-ma-ra   <u>quí</u>-ta-te   <u>lí</u>-qui-do   <u>án</u>-gu-lo

d) **Sobresdrújulas**. Su pre-antepenúltima sílaba es la tónica. Estas palabras siempre llevan acento ortográfico:

<u>sál</u>-ta-te-lo   a-<u>rrán</u>-ca-se-lo

El acento ortográfico se emplea también en los siguientes casos:

a) Cuando aparecen juntas una vocal débil acentuada y una fuerte no acentuada; el diptongo se deshace y la vocal débil recibe el acento ortográfico:

ma-<u>íz</u>   e-go-<u>ís</u>-mo   ba-<u>úl</u>   <u>bú</u>-ho

b) Las formas verbales que ya tienen acento, lo conservan aun cuando se les añada un pronombre al final:

sen-<u>tó</u>-se   ca-<u>yó</u>-se

c) En los adverbios terminados en **-mente**, derivados de adjetivos que llevan acento ortográfico:

<u>rá</u>-pi-da-men-te   ri-<u>dí</u>-cu-la-men-te   <u>úl</u>-ti-ma-men-te

ACENTOS DIACRÍTICO Y ENFÁTICO

Las reglas de acentuación establecen que las palabras monosílabas no llevan acento ortográfico: *fue*, *vi*, *sal*. En los casos en que existen dos monosílabos iguales pero con diferente significado y distinta función gramatical, se acentúa uno de ellos para diferenciarse: *sé* (del verbo saber) y *se* (pronombre personal). Este acento se llama diacrítico. Se emplea, además, para distinguir palabras no monosílabas, que tienen la misma escritura y la misma pronunciación, pero que poseen significado diferente y que pertenecen a una categoría gramatical distinta: *aquél* (pronombre), *aquel* (adjetivo).

A continuación se presenta un cuadro con los usos del acento diacrítico:

ACENTO DIACRÍTICO	
tú (pronombre) Tú eres el responsable	**tu** (adjetivo) Tu casa es grande
éste, ésta (pronombre) Éste es el que me delató	**este, esta** (adjetivo) Este perro no es mío
él (pronombre) Él no hizo la tarea	**el** (artículo) El libro se perdió
aquél, aquélla (pronombre) Aquél trajo el dinero	**aquel, aquella** (adjetivo) Aquel camino es largo
mí (pronombre) Sólo pensaba en mí	**mi** (adjetivo) Mi hijo tiene pecas
sí (pronombre y adverbio) Volvió en sí Sí lo realizó	**si** (conjunción) Si vienes, te quedas
sólo (adverbio) Sólo quería un pastel	**solo** (adjetivo) Raúl vive solo
más (adverbio) Dame más almendras	**mas** (conjunción) Lo compró, mas no lo usa
té (sustantivo) Se tomó un té de canela	**te** (pronombre) Te lo dije
sé (verbo) Sé que voy a ganar	**se** (pronombre) José se equivocó
dé (verbo) Quiero que me dé una flor	**de** (preposición) La casa es de madera

El acento enfático se emplea en algunas palabras que tienen sentido interrogativo o admirativo, para distinguirlas de las que tienen un sentido enunciativo o declarativo: *qué* y *que*.

A continuación se presenta un cuadro con los usos del acento enfático:

ACENTO ENFÁTICO	
Interrogativos y Exclamativos	Enunciativos o Declarativos
quién ¿Quién vino ayer? ¡Quién lo viera!	**quien** Díselo a quien quieras
cómo ¿Cómo lo supiste? ¡Cómo llueve!	**como** Lo hizo como pudo
dónde ¿Dónde viviremos?	**donde** Vivo donde nací
cuál ¿Cuál prefieres?	**cual** Compré un libro, el cual no tenía ilustraciones
cuánto ¿Cuánto ganas? ¡Cuánto trabajo!	**cuanto** Es todo cuanto tengo
qué ¿Qué hiciste ayer? ¡Qué desolación!	**que** Dijo que no vendría
cuándo ¿Cuándo llegaremos?	**cuando** Llamó cuando dormías

MORFOLOGÍA

MORFOLOGÍA

ELEMENTOS BÁSICOS

Las frases y las oraciones están formadas por palabras, y éstas constituyen unidades lingüísticas independientes, con sentido propio, que es posible separar por pausas en el lenguaje oral o por espacios en blanco, en el lenguaje escrito.

La morfología se ocupa del estudio de las palabras: su estructura interna, los procesos de su formación, así como de las modificaciones que sufren para indicar los distintos accidentes gramaticales de género, número, tiempo, modo, entre otros.

MORFEMAS

Las palabras están formadas por pequeñas unidades que tienen significado; estas unidades se llaman morfemas, y no necesariamente coinciden con las sílabas:

niñ-o	cas-a	libr-ero
roj-os	com-ió	deport-ista

Las palabras anteriores tienen dos morfemas:

a) El morfema raíz, llamado también radical o lexema: **niñ-**, **cas-**, **libr-**, **roj-**, **com-**, **deport-**. Éste se mantiene invariable, generalmente, y porta el significado básico de la palabra.

b) El morfema flexivo o derivativo, llamado también desinencia o gramema: **-o**, **-a**, **-ero**, **-os**, **-ió**, **-ista**. Éste siempre varía y agrega el significado de género, número, tiempo, etc.

En algunas ocasiones, una palabra puede estar constituida por un solo morfema:

mar	sol	así	mil
por	no	col	pan

Los procesos morfológicos más importantes que presentan las palabras son tres:

a) Flexión
b) Derivación
c) Composición

FLEXIÓN

La flexión es el procedimiento mediante el cual se agrega una determinada desinencia a un morfema raíz, para indicar las variaciones de género, número, tiempo y, además, para formar aumentativos, diminutivos, despectivos; estas desinencias no provocan cambio de categoría en la palabra a la que se adjuntan; por ejemplo, a la palabra *mesa* se le puede agregar la desinencia de plural -s: *mesas*. Tanto *mesa* como *mesas* pertenecen a la categoría de sustantivo. El verbo *comer* se puede flexionar para indicar modo, tiempo, número, persona: *com-imos*; las dos formas *comer* y *comimos* son verbos.

No todas las palabras sufren este tipo de variación; las únicas que sí lo presentan son:

a) Los sustantivos, adjetivos, artículos y pronombres pueden tener los morfemas flexivos de género y número:

— Género:

escritor-**a**	(sustantivo femenino)
mexican-**o**	(adjetivo masculino)
un-**a**	(artículo femenino)
ell-**a**	(pronombre femenino)

— Número:

lápic-**es**	(sustantivo plural)
verde-**s**	(adjetivo plural)
la-**s**	(artículo plural)
ello-**s**	(pronombre plural)

Para el singular, en español, no se emplea ninguna desinencia: lápiz, verde.

b) Tanto a los sustantivos como a los adjetivos, se les pueden agregar morfemas flexivos para formar aumentativos, diminutivos o despectivos:

— Aumentativos:

cas-**ota**   grand-**ote**

24

— Diminutivos:

cas-**ita**   pequeñ-**ito**

— Despectivos:

cas-**ucha**   delgad-**ucho**

c) Los adjetivos pueden expresar grado superlativo, empleando también morfemas flexivos:

facil-**ísimo**   dulc-**ísimo**

d) Los verbos pueden tener morfemas flexivos para expresar modo, tiempo, persona y número:

compr-**aste**   regres-**ará**

En la primera palabra, la desinencia indica modo indicativo, tiempo pasado o pretérito, segunda persona y singular. En la segunda, modo indicativo, tiempo futuro, tercera persona y singular.

Las preposiciones, las conjunciones y los adverbios son palabras invariables, desde el punto de vista de la flexión:

con	sin	desde	(preposiciones)
y	que	ni	(conjunciones)
ahora	cerca	luego	(adverbios)

Sin embargo, en el lenguaje coloquial de ciertas regiones del mundo hispanohablante, es posible encontrar flexión en algunos adverbios: *ahorita*, *cerquita*, *lueguito*.

DERIVACIÓN

La derivación es el procedimiento que consiste en agregar un morfema derivativo a una raíz para formar una nueva palabra; es muy común que los procesos de derivación provoquen cambio en la categoría de las palabras y en su significado. El número de morfemas derivativos en español es muy grande, por ejemplo:

a) El morfema -**ción** se agrega a raíces verbales para formar sustantivos:

traduc-**ción**   produc-**ción**   reten-**ción**

b) El morfema -**ble** se agrega a raíces verbales para formar adjetivos:

lava-**ble**   compra-**ble**   recomenda-**ble**

c) El morfema -**mente** se agrega a raíces adjetivas para formar adverbios:

fácil-**mente**   rápida-**mente**   loca-**mente**

Las palabras que sirven de base para la formación de derivados se llaman primitivas; las palabras resultantes, derivadas.

Los morfemas derivativos se llaman prefijos, infijos o sufijos, según donde se coloquen: al principio, en medio o al final de la palabra o raíz a la que se adjunten:

a) Prefijos:	**des**-hacer	**a**-banderar	**re**-conocer
b) Infijos:	Carl-**it**-os	azuqu-**ít**-ar	
c) Sufijos:	revela-**ción**	recibi-**dor**	repres-**ivo**

COMPOSICIÓN

La composición es el procedimiento que consiste en unir dos o más palabras para formar una nueva. En la composición pueden participar casi todas las categorías gramaticales; algunas de las combinaciones más comunes son:

a) Sustantivo + sustantivo:	bocacalle	aguamiel
b) Verbo + sustantivo:	limpiabotas	sacapuntas
c) Adjetivo + adjetivo:	claroscuro	agridulce
d) Sustantivo + adjetivo:	vinagre	pelirrojo

CLASES DE PALABRAS

Todas las palabras pueden agruparse en categorías gramaticales o clases de palabras, dependiendo de su estructura, de la función que desempeñen dentro de la oración y de su significado. Las clases de palabras que existen en español son ocho: sustantivo, adjetivo, artículo, pronombre, verbo, adverbio, preposición y conjunción. La interjección no constituye una categoría o una clase de palabra, dado que en este grupo se incluyen diversos tipos de palabras que, al usarse como interjecciones, equivalen a una oración: *¡fuego!*, *¡ay!*, *¡bravo!*

EL SUSTANTIVO

El nombre o sustantivo es la clase de palabra que se emplea para designar todos los seres y entidades: personas, animales y cosas, ya sean concretos, abstractos o imaginarios:

mujer	niño	hombre	ratón	tigre
mesa	tierra	monstruo	cielo	esperanza
pobreza	fórmula	idea	fantasía	vanidad

Otras clases de palabras, como los adjetivos, verbos, preposiciones, conjunciones, adverbios, pueden sustantivarse; es decir, sin ser sustantivos, es posible usarlos como tales. El procedimiento más común para sustantivar una palabra es mediante el empleo de un artículo:

a) Adjetivos. Es la clase de palabras que suele sustantivarse más frecuentemente; para hacerlo se emplea el artículo en masculino, femenino o neutro:

Los <u>argentinos</u> perdieron el partido.

La <u>perezosa</u> no quiso hacer ningún esfuerzo.

Queríamos lo <u>necesario</u>.

Todos anhelamos lo <u>bueno</u>.

Unos <u>extraños</u> abrieron la puerta.

b) Verbos. Se sustantivan las formas infinitivas:

Se escuchaba el alegre <u>cantar</u> de los pájaros.

Me encantan los <u>amaneceres</u> en el mar.

<u>Amar</u> es una condena.

c) Adverbios:

Sólo importan el <u>aquí</u> y el <u>ahora</u>.

Nunca se oyó un <u>jamás</u> de sus labios.

d) Preposiciones:

Los <u>con</u> que utilizaste en ese artículo son excesivos.

Julio siempre me lleva la <u>contra</u>.

e) Conjunciones:

Desconozco el porqué de su proceder.

Jorge siempre pone peros a las novelas que lee.

ACCIDENTES GRAMATICALES

Los sustantivos son palabras variables, es decir, presentan distintas desinencias para indicar los accidentes gramaticales de género y número; también para formar aumentativos, diminutivos y despectivos.

A) Género

En la lengua española, los sustantivos sólo pueden ser masculinos o femeninos; si se refieren a personas o a algunas especies de animales, el género alude a la calidad de mujer o hembra y a la de varón o macho:

Mi vecina piensa viajar a Bogotá.   (Sustantivo femenino)

Llegaron los albañiles que contraté.   (Sustantivo masculino)

Las leonas cuidan mucho   (Sustantivo femenino)
a sus cachorros.

El oso polar es de color blanco.   (Sustantivo masculino)

Los sustantivos que se refieren a cosas también tienen género, masculino o femenino, aunque éste no corresponda a ninguna distinción sexual; se trata de palabras que adoptaron un género determinado desde los orígenes de la lengua española:

El mes entrante visitaremos   (Sustantivo masculino)
esa ciudad.

La luz de la pantalla me molesta.   (Sustantivo femenino)

La distinción de género frecuentemente se marca mediante el uso de las desinencias -o, para el masculino, y -a para el femenino; sin embargo, es posible encontrar los siguientes casos:

a) Palabras masculinas terminadas en -a:

problema   sistema   esquema   drama

29

b) Palabras femeninas terminadas en **-o**:

mano   soprano

modelo (cuando se refiere a una mujer que modela ropa)

c) Sustantivos femeninos que se usan abreviadamente, mantienen el género aunque terminen en **-o**:

moto (motocicleta)   foto (fotografía)

polio (poliomielitis)

d) Sustantivos con otras terminaciones, diferentes de **-o** y **-a**:

Masculinos: alacrán, pez, diamante, atril, banquete, motor.

Femeninos: cicatriz, intemperie, soledad, gratitud, razón, costumbre.

Los sustantivos femeninos se forman, generalmente, de la siguiente manera:

a) Cuando el sustantivo masculino termina en consonante, se agrega una **-a**:

doctor	doctora
pintor	pintora
león	leona

b) Cuando el sustantivo masculino termina en **-o**, se cambia por **-a**:

hijo	hija
secretario	secretaria
gato	gata

Algunas excepciones en la formación del femenino son las siguientes:

a) Sustantivos que emplean desinencias irregulares para marcar el género:

emperador	emperatriz	actor	actriz
gallo	gallina	rey	reina
duque	duquesa	abad	abadesa

b) Sustantivos que tienen formas distintas para el masculino y para el femenino:

toro	vaca		padre	madre
caballo	yegua		hombre	mujer

c) Sustantivos que emplean la misma forma para ambos géneros:

araña	hormiga	pelícano	águila

Los sustantivos que aluden a cosas no admiten cambio de género:

Masculinos: mantel, jardín, libro, polvo, alambre, tapete.

Femeninos: mesa, calle, pared, sangre, nube, lluvia.

Algunos sustantivos que aceptan cambio son: *flor-flora, fruto-fruta, leño-leña, huerto-huerta, olivo-oliva*; sin embargo, en estos casos, cada una de las palabras cambia un poco su significado, por lo cual suelen emplearse en contextos diferentes.

Existen sustantivos que no presentan variación para marcar el género, pero que aceptan ser acompañados tanto por el artículo masculino, como por el femenino:

el mar	la mar		el mártir	la mártir
el cónyuge	la cónyuge		el artista	la artista

B) Número

Los sustantivos sólo tienen dos números: singular y plural. El primero se refiere a una persona, animal o cosa; carece de una desinencia específica. El plural alude a dos o más entidades y se marca, generalmente, con los morfemas -s o **-es**, de acuerdo con las siguientes reglas:

a) Se añade -s a los sustantivos:

— Terminados en vocal no acentuada:

pera	peras		estudiante	estudiantes
calle	calles		batalla	batallas
mesabanco	mesabancos		patio	patios

— Terminados en **-e** tónica:

café	cafés	té	tés
pie	pies	chimpancé	chimpancés

b) Se añade **-es** a los sustantivos:

— Terminados en consonante:

comedor	comedores	reloj	relojes
mantel	manteles	control	controles
vaivén	vaivenes	túnel	túneles
raíz	raíces	pez	peces

(Los sustantivos terminados en **-z** hacen su plural con la desinencia **-ces**.)

— Terminados en **-y**:

ley	leyes
rey	reyes

— Terminados en vocal acentuada:

rubí	rubíes	bambú	bambúes
tabú	tabúes	alhelí	alhelíes

Salvo las siguientes palabras: *mamá-mamás*, *papá-papás*, *sofá-sofás*.

Las excepciones más comunes en la formación del plural son:

a) Los sustantivos cuya forma singular termina en **-s**, no añaden ninguna desinencia para el plural; éste se marca con el artículo:

el lunes	los lunes	el tocadiscos	los tocadiscos
la tesis	las tesis	la crisis	las crisis
el análisis	los análisis	el énfasis	los énfasis

b) Los sustantivos que únicamente se emplean en su forma plural:

nupcias	albricias	víveres
enseres	creces	exequias

c) Algunos sustantivos de origen extranjero forman el plural añadiendo **-s**:

complot	complots	coñac	coñacs
carnet	carnets	jet	jets

C) Aumentativos, diminutivos y despectivos

Los sustantivos pueden flexionarse para indicar aumento o disminución en el significado, así como para expresar burla o desprecio:

a) Aumentativos. Las desinencias más comunes son **-on, -ona, -azo, -aza, -ote, -ota**:

hombre	hombrón	casa	casona
perro	perrazo	comida	comidaza
libro	librote	cuchara	cucharota

b) Diminutivos. Las desinencias más comunes son **-ito, -ita, -illo, -illa, -ico, -ica, -in, -cito, -cita**:

dibujo	dibujito	guitarra	guitarrita
árbol	arbolillo	flor	florecilla
zapato	zapatico	galleta	galletica
niño	niñín	. . . .	. . . .
hombre	hombrecito	mujer	mujercita

c) Despectivos. Algunas de las desinencias más comunes son: **-uza, -aco, -zuelo, -zuela, -ucho, -ucha**; en ocasiones, **-illo, -illa**:

gente	gentuza	libro	libraco
escritor	escritorzuelo	mujer	mujerzuela
papel	papelucho	revista	revistucha
hombre	hombrecillo	página	paginilla

CLASIFICACIÓN DE LOS SUSTANTIVOS

Los sustantivos pueden clasificarse por su significado en tres grupos:

A) Concretos y abstractos

Los sustantivos concretos designan seres o entidades reales o imaginarios que pueden verse o representarse:

lobo	banco	polvo	árbol	bruja
duende	ángel	fantasma	lumbre	ceniza

Los sustantivos abstractos se refieren a entidades no concretas, procesos, fenómenos, ideas o conceptos:

desarrollo	maldad	sabiduría	rigor
pensamiento	optimismo	vitalidad	blancura

B) Comunes y propios

Los sustantivos comunes nombran entidades genéricas, no particulares:

cuadro	tierra	hoja	nariz
mosca	bolsa	piedra	hormiga

Los sustantivos propios designan el nombre particular de personas, ciudades, montañas, ríos, países, etc. Siempre se escriben con mayúscula:

Mario	Buenos Aires	Hilda
Amazonas	Canadá	Venus

C) Colectivos

Designan un conjunto de seres de la misma clase o especie:

hormiguero	colmena	arboleda

Desde el punto de vista de su estructura, los sustantivos se pueden clasificar en simples, derivados y compuestos.

D) Simples

Están formados por una sola palabra, sin morfemas derivativos:

dátil   vino   azúcar

E) Derivados

Están formados por un radical y uno o más morfemas derivativos:

datilero   vinatería   azucarera

En español existen muchos sufijos y prefijos que comúnmente se emplean para formar sustantivos derivados; algunos de ellos son:

-dad: capacidad, falsedad, necedad, especialidad, personalidad.

-ismo: caciquismo, organismo, surrealismo, naturalismo, comunismo.

-anza: enseñanza, alianza, añoranza, tardanza, esperanza.

-ción: recuperación, pavimentación, recomendación, repetición.

-eza: rareza, bajeza, certeza, agudeza, fiereza.

con-, com- o **co-**: concesión, compadre, compatriota, correlación.

de- o **des-**: devaluación, desconfianza, despropósito, descentralizar.

sub-: subdirector, subclase, subconsciencia, subdivisión.

F) Compuestos

Están formados por dos o más palabras:

bienestar   guardaespaldas   mediodía

EL ADJETIVO

El adjetivo es la palabra que acompaña al sustantivo o nombre para determinarlo o calificarlo; expresa características o propiedades del sustantivo:

libro verde   libro pequeño   libro viejo

- Estos adjetivos que acompañan al sustantivo *libro*, cumplen la función de especificar alguna de sus características y se dice que lo determinan, pues al añadir un adjetivo ya no se habla de cualquier libro, sino precisamente de un *libro verde*, o de uno *pequeño* o de uno *viejo*.

Un sustantivo puede ser modificado por uno o varios adjetivos:

tema interesante, claro y actual

El adjetivo puede aparecer antes o después del sustantivo al que acompaña:

pequeño río   río pequeño
amable gente   gente amable

Cuando el adjetivo se antepone al sustantivo, recibe el nombre de epíteto; éste se caracteriza por reiterar una cualidad propia del sustantivo:

blanca nieve   mansas ovejas

Frecuentemente, la anteposición del adjetivo puede provocar:

a) Mayor énfasis en la cualidad del sustantivo:

Dijo adiós con profundo dolor.
Aquélla fue una tibia y callada tarde.

b) Cambio de significado:

pobre mujer
mujer pobre

En el primer ejemplo el adjetivo *pobre* puede referirse a desventura, sufrimiento; en el segundo, a pobreza, miseria.

c) Sentido irónico:

¡Bonito humor tiene esa mujer!

¡Gran aportación la que hiciste! Todo salió mal.

Algunos adjetivos siempre se usan antes del sustantivo:

rara vez	mala suerte	libre albedrío
cada semana	mucho pan	otro día

Otros, en cambio, siempre se emplean después del sustantivo:

tecnología vanguardista   lugar común   pista segura

APÓCOPE

Es el fenómeno que consiste en suprimir uno o varios sonidos al final de ciertos adjetivos, cuando éstos se anteponen al sustantivo; algunos de los adjetivos que tienen formas apocopadas son los siguientes:

Forma completa	Forma apocopada	Ejemplos
alguno	algún	Espero que algún invitado traiga vino
bueno	buen	¿Crees que es un buen principio?
ciento	cien	Hay cien hombres pidiendo clemencia
cualquiera	cualquier	Cualquier principiante sabe eso
grande	gran	Tendrán un gran éxito con todo ello
malo	mal	Tiene mal carácter desde entonces
ninguno	ningún	No espero ningún beneficio por este trabajo
primero	primer	Te pagarán el primer mes del año
santo	san	San Agustín escribió sobre el tema del tiempo
tercero	tercer	El tercer lugar recibirá mil bolívares

ACCIDENTES GRAMATICALES

A) Género

Los adjetivos pueden ser femeninos o masculinos y deben concordar con el sustantivo al que acompañan: si el sustantivo es masculino, el adjetivo también debe ser masculino; si el sustantivo es femenino, el adjetivo también debe serlo:

niñ-**o** bonit-**o**	niñ-**a** bonit-**a**
vecin-**o** atent-**o**	vecin-**a** atent-**a**

Los adjetivos masculinos, frecuentemente, terminan en -**o**; los femeninos, en -**a**:

acedo	aceda	interesado	interesada
amarillo	amarilla	feo	fea

Algunos adjetivos masculinos no terminan en -**o**; en estos casos, el femenino se marca añadiendo la desinencia -**a** a la forma masculina:

traidor	traidora	holgazán	holgazana
alemán	alemana	saltarín	saltarina

Los adjetivos que no presentan variación genérica son:

a) Los terminados en -**a** o -**e**:

hombre hipócrita	mujer hipócrita
niño analfabeta	niña analfabeta
funcionario importante	funcionaria importante
profesor influyente	profesora influyente
tío amable	tía amable
poema triste	canción triste
vestido verde	casa verde

b) La mayoría de los adjetivos que terminan en **consonante:**

cazador <u>audaz</u>	cazadora <u>audaz</u>
pensamiento <u>sutil</u>	idea <u>sutil</u>
gato <u>feliz</u>	gata <u>feliz</u>
hombre <u>cortés</u>	mujer <u>cortés</u>
director <u>joven</u>	directora <u>joven</u>
patio <u>exterior</u>	ventana <u>exterior</u>

B) Número

Los adjetivos tienen dos números: singular y plural. Siempre concuerdan en número con el sustantivo al que acompañan:

árbol <u>seco</u>	árboles <u>secos</u>
estrella <u>luminosa</u>	estrellas <u>luminosas</u>

Generalmente, al adjetivo en singular se agrega la desinencia -**s** para formar el plural:

rojo	rojos	sucia	sucias
brillante	brillantes	inteligente	inteligentes

Cuando el adjetivo singular termina en consonante, se agrega -**es** para formar el plural:

azul	azules	útil	útiles
fácil	fáciles	mejor	mejores

Los adjetivos terminados en -**z**, forman su plural con -**ces**:

feroz	feroces	feliz	felices
audaz	audaces	capaz	capaces

C) Grados

Los adjetivos pueden admitir sufijos para expresar grados de tamaño, intensidad, dimensión, aprecio o desprecio, del nombre al que acompañan. Existen tres grados: positivo, comparativo y superlativo.

a) El grado positivo es el que enuncia la cualidad:

nube <u>blanca</u>	<u>buena</u> cosecha
ojos <u>grandes</u>	<u>mala</u> compañía

b) El grado comparativo expresa una relación de igualdad, inferioridad o superioridad; para formarlo, no se emplean desinencias en el adjetivo, sino que suelen usarse palabras específicas que establecen la comparación:

Igualdad: el muchacho es <u>tan indiferente como</u> su padre.

Inferioridad: el muchacho es <u>menos indiferente que</u> su padre.

Superioridad: el muchacho es <u>más indiferente que</u> su padre.

c) El grado superlativo expresa el grado máximo de la cualidad; la desinencia más común es **-ísimo**:

altísimo	grandísimo	hermosísimo
limpísimo	baratísimo	negrísimo
quietísimo	cieguísimo	rapidísimo

Algunos de los adjetivos que, al formar el superlativo, pierden el diptongo de su raíz, son:

fiel	fidelísimo
nuevo	novísimo
fuerte	fortísimo
cierto	certísimo
diestro	destrísimo

Los adjetivos que terminan en **-ble** forman su superlativo en **-bilísimo**:

amable	amabilísimo
adorable	adorabilísimo
noble	nobilísimo

Los adjetivos que terminan en **-bre** forman el superlativo en **-érrimo**:

libre	libérrimo
célebre	celebérrimo
pobre	paupérrimo

Algunos adjetivos no siguen las reglas anteriores para formar los grados; emplean distintas formas derivadas del latín:

Positivo	Comparativo	Superlativo
bueno	mejor	óptimo
malo	peor	pésimo
pequeño	menor	mínimo
grande	mayor	máximo

D) Aumentativos, diminutivos y despectivos

Los adjetivos pueden flexionarse para formar aumentativos, diminutivos y despectivos; las desinencias que suelen usarse son las mismas que se emplean para el sustantivo:

Adjetivo	Aumentativo	Diminutivo	Despectivo
flaco:	flacote	flaquito	flacucho
soltero:	solterote	solterito	solterón
viejo:	viejote	viejito	viejillo
falso:	falsote	falsito	falsillo

DERIVACIÓN Y COMPOSICIÓN

Los adjetivos pueden formarse por derivación, agregando un sufijo a un verbo o a un sustantivo; algunas de las desinencias más usuales son:

a) **-ico**

carismático	anecdótico	diabólico
mágico	artístico	abúlico

b) **-al**

estomacal	servicial	genial
coiegial	integral	sensual

c) **-ble**

asimilable	comprable	inolvidable
incorregible	separable	inquebrantable

d) **-ivo, -iva**

subversivo	caritativo	destructivo
reflexiva	sensitivo	comprensiva

e) **-il**

estudiantil	infantil	varonil
mercantil	grácil	inmóvil

f) **-ado, -ada, -ido, -ida**

golpeado	construido	colgado
lavada	enojada	fatigada
partido	vivido	comido
vestida	sentida	reprimida

g) **-oso, -osa**

tramposo	gozoso	ansioso
avariciosa	filosa	amorosa

Los adjetivos compuestos están formados por dos o más palabras:

boquiabierto	pelirrojo	hispanoamericano
sordomudo	rojinegro	ojiverde

Las desinencias de género y número se colocan en el segundo componente, nunca en el primero:

boquiabiertos	pelirrojas	hispanoamericanas
sordomudas	rojinegros	ojiverdes

CLASIFICACIÓN DE LOS ADJETIVOS

Los adjetivos, según la función que cumplen y el sentido que aportan, pueden clasificarse en calificativos y determinativos.

A) Calificativos

Los adjetivos calificativos añaden algo cualitativo al nombre:

bueno	grande	rubio	cercana
hermosa	cursi	ridículo	gordo
calvo	francés	polvoso	corregido

El grupo de adjetivos calificativos es muy grande; entre ellos se encuentran los adjetivos:

a) De color:

blanco	negro	verde	morado

b) Derivados de verbos:

soñado	mordido	roto	esperado

c) Derivados de sustantivos:

escolar	mental	salado	febril

d) Gentilicios. Se emplean para indicar el lugar de origen de la cosa, animal o persona designada por el sustantivo. Se forman, en general, por derivación del nombre de la ciudad, estado, provincia o país correspondiente:

madrileño	veracruzano	egipcio	africano

B) Determinativos

Los adjetivos determinativos son los que limitan o precisan el sustantivo al que acompañan. Se caracterizan porque, a diferencia de los calificativos, no tienen un significado pleno. Se clasifican en: demostrativos, posesivos, indefinidos, numerales, interrogativos.

Adjetivos demostrativos

Los adjetivos demostrativos marcan la distancia espacial o temporal entre la persona que habla y la persona u objeto del que se habla. Siempre concuerdan en género y número con el sustantivo al que acompañan.

Los adjetivos demostrativos son:

Género	Singular	Plural
Masculino	este	estos
Femenino	esta	estas
Masculino	ese	esos
Femenino	esa	esas
Masculino	aquel	aquellos
Femenino	aquella	aquellas

a) *Este*, *esta*, *estos*, *estas*, se usan para seres o cosas que están cercanos temporal o espacialmente a la persona que habla:

Este año ganaré la lotería.   (Proximidad temporal)

Esta fruta tiene un sabor ácido.   (Proximidad espacial)

Me gustan estos perros.   (Proximidad espacial)

Estas mañanas he amanecido feliz.   (Proximidad temporal)

b) *Ese*, *esa*, *esos*, *esas*, se emplean para señalar cosas o personas cercanas al interlocutor:

<u>Ese</u> papel es bueno para dibujar.	(Proximidad espacial)
<u>Esa</u> mujer es extraña.	(Proximidad espacial)
<u>Esos</u> días fueron oscuros.	(Proximidad temporal)
<u>Esas</u> noches fueron tu perdición.	(Proximidad temporal)

c) *Aquel*, *aquella*, *aquellos*, *aquellas*, son adjetivos que marcan distancia temporal o espacial del objeto o persona de quien se habla:

<u>Aquel</u> año sufrió mucho.	(Lejanía temporal)
<u>Aquella</u> niña lleva un vestido verde.	(Lejanía espacial)
Los hombres <u>aquellos</u> son espías.	(Lejanía espacial)
<u>Aquellas</u> horas fueron de angustia.	(Lejanía temporal)

Adjetivos posesivos

Establecen una relación de propiedad entre la cosa o persona nombrada y quien habla (primera persona), o quien escucha (segunda persona), o de quien se habla (tercera persona).

Los adjetivos posesivos pueden presentarse de dos maneras:

a) En su forma completa cuando van después del sustantivo:

esos libros <u>míos</u>
las penas <u>tuyas</u>
los papeles <u>suyos</u>

b) En forma apocopada, es decir, cuando se anteponen al sustantivo pierden su desinencia de género; esto ocurre solamente con los adjetivos *mío*, *tuyo* y *suyo*:

<u>mis</u> libros
<u>tus</u> penas
<u>sus</u> papeles

Los adjetivos posesivos son:

Singular	Plural	Ejemplos
mío mía	míos mías	Presentaré este cuadro mío La pena mía no tiene remedio
tuyo tuya	tuyos tuyas	Esos perros tuyos ladran mucho Las composiciones tuyas son melodiosas
suyo suya	suyos suyas	Los asuntos suyos no me incumben La tía suya es muy simpática
nuestro nuestra	nuestros nuestras	Ese problema nuestro no tiene solución Robaron nuestras casas
vuestro vuestra	vuestros vuestras	Son vuestros ancestros La casa vuestra me asusta

Las formas apocopadas de los adjetivos posesivos son:

Singular	Plural	Ejemplos
mi	mis	Mi tío es delgado Mis aretes son de plata
tu	tus	Tu café está frío Tus costumbres son raras
su	sus	Su cabello era negro Sus libros están agotados Ellas tenían su dinero

Las formas *cuyo, cuya, cuyos* y *cuyas* se comportan morfológicamente como adjetivos, dado que acompañan siempre a un sustantivo; expresan posesión: *los caballos, cuyo dueño desapareció del rancho, son muy finos.*

Adjetivos indefinidos

Acompañan un sustantivo para distinguirlo de otro y le dan un sentido de imprecisión, de inexactitud. Gran parte de estos adjetivos expresan una idea de cantidad indeterminada. La mayoría de ellos presenta variación de género y número:

> Cierta persona me dijo que te casaste.
>
> Todos los individuos exhiben su locura.
>
> Pocas máquinas funcionan bien.
>
> Vi otra película.
>
> Bebió demasiada leche.
>
> Nunca he visto semejante atrocidad.
>
> Ha estudiado diferentes disciplinas.
>
> Nos contaron diversas historias sobre el caso.
>
> Compré varios periódicos.
>
> Cada día que pasa su salud mejora.
>
> Siempre me dices las mismas cosas.
>
> Tanta comida me enferma.
>
> Cualquier persona diría una cosa así.
>
> Algunos amigos creen en la reencarnación.
>
> Ninguna mariposa sobrevivió.

Algunos adjetivos indefinidos presentan formas apocopadas, al anteponerse al sustantivo:

ninguno	ningún:	Ningún invitado llegó.
alguno	algún:	Algún zorro estuvo por aquí.
cualquiera	cualquier:	No es cualquier gente.

El plural de *cualquiera* es *cualesquier*, para el masculino, y *cualesquiera*, para el femenino; estas formas se usan poco.

Adjetivos numerales

Los adjetivos numerales añaden, al sustantivo al que acompañan, un sentido preciso de cantidad o de orden. Se clasifican en: cardinales, ordinales, múltiplos y partitivos.

a) Los adjetivos cardinales expresan cantidad exacta:

Pasó diez años de su vida escribiendo ese libro.
Hace cincuenta y ocho minutos que te espero.
Ha ganado cinco veces.
Quiero vivir más de noventa años.

b) Los adjetivos ordinales expresan un determinado orden en las cosas o personas nombradas:

Este chico ocupa el segundo lugar en su clase.
Vivo en el quinto piso.
Celebramos el decimoquinto aniversario de la revista.

Los ordinales *primero* y *tercero* suelen usarse en sus formas apocopadas *primer* y *tercer*, cuando acompañan un sustantivo masculino:

Gané el primer premio.
Das vuelta en el tercer semáforo.

Los adjetivos ordinales se emplean para referirse a reyes o reinas, papas, siglos, capítulos de los libros, etcétera. En estos casos, se suelen escribir con números romanos:

Juan Pablo I fue papa por muy poco tiempo.
Constantino II fue el último rey de Grecia.
Fue un hombre muy del siglo XX.
Ese dato aparece en el capítulo IV de tu libro.

c) Los adjetivos múltiplos expresan la idea de multiplicación del nombre. En general, se emplean para señalar cantidades pequeñas:

Quiero doble ración de helado.
Este problema puede analizarse desde una perspectiva triple.

En algunos casos, estos adjetivos aparecen en sus formas derivadas: *duplicado, triplicado, quintuplicado*, pero funcionando como sustantivos.

d) Los adjetivos partitivos se emplean para expresar la división de una cantidad en partes:

Me tocó una <u>tercera</u> parte de la herencia.

Estás a <u>medio</u> camino.

Dos <u>cuartas</u> partes de los asistentes están inconformes.

Compró <u>media</u> sandía.

Adjetivos interrogativos

Estos adjetivos se emplean en oraciones interrogativas o exclamativas; siempre se anteponen al sustantivo y se acentúan:

<u>¿Cuál</u> tren tiene dormitorios?

<u>¿Cuáles</u> pájaros emigran en el invierno?

<u>¿Qué</u> películas ganaron un premio?

<u>¿Cuánto</u> dinero gastaste?

<u>¿Cuántas</u> preguntas incluiste en la encuesta?

<u>¡Cuánta</u> gente llegó entusiasmada!

<u>¡Qué</u> pena sienten los desvalidos!

También se emplean en las oraciones interrogativas indirectas, las cuales carecen de los signos de interrogación, pero mantienen la idea de pregunta:

No sé <u>cuántos</u> puntos obtuvo el participante.

Nos preguntamos <u>cuál</u> respuesta daría Cristina a sus padres.

EL ARTÍCULO

El artículo es la clase de palabra que precede al sustantivo para determinarlo y concuerda con él en género y número:

el cielo	la boca
los cuadros	las pinturas
un abanico	una estrella
unos espejos	unas palmeras

Los artículos se clasifican en determinados o definidos e indeterminados o indefinidos:

	Artículos determinados o definidos			Artículos indeterminados o indefinidos	
	Masculino	Femenino	Neutro	Masculino	Femenino
Singular	el	la	lo	un	una
Plural	los	las		unos	unas

Los artículos definidos o determinados se refieren, generalmente, a seres o cosas previamente conocidos por los hablantes; su presencia es casi siempre necesaria junto al sustantivo y se emplean para señalar una entidad en particular o un conjunto genérico:

Necesito la mesa grande.

El sol de la tarde caía sobre la ciudad.

Los seres humanos son mortales.

El pan es alimento básico.

Los artículos indefinidos o indeterminados se refieren a seres o cosas, generalmente, no conocidos o imprecisos para el oyente o el hablante:

Necesito una mesa grande.

Un esqueleto colgaba del techo del consultorio.

Debo comprar unas tijeras.

Se escucharon unos disparos.

El artículo neutro es el que se usa para sustantivar un **adjetivo**; éste siempre se emplea en su forma masculina singular, y **adquiere sentido** abstracto:

lo raro   lo difícil   lo escandaloso

También es posible emplear el artículo neutro para acompañar pronombres relativos:

Lo *que* dije estuvo muy claro.

Trajo a la fiesta lo *que* le pidieron.

José Ramón es lo *que* aparenta.

El artículo tiene la propiedad de sustantivar cualquier clase de palabra:

El *¡ay!* de los dolientes se escuchaba a lo lejos.

(Interjección sustantivada)

El *vivir* cómodamente era una obsesión.

(Verbo sustantivado)

El *ayer* era para ellos un tiempo olvidado.

(Adverbio sustantivado)

Un *rojo* pálido se veía en el horizonte.

(Adjetivo sustantivado)

Suele omitirse el artículo cuando el sustantivo expresa una idea indeterminada, indefinida o vaga:

Sólo pensaba en pedir justicia.

Traigan vino, traigan fuego.

Llegaron especialistas de todo el mundo.

Debido al carácter de determinación que poseen los nombres propios, éstos no suelen ir acompañados de artículo; sin embargo, es frecuente encontrarlo en contextos regionales o coloquiales:

a) Ante nombres propios de persona:

el Juan   la Josefina

b) Ante algunos nombres de países:

    el Perú   la Argentina

Los nombres propios de países o ciudades pueden llevar artículo cuando están acompañados de un adjetivo que precisa una época determinada:

    el México colonial   la Roma antigua

Los artículos *el* y *un* se emplean delante de sustantivos femeninos en singular que empiezan por **a-** o **ha-** con acento ortográfico o prosódico:

el águila	el agua	el hambre	el hampa
un hacha	un ave	un arca	un hada

Cuando estos sustantivos están en plural, o cuando se interpone otra palabra entre el artículo y el sustantivo, se emplean los artículos femeninos:

    las águilas   la transparente agua   unas enormes aves

Cuando el artículo *el* va precedido de las preposiciones *de* y *a*, se producen las formas *del* y *al*, por contracción:

    Me gusta la casa del electricista.

    Voy a ir al parque.

Si el artículo forma parte de un nombre propio no se lleva a cabo la contracción:

    Acaba de regresar de El Cairo.

    Voy a El Salvador.

EL PRONOMBRE

El pronombre es la clase de palabra que se emplea para sustituir un sustantivo y evitar, en ocasiones, su repetición. Se usa para señalar seres o cosas que se encuentran presentes en el momento en que se realiza la comunicación, o para remitir a algo que se ha mencionado anteriormente:

> Ella entregó la carta a su hermana.
>
> Esto no está en orden.
>
> El hombre que leía el periódico tenía una manta sobre sus piernas.

El pronombre *ella* sustituye a alguien en tercera persona que realiza la acción; *esto* indica algo que se encuentra en el entorno de quien habla; *que* remite al sustantivo *hombre*.

La palabra a la que sustituye o se refiere el pronombre se llama antecedente; éste puede colocarse antes o después del pronombre y, en algunas ocasiones, es posible que se encuentre implícito. El antecedente puede ser un sustantivo, otro pronombre, una oración:

a) Pronombres que tienen como antecedente un sustantivo:

> La casa que compré es para nuestros hijos.
>
> (Antecedente: *casa*)
>
> Tomó sus manos y las apretó cálidamente.
>
> (Antecedente: *manos*)
>
> Cuando la conocí, Julia era aún muy joven.
>
> (Antecedente: *Julia*)

b) Pronombres que tienen como antecedente otro pronombre:

> Algunos vieron el Egeo y les encantó.
>
> (Antecedente: *algunos*)
>
> Todas estuvieron de acuerdo en asistir, pero ninguna se presentó.
>
> (Antecedente: *todas*)

c) Pronombres que tienen como antecedente una oración:

Esta noche voy a leer la novela; te lo juro.

(Antecedente: *esta noche voy a leer la novela*)

No quiero que me prohíban nada. Arnulfo dijo esto con énfasis.

(Antecedente: *no quiero que me prohíban nada*)

A diferencia del sustantivo y del adjetivo, el pronombre carece de significado propio; lo adquiere en el contexto. Frecuentemente, en el lenguaje oral, la situación comunicativa en la que se encuentran los hablantes, es la que permite conocer el significado de los pronombres:

Todos hablaban al mismo tiempo, éste pedía ser escuchado

y aquél decía que debían mantener la calma.

El pronombre *todos* sustituye a los que están presentes, sin precisar la identidad de cada uno; *éste* representa a alguien que se encuentra cerca de quien habla, y *aquél* sustituye a alguien más lejano.

La mayoría de los pronombres presentan variaciones para marcar género masculino y femenino, así como para expresar accidentes de número:

De las dos casas, ésta me gusta más.

Ellos no dieron ninguna opinión.

Algunos pronombres poseen género neutro:

Esto sólo se puede atribuir a su incompetencia.

Guillermo trabaja y lee mucho; en cambio, Jorge no lo hace.

Los pronombres invariables son los que no marcan género y número:

Nadie se mostró interesado en su proyecto.

¿Qué busca ese muchacho en la playa?

CLASIFICACIÓN DE LOS PRONOMBRES

Los pronombres se clasifican en personales, demostrativos, posesivos, relativos, interrogativos e indefinidos.

A) Pronombres personales

Los pronombres personales se refieren a las distintas personas gramaticales que intervienen en el diálogo:

a) Primera persona. La que habla: *yo, nosotros*.

b) Segunda persona. A quien se habla: *tú, usted, ustedes*.

c) Tercera persona. De quien se habla: *él, ella, ellos, ellas*.

Los pronombres personales son los siguientes:

Primera persona		Ejemplos
Singular	yo	Yo tengo la culpa
	mí	Juan hizo todo por mí
	me	Me reí mucho
	conmigo	Ven conmigo al teatro
Plural	nosotros	Nosotros ya vimos la película
	nosotras	Nosotras estamos bien
	nos	Dije que nos tardaríamos
Segunda persona		Ejemplos
Singular	tú	Tú sabes todo
	usted	Usted no sabe nada
	ti	Compré dulces para ti
	te	De nuevo te engañaron
	contigo	Asistiré contigo a la exposición
Plural	ustedes	Ustedes caminan mucho
	vosotros	Vosotros daréis la conferencia
	vosotras	Vosotras estáis locas
	os	Os lo dije

Tercera persona		Ejemplos
Singular	él	Él habla por teléfono
	ella	Ella estudia inglés
	ello	Por todo ello, no te creo
	sí	De pronto, David volvió en sí
	se	Luis se arregló con esmero
	consigo	Trajo consigo la computadora
	lo	Lo entregué en orden
	la	La encontré llorando
	le	Le prohibí gritar así
Plural	ellos	Ellos están desocupados
	ellas	Ellas hacen ejercicio
	los	Los sorprendí mientras dormían
	las	Las escuché con atención
	les	Les pidió un informe completo
	sí	Todos volvieron en sí
	se	Las mujeres se distinguieron por su trabajo

Además de las formas anteriores, en algunas regiones del mundo hispanohablante, se emplea el pronombre *vos*, que corresponde a la segunda persona del singular: *vos sabés que te espero, vos tenés muy bonitos ojos, vos llegaste temprano.*

Algunos de los pronombres personales suelen incorporarse a verbos: *comerlo, vendiéndole, explicarse.*

Las diferentes formas de los pronombres personales se emplean según las distintas funciones gramaticales que desempeñan en la oración: algunas de ellas sólo se emplean como sujetos, otras como objeto directo o indirecto, etcétera. Estos temas se tratarán en la parte correspondiente a sintaxis.

B) Pronombres demostrativos

Los pronombres demostrativos señalan seres u objetos sin nombrarlos y, por lo tanto, el significado está determinado por el contexto; concuerdan en género y número con su antecedente:

Ésta es la última noticia que te doy.

Compré varios muebles, pero ése no me gusta por modernista.

Aquéllos se mantuvieron inmóviles.

Los pronombres demostrativos son los siguientes:

	Singular	Plural
Masculino	éste ése aquél	éstos ésos aquéllos
Femenino	ésta ésa aquélla	éstas ésas aquéllas
Neutro	esto eso aquello	

Las formas de los pronombres demostrativos son las mismas que las de los adjetivos demostrativos. Se diferencian en que los adjetivos siempre acompañan un sustantivo, nunca se acentúan y carecen de la forma para el neutro. En cambio, los pronombres sustituyen un nombre y siempre se acentúan, excepto los neutros:

PRONOMBRES DEMOSTRATIVOS	ADJETIVOS DEMOSTRATIVOS
Éste pone orden en la casa.	Este método ya lo había ensayado.
Aquél seguía los pasos de su padre.	Aquel sacrificio fue inútil.
Dile a ése que se vaya.	Repetía ese mismo gesto.
¿Puede llamarse progreso a esto?	
Eso es lo mejor que conozco.	
Aquello era un escándalo.	

C) Pronombres posesivos

Los pronombres posesivos se refieren a seres, cosas o ideas poseídas por alguien:

Los suyos se encuentran bien de salud.

Quiero lo mío en este instante.

Los nuestros se retiraron del campo de batalla.

Los pronombres posesivos distinguen las tres personas gramaticales y concuerdan en género y número con su antecedente; son los siguientes:

	Singular		Plural	
Primera persona	mío nuestro	mía nuestra	míos nuestros	mías nuestras
Segunda persona	tuyo vuestro	tuya vuestra	tuyos vuestros	tuyas vuestras
Tercera persona	suyo	suya	suyos	suyas

Las formas que se emplean son las mismas que las de los adjetivos posesivos, se diferencian en que estos últimos siempre acompañan al sustantivo, en cambio los pronombres están en lugar del nombre; es muy común utilizar un artículo para formar el pronombre correspondiente:

PRONOMBRES POSESIVOS

Los nuestros hicieron
las diligencias.

Mi tía es morena, la tuya
es rubia.

Los suyos te envían saludos.

Lo nuestro se acabó.

Vi que Arturo guardaba lo suyo.

ADJETIVOS POSESIVOS

Los familiares nuestros
lo hicieron.

La ropa tuya no está
de moda.

No estaban claros los
sueños suyos.

D) Pronombres relativos

Los pronombres relativos hacen referencia a alguien o a algo que se ha mencionado antes en el discurso o que ya es conocido por los interlocutores:

Me llevé el libro que te prestaron en la biblioteca.

Quienes estuvieron temprano lo hicieron todo.

Lo que me dijiste sobre la novela me pareció muy acertado.

A diferencia de las otras clases de pronombres, los relativos funcionan, en la mayor parte de los casos, como elementos de subordinación de oraciones; esta particularidad será tratada en el tema de sintaxis.

Los pronombres relativos son:

Singular	Plural	Ejemplos
que		La persona que lleva el portafolios es sospechosa
quien	quienes	Quienes entendieron el tema, lo explicaron bien
cual	cuales	Buscaba esas cosas, las cuales se suelen olvidar
cuanto	cuantos	Cuanto dicen de mí es falso
cuanta	cuantas	Cuantas se hallaban en la colina, miraban hacia el valle

El pronombre *que* es invariable y se usa en contextos muy diversos; puede tener como antecedente un sustantivo masculino o femenino, singular o plural, animado o inanimado:

Los días que pasé en el mar fueron inolvidables.

Conocí a un hombre que no sabe mentir.

Rompí las cartas que me envió la directora.

Los pronombres *que*, *cual* y *cuales* suelen ir acompañados de artículo con el que forman una unidad pronominal:

Dime lo que has decidido hacer.

La época en la cual vivió era asfixiante.

Se quedaba callado el que nunca entendía nada en las conferencias.

Los que percibieron primero el humo, salieron a tiempo del incendio.

Las formas *cuyo, cuya, cuyos, cuyas* se comportan morfológicamente como adjetivos puesto que siempre acompañan un sustantivo; sin embargo, funcionan sintácticamente como pronombres pues introducen oraciones subordinadas adjetivas, como se verá en la parte de sintaxis.

E) Pronombres interrogativos

Los pronombres interrogativos designan seres o cosas cuya identidad se desconoce; están en lugar de un nombre por el que se pregunta. Siempre se utilizan en oraciones interrogativas o exclamativas.

Las formas que se emplean son, en su mayoría, las mismas que las de los relativos, pero los pronombres interrogativos llevan acento; son los siguientes:

a) qué

¿Qué trajeron para navidad?

¡Qué me cuentas a mí!

b) quién   quiénes

¡Quién me lo iba a decir!

¿Quiénes pintaron la puerta?

c) cuál   cuáles

¿Cuál tendría en mente?

¿Cuáles no encontraste?

d) cuántos   cuánta   cuántas

¡Cuántos se lamentaron de su suerte!

Pilar siempre prepara bastante salsa; ¿cuánta preparó hoy

para la fiesta?

¿Cuántas trajiste el mes pasado?

La forma *cuánto* no es pronombre interrogativo, es adverbio de cantidad: *¿cuánto cuesta?* Es adjetivo cuando acompaña un nombre: *¡cuánto dolor!*

Los pronombres interrogativos también se usan en las oraciones interrogativas indirectas, las cuales carecen de signos de interrogación, pero conservan el sentido de pregunta:

> No escuché qué me dijiste.
>
> Quería saber cuáles eran las ideas de su amigo.
>
> Mañana voy a decidir quiénes serán los invitados.

Las formas de los pronombres interrogativos también se utilizan como adjetivos, pero éstos siempre modifican un sustantivo:

PRONOMBRES INTERROGATIVOS	ADJETIVOS INTERROGATIVOS
¿Qué hiciste ayer?	¿Qué propuesta tienes?
¿Cuáles se recibieron a tiempo?	¿Cuáles poemas seleccionaste?
¿Cuántos perdieron la apuesta?	¿Cuántos ganadores hubo?

F) Pronombres indefinidos

Los pronombres indefinidos designan seres o cosas cuya identidad o cantidad es imprecisa, ya sea porque no interesa, no conviene o porque no es posible hacer la determinación; como los demás pronombres, éstos también están en lugar de un nombre:

> Alguien me contó la verdad sobre los hechos.
>
> Dale algo para que no llore.
>
> No quiero perjudicar a nadie.

Los más usuales son los siguientes:

alguien	Alguien interpretó muy bien ese papel.
nadie	No quiero ver a nadie.
algo	Algo me dice que hiciste lo indebido.
nada	Ese día no sucedió nada.
cualquiera	Cualquiera entendería esa hipótesis.

alguno, algunos	Incluiremos a algunos en la lista negra.
alguna, algunas	Algunas no lo saben aún.
ninguno	Ninguno cumplió las recomendaciones.
ninguna	Ninguna sospechó que había trampa.
todo, todos	Lo sé todo.
todas	Todas llegaron vestidas de azul.
muchos	Muchos firmaron la solicitud de inscripción.
muchas	Muchas se negaron a dar su nombre.
pocos	Pocos saben manejar esa máquina.
pocas	Pocas conocieron las circunstancias.
varios	Varios se rieron a carcajadas.
varias	Varias saltaron de gusto.
demasiados	Vinieron demasiados y el vino no alcanzó.
demasiadas	Demasiadas pidieron información.
otro, otros	Otros lo sabrán con toda seguridad.
otra, otras	Llegaron otras a media noche.
bastantes	Son bastantes los que no saben qué hacer con su vida.
uno, unos	Cuando uno es joven, piensa que la muerte no existe.
una, unas	Una cree que es fácil interpretar los sueños.

Algunas de estas formas son adverbios cuando se mantienen invariables: *comí bastante, caminé mucho, sé poco, trabajó demasiado*. También pueden ser adjetivos cuando acompañan un sustantivo: *enfrenta muchos problemas, tiene poco sueño, varios cuartos son amplios, otro día vendrán tus amigos*.

EL VERBO

El verbo es la clase de palabra que expresa acciones, actitudes, cambios, movimientos de seres o cosas. Siempre se refiere a las actividades que realizan o padecen las personas o animales, así como a las situaciones o estados en que éstos se encuentran, los cambios que sufren los objetos, las manifestaciones de diversos fenómenos de la naturaleza.

El infinitivo es la forma que se emplea para enunciar los verbos; éste no expresa modo, tiempo, número ni persona. Las tres terminaciones para el infinitivo son: **-ar**, **-er**, **-ir**. Los verbos pueden agruparse, dependiendo de su terminación, en primera, segunda y tercera conjugación:

Primera conjugación	Segunda conjugación	Tercera conjugación
-ar	**-er**	**-ir**
lavar	leer	partir
estudiar	meter	resumir
caminar	correr	vivir
pensar	querer	dividir
gozar	crecer	exprimir

El verbo es la categoría que tiene más accidentes gramaticales. Presenta variaciones en sus desinencias para indicar la persona que realiza la acción, el número de la persona, singular o plural, así como el modo y el tiempo en que la realiza. La característica que presenta la flexión del verbo es que un mismo morfema puede expresar varios accidentes:

com-**o**   primera persona del singular, modo indicativo, tiempo presente.

com-**erás**   segunda persona del singular, modo indicativo, tiempo futuro.

com-**amos**   primera persona del plural, modo subjuntivo, tiempo presente.

A la flexión verbal se le llama conjugación.

ACCIDENTES GRAMATICALES

En los verbos es posible distinguir un morfema invariable llamado raíz y un morfema variable que expresa los distintos accidentes gramaticales: persona, número, modo, tiempo.

A) Persona y número

Mediante una desinencia, los verbos marcan la persona gramatical que realiza la acción, sea singular o plural:

	Singular	Plural
Primera persona	(yo) camin-o	(nosotros) camin-amos
Segunda persona	(tú) camin-as (usted) camin-a	(ustedes) camin-an (vosotros) camin-áis
Tercera persona	(él) camin-a	(ellos) camin-an

Las formas verbales de tercera persona de singular y de plural se **emplean** también con los pronombres de segunda persona, *usted* y *ustedes*, respectivamente.

B) Modo

Es el accidente gramatical que expresa la actitud del hablante frente a lo que enuncia. En español hay tres modos: indicativo, subjuntivo e imperativo.

El modo indicativo se usa, generalmente, para referir hechos reales, ya sea en pasado, presente o futuro:

Usted trabaja demasiado.

Le gustaban las lentejas.

Descansaremos en las playas orientales.

Para expresar una acción posible, de deseo, de creencia, de duda, se emplea generalmente el modo subjuntivo:

> Quiero que Antonio <u>cocine</u>.
>
> Siempre temí que <u>pasara</u> esto.
>
> No sé si <u>haya terminado</u> el trabajo.

El modo imperativo expresa súplica, mandato o ruego; sólo tiene las formas de segunda persona, singular y plural:

> <u>Apaga</u> la luz.
>
> <u>Escuchen</u> ese ruido.
>
> <u>Caminad</u> aprisa.

C) Tiempo

Es el accidente gramatical que señala el momento en que se realiza la acción; los tiempos básicos son presente, pretérito y futuro.

Los tiempos verbales pueden ser simples o compuestos. Los primeros se forman a partir de la raíz del verbo, añadiendo una desinencia específica:

> cant-**o**   cant-**é**   cant-**aré**

Para formar los tiempos compuestos se utiliza el verbo *haber* como auxiliar conjugado y el participio del verbo de que se trate:

> he cantado hube cantado habré cantado

Los verbos regulares son los que siguen modelos de conjugación: los terminados en **-ar**, se conjugan como el verbo *amar*; los terminados en **-er**, siguen el modelo del verbo *comer*; los terminados en **-ir**, se conjugan como el verbo *vivir*.

Los verbos que no siguen los modelos anteriores, se consideran irregulares pues presentan variaciones en su conjugación.

Tiempos del modo indicativo

A continuación se presentan los tres modelos de conjugación de los verbos regulares, en los tiempos simples y compuestos del modo indicativo:

Verbos de primera conjugación

Tiempos simples				
Presente	Pretérito	Futuro	Copretérito	Pospretérito
amo	amé	amaré	amaba	amaría
amas	amaste	amarás	amabas	amarías
ama	amó	amará	amaba	amaría
amamos	amamos	amaremos	amábamos	amaríamos
amáis	amasteis	amaréis	amabais	amaríais
aman	amaron	amarán	amaban	amarían

Tiempos compuestos		
Antepresente	Antepretérito	Antefuturo
he amado	hube amado	habré amado
has amado	hubiste amado	habrás amado
ha amado	hubo amado	habrá amado
hemos amado	hubimos amado	habremos amado
habéis amado	hubisteis amado	habréis amado
han amado	hubieron amado	habrán amado
Antecopretérito		Antepospretérito
había amado		habría amado
habías amado		habrías amado
había amado		habría amado
habíamos amado		habríamos amado
habíais amado		habríais amado
habían amado		habrían amado

Verbos de segunda conjugación

Tiempos simples				
Presente	Pretérito	Futuro	Copretérito	Pospretérito
como	comí	comeré	comía	comería
comes	comiste	comerás	comías	comerías ·
come	comió	comerá	comía	comería
comemos	comimos	comeremos	comíamos	comeríamos
coméis	comisteis	comeréis	comíais	comeríais
comen	comieron	comerán	comían	comerían

Tiempos compuestos		
Antepresente	Antepretérito	Antefuturo
he comido	hube comido	habré comido
has comido	hubiste comido	habrás comido
ha comido	hubo comido	habrá comido
hemos comido	hubimos comido	habremos comido
habéis comido	hubisteis comido	habréis comido
han comido	hubieron comido	habrán comido
Antecopretérito		Antepospretérito
había comido		habría comido
habías comido		habrías comido
había comido		habría comido
habíamos comido		habríamos comido
habíais comido		habríais comido
habían comido		habrían comido

Verbos de tercera conjugación

Tiempos simples				
Presente	Pretérito	Futuro	Copretérito	Pospretérito
vivo	viví	viviré	vivía	viviría
vives	viviste	vivirás	vivías	vivirías
vive	vivió	vivirá	vivía	viviría
vivimos	vivimos	viviremos	vivíamos	viviríamos
vivís	vivisteis	viviréis	vivíais	viviríais
viven	vivieron	vivirán	vivían	vivirían

Tiempos compuestos		
Antepresente	Antepretérito	Antefuturo
he vivido	hube vivido	habré vivido
has vivido	hubiste vivido	habrás vivido
ha vivido	hubo vivido	habrá vivido
hemos vivido	hubimos vivido	habremos vivido
habéis vivido	hubisteis vivido	habréis vivido
han vivido	hubieron vivido	habrán vivido

Antecopretérito	Antepospretérito
había vivido	habría vivido
habías vivido	habrías vivido
había vivido	habría vivido
habíamos vivido	habríamos vivido
habíais vivido	habríais vivido
habían vivido	habrían vivido

Algunos significados de los tiempos del modo indicativo

El tiempo presente expresa, entre otros sentidos:

a) Que la acción referida sucede al mismo tiempo en que se habla:

Ahora pienso en ti.

Te escucho y creo que te equivocas.

Gritas mucho y me vuelves loco.

b) Acciones que se realizan cotidianamente; se le conoce como presente habitual:

Me levanto temprano entre semana.

Te gustan los desayunos abundantes.

c) Hechos pasados a los que se da un matiz de actualidad; se llama presente histórico:

En 1914 se inicia la Primera Guerra Mundial.

Jorge Luis Borges muere en 1986.

d) Afirmaciones que tienen un carácter universal:

La tierra gira alrededor del sol.

Los seres humanos somos mortales.

e) Acciones referidas al futuro:

Pasado mañana salgo de viaje.

En marzo elegimos presidente del club.

La noción de pasado puede expresarse con varios matices; para ello se emplean los siguientes tiempos:

a) Pretérito. Se refiere a acciones concluidas, acabadas en el pasado:

Lo <u>golpearon</u> con un palo.

<u>Acercó</u> el vaso lleno de leche.

b) Copretérito. Expresa una acción que sucede simultáneamente a otra, realizada en el pasado; también se emplea para acciones que se realizaban habitualmente en el pasado:

Cuando tocaron la puerta, yo <u>dormía</u>.

En nuestra juventud, <u>íbamos</u> muy seguido a la playa.

c) Antepresente. Se utiliza para referir acciones pasadas pero recientemente ocurridas o acciones pasadas que tienen vigencia en el presente:

El volcán <u>ha hecho</u> erupción.

<u>Ha empeorado</u> la situación económica.

d) Antepretérito. Se refiere a acciones anteriores, respecto de otra acción ocurrida en el pasado; actualmente tiene poco uso:

Una vez que <u>hubo acabado</u> el invierno, fuimos a la montaña.

e) Antecopretérito. Se refiere a acciones anteriores respecto de otra ocurrida en el pasado:

El año en que conocí a Roberto, ya <u>había salido</u> de la universidad.

Tú <u>habías cenado</u> cuando llegaron nuestros amigos con la invitación.

El significado de futuro puede expresarse por medio de los siguientes tiempos verbales:

a) Futuro. Se refiere a acciones que aún no se han realizado, pero que se ven como posibles; es muy común el empleo de perífrasis construidas con el verbo *ir* como auxiliar, para expresar este tiempo:

Esta tarde <u>iremos</u> al concierto.

Esta tarde <u>vamos a ir</u> al concierto.

También se utiliza para referir acontecimientos probables o inciertos:

¿Serán verídicos esos rumores?
¿Me avergonzaré mañana por lo que hice?

Expresa, además, mandato, obligación o súplica:

Pedirás perdón por lo que hiciste.
¿Recordarás todo lo que te dije?

b) Pospretérito. Se emplea para indicar tiempo futuro en relación con una acción pasada; también puede expresar posibilidad condicionada a algo:

Me contaron que vendrías a verme.
Si usáramos ese tipo de ropa, nos veríamos ridículos.

Se usa, además, para manifestar una apreciación sobre una acción pasada o futura y para pedir un favor cortésmente:

Ese traje costaría unos veinte pesos hace dos años.
¿Me ayudarías a plantar estos rosales?

c) Antefuturo. Se emplea para expresar una acción venidera, pero anterior en relación con otra que también sucederá en el futuro:

Para cuando tú termines, yo ya me habré dormido.
Para diciembre, habremos pagado las deudas.

Puede indicar duda respecto de una acción que se realizó en el pasado:

¿Me habrán dado el premio?
¿Habrá salido bien de la operación?

d) Antepospretérito. Expresa una acción que hubiera podido realizarse, pero que no se llevó a cabo:

Me habría gustado conocer a Mozart.
A Luis le habría molestado el abandono en que vives.

71

También refiere una acción futura respecto de otra pero pasada, aunque esa acción futura es anterior a otra acción:

Me aseguraron en la oficina que cuando volviera por la
tarde, <u>habrían hecho</u> la llamada pendiente.
Nos prometieron que cuando levantáramos la cosecha,
ellos ya <u>habrían encontrado</u> clientes para nuestros
productos.

El antepospretérito también suele emplearse para indicar duda y la consecuencia de una condición:

<u>Habrían sido</u> cinco personas las que me persiguieron por la
noche.
¿<u>Habría sido</u> necesaria tanta violencia?
Si la hubieras visto bailar, <u>habrías estado</u> orgulloso de ella.
Se <u>habrían evitado</u> muchos accidentes si hubieran quitado la
nieve de las carreteras.

Tiempos del modo subjuntivo

A continuación se presentan los tres modelos de conjugación de los verbos regulares, en los tiempos simples y compuestos del modo subjuntivo.

Verbos de primera conjugación

Tiempos simples		
Presente	Pretérito	Futuro
ame	amara o amase	amare
ames	amaras o amases	amares
ame	amara o amase	amare
amemos	amáramos o amásemos	amáremos
améis	amarais o amaseis	amareis
amen	amaran o amasen	amaren

Tiempos compuestos		
Antepresente	Antepretérito	Antefuturo
haya amado	hubiera o hubiese amado	hubiere amado
hayas amado	hubieras o hubieses amado	hubieres amado
haya amado	hubiera o hubiese amado	hubiere amado
hayamos amado	hubieran o hubiesen amado	hubiéremos amado
hayáis amado	hubierais o hubieseis amado	hubiereis amado
hayan amado	hubieran o hubiesen amado	hubieren amado

Verbos de segunda conjugación

Tiempos simples		
Presente	Pretérito	Futuro
coma	comiera o comiese	comiere
comas	comieras o comieses	comieres
coma	comiera o comiese	comiere
comamos	comiéramos o comiésemos	comiéremos
comáis	comierais o comieseis	comiereis
coman	comieran o comiesen	comieren

Tiempos compuestos		
Antepresente	Antepretérito	Antefuturo
haya comido	hubiera o hubiese comido	hubiere comido
hayas comido	hubieras o hubieses comido	hubieres comido
haya comido	hubiera o hubiese comido	hubiere comido
hayamos comido	hubiéramos o hubiésemos comido	hubiéremos comido
hayáis comido	hubierais o hubieseis comido	hubiereis comido
hayan comido	hubieran o hubiesen comido	hubieren comido

Verbos de tercera conjugación

Tiempos simples		
Presente	Pretérito	Futuro
viva	viviera o viviese	viviere
vivas	vivieras o vivieses	vivieres
viva	viviera o viviese	viviere
vivamos	viviéramos o viviésemos	viviéremos
viváis	vivierais o vivieseis	viviereis
vivan	vivieran o viviesen	vivieren

Tiempos compuestos		
Antepresente	Antepretérito	Antefuturo
haya vivido	hubiera o hubiese vivido	hubiere vivido
hayas vivido	hubieras o hubieses vivido	hubieres vivido
haya vivido	hubiera o hubiese vivido	hubiere vivido
hayamos vivido	hubiéramos o hubiésemos vivido	hubiéremos vivido
hayáis vivido	hubierais o hubieseis vivido	hubiereis vivido
hayan vivido	hubieran o hubiesen vivido	hubieren vivido

Algunos significados de los tiempos del modo subjuntivo

Los tiempos del modo subjuntivo no expresan con exactitud una temporalidad específica, dado que el propio sentido de irrealidad del modo subjuntivo se lo impide.

El tiempo presente se usa:

a) Para expresar una acción presente o una futura, respecto de otra acción:

No creo que <u>entiendas</u> el significado de esas palabras.

Cuando <u>lea</u> la novela, cambiará de opinión.

b) En oraciones imperativas en primera persona de plural; también en las oraciones imperativas con negación:

¡Brindemos por Cunegunda!

No vengas.

No se desvelen.

El pasado tiene varios matices que se expresan con los siguientes tiempos:

a) Pretérito. Refiere una acción futura respecto de otra acción que siempre se realiza en el pasado:

Te pedí que le hablaras la semana entrante.

Le exigieron que se presentase a declarar en calidad de testigo.

También se emplea para indicar condición:

Si llegásemos a un acuerdo me sentiría más tranquilo.

Abandonaría este trabajo si supiera qué hacer por las tardes.

b) Antepresente. Manifiesta una acción pasada, anterior a otra:

No creo que hayan subido tanto los precios.

Confío en que hayas hecho una buena elección.

También indica deseo o probabilidad de que haya sucedido algo:

Ojalá haya recibido las noticias que deseaba.

Esperamos que no haya habido abstencionismo en las elecciones.

c) Antepretérito. Expresa una acción pasada respecto de otra también pasada:

Nadie imaginaba que Irene hubiera llorado tanto.

No sabíamos que ya hubieras vuelto del extranjero.

Además, se refiere a un deseo o a una posibilidad pasada y que ya no puede realizarse:

¡Quién <u>hubiera tenido</u> tu suerte!

Si no <u>hubieras perdido</u> el pasaporte, podrías venir con nosotras a Dublín.

El futuro se emplea, generalmente, en frases hechas o en textos literarios; indica una acción futura hipotética o una acción futura respecto de otra también futura. Existen dos tiempos para expresar este valor: futuro y antefuturo:

A donde <u>fueres</u> haz lo que <u>vieres</u>.

Si para mañana no <u>hubieres aparecido</u>, llamaré a tus padres.

Tiempo del modo imperativo

El modo imperativo sólo tiene el tiempo presente, en la segunda persona del singular y del plural; sirve para expresar mandato, ruego o súplica:

	Primera conjugación	Segunda conjugación	Tercera conjugación
(tú)	ama	come	vive
(usted)	ame	coma	viva
(vosotros)	amad	comed	vivid
(ustedes)	amen	coman	vivan

En algunas regiones del mundo hispanohablante la segunda persona del singular se expresa mediante el pronombre *vos*, y la forma verbal correspondiente a esta persona sufre modificaciones en el presente de indicativo y de subjuntivo, así como en el modo imperativo:

	Presente de indicativo	Presente de subjuntivo	Imperativo
(vos)	amás	amés	amá
(vos)	comés	comás	comé
(vos)	vivís	vivás	viví

VOZ PASIVA

Los verbos pueden expresarse en voz activa o en voz pasiva. En la primera, el sujeto es el que realiza la acción; en la voz pasiva, en cambio, el sujeto es el paciente, es decir, el que recibe la acción del verbo:

VOZ ACTIVA	SUJETO AGENTE
Gabriel <u>entregó</u> el departamento.	Gabriel
La profesora <u>revisa</u> los ejercicios.	La profesora
Él <u>analizará</u> los resultados.	Él
Ella <u>asumiría</u> las consecuencias.	Ella

VOZ PASIVA	SUJETO PACIENTE
El departamento <u>fue entregado</u> por Gabriel.	El departamento
Los ejercicios <u>son revisados</u> por la profesora.	Los ejercicios
Los resultados <u>serán analizados</u> por él.	Los resultados
Las consecuencias <u>serían asumidas</u> por ella.	Las consecuencias

Para formar la voz pasiva se emplea el verbo *ser* como auxiliar, conjugado, y el participio del verbo principal:

fue entregado
son revisados
serán analizados
serían asumidas

Es posible emplear el verbo *estar* como auxiliar en la formación de la voz pasiva, aunque es menos común:

Los problemas <u>están resueltos</u>.
Los caminos ya <u>están construidos</u>.

La voz pasiva destaca el sujeto paciente, por lo cual se puede omitir el agente de la acción verbal:

> Los aspirantes fueron rechazados.
> La competencia será suspendida.
> La noticia ha sido difundida.

Otra manera frecuente de formar la voz pasiva es mediante el empleo del pronombre *se*, acompañado del verbo en voz activa; este tipo de pasiva se llama refleja y sólo admite sujetos de tercera persona del singular o del plural:

> Se esperaban grandes lluvias.
> Se aceptó el acuerdo.
> Se venden muebles antiguos.

La pasiva refleja suele confundirse con la forma de los verbos impersonales; la diferencia radica en que la voz pasiva tiene un sujeto paciente que concuerda en número con el verbo; los sujetos de las oraciones anteriores son: *grandes lluvias, el acuerdo, muebles antiguos*. En cambio, los verbos impersonales nunca tienen sujeto: *no llueve, aquí se actúa con sinceridad, se discute mucho*.

CLASIFICACIÓN DE LOS VERBOS

Los verbos se pueden clasificar, en términos generales, a partir de los siguientes criterios: por su flexión o conjugación, por su significado y por su estructura.

A) Por su flexión: regulares, irregulares, defectivos e impersonales o unipersonales

Regulares

Son los que al conjugarse no sufren modificaciones en su raíz y siguen las desinencias del modelo al que pertenecen. Algunos verbos regulares son:

Primera conjugación:	lavar	castigar	cantar
Segunda conjugación:	temer	correr	meter
Tercera conjugación:	partir	subir	presumir

No se consideran irregularidades los cambios de acentuación; por ejemplo, en el verbo *partir*, la sílaba tónica es la segunda, pero en la forma *parto* o *parta*, es la primera.

Tampoco son irregularidades los cambios ortográficos que sufren algunos verbos:

Conjugación	Terminación	Cambio ortográfico		Ejemplos	
Primera	-car	c → qu	ante -e	indicar	indique
	-gar	g → gu		pagar	pague
	-zar	z → c		trazar	trace
Segunda	-cer	c → z	ante -a	ejercer	ejerza
	-ger	g → j	y -o	recoger	recojo
	-eer	i → y	entre vocales	leer	leyó
Tercera	-cir	c → z	ante -a y -o	zurcir	zurzo
	-gir	g → j		fingir	finja
	-guir	u → Ø		distinguir	distingo

Irregulares

Son los verbos que al flexionarse presentan alteraciones en su raíz o en su terminación, es decir, no siguen la conjugación del modelo al que pertenecen. Algunos de los tipos de irregularidades más comunes son los siguientes:

Irregularidad vocálica					
Tipo de cambio	Modificación	Ejemplos			
Diptongación	i, e → ie	adquirir	adquiero	querer	quiero
	u, o → ue	jugar	juego	poder	puedo
Cambio de vocal	e → i	pedir	pido	concebir	concibo
	o → u	morir	murió	dormir	durmió

79

	Irregularidad consonántica		
Tipo de cambio	Modificación	Ejemplos	
Sustitución de un sonido o letra	Alternancia c/g	hacer haga	satisfacer satisfaga
	Alternancia b/y	haber haya	
	Alternancia c/j	aducir aduje	conducir conduje
Adición de un sonido o letra	Adición de d	poner pondré	tener tendré
	Alternancia c/zc	nacer nazco	parecer parezco
	Alternancia n/ng	poner pongo	tener tengo
	Alternancia l/lg	salir salgo	valer valgo

	Irregularidad mixta (vocálica y consonántica)		
Cambio de dos sonidos o letras	Alternancia ec/ig	decir diga	maldecir maldiga
	Alternancia ab/ep	caber quepa	saber sepa
	Alternancia ae/aig	traer traiga	caer caiga

Existen otras irregularidades que no han sido incluidas aquí, dado que son excepcionales:

hacer	hice
errar	yerro
tener	tuvo

Muchos verbos presentan varios de estos cambios, en algunas formas de su conjugación:

tener	tendré	tiene	tengo
salir	saldré	sale	salga
venir	vendré	vienes	venga

Los verbos *ser* e *ir* tienen más de una raíz y por ello emplean formas totalmente distintas en su conjugación; a este fenómeno se le llama supletivismo:

| soy, seré, sido | es, era, éramos | fui, fuiste, fuera |
| voy, vas, van | iba, ibas, íbamos | fui, fuiste, fuera |

En general, las irregularidades que presentan los verbos en su conjugación, pueden explicarse desde un punto de vista histórico.

Defectivos

Son los verbos que sólo se conjugan en algunas formas y carecen de otras. La mayoría de ellos sólo tienen la tercera persona, debido a su significado:

atañer	atañe	atañen
acaecer	acaece	acaeció
acontecer	acontece	acontecen
concernir	concierne	conciernen

El verbo *abolir* también es defectivo porque no se conjuga en todos los tiempos y personas gramaticales; sólo pueden construirse las formas que tienen -i- después de la raíz:

| abolí | aboliera | aboliremos | he abolido |

Impersonales o unipersonales

Son los verbos que sólo se conjugan en tercera persona del singular, en todos los tiempos, porque no tienen un sujeto determinado; aluden a fenómenos meteorológicos:

llover	Llueve mucho.
nevar	En verano nunca nieva.
amanecer	Amaneció nublado.
anochecer	Anochece muy tarde en mi tierra.

Sin embargo, cuando se emplean en sentido figurado, es posible atribuirles un sujeto, con lo que pierden el sentido de impersonalidad; en este caso también pueden conjugarse en primera y segunda personas:

Amanecimos muy cansados.

Llovieron piedras.

Su vida anocheció demasiado pronto.

B) Por su significado: transitivos, intransitivos, copulativos, reflexivos, recíprocos y auxiliares

Transitivos

Son los verbos cuyo significado exige la presencia de un agente que realiza la acción, y un paciente que la recibe:

Llevé mi dinero al banco.

Ellos lavaron con esmero los pisos.

René construyó un barco con materiales oxidados.

Los tres verbos anteriores son transitivos porque tienen un agente (*yo, ellos, René*) cuya acción recae directamente sobre los pacientes o complementos directos: *mi dinero, los pisos, un barco.*

En español existen muchos verbos transitivos:

querer	dar	decir	entregar	escribir	leer
oír	cortar	sembrar	abrir	matar	pintar

Otros verbos, sin ser transitivos, pueden llegar a serlo si se les añade un paciente o complemento directo:

Lola trabaja la madera.

Vivimos una experiencia muy intensa.

Lloré lágrimas amargas.

Intransitivos

Son los verbos cuyo significado sólo exige la presencia de un agente, que es el que realiza la acción; ésta no tiene la posibilidad de afectar o modificar a alguien o algo; es decir, no tienen complemento directo, aunque sí admiten otro tipo de complementos:

Todas las mañanas Lucía <u>corre</u> en ese parque.

Los aviones modernos <u>vuelan</u> muy alto.

Mi hermana <u>nació</u> de madrugada.

Tú y yo <u>viviremos</u> en una casa frente al mar.

Ese camino <u>va</u> hacia el oriente.

Copulativos

Son los verbos que no aportan un significado pleno, sólo se emplean para unir el sujeto y el predicado; los principales verbos copulativos son *ser* y *estar*:

Tu vanidad <u>es</u> insoportable.

Su amiga <u>es</u> la presidenta.

Nuestra mascota <u>está</u> enferma.

Hoy tú <u>estás</u> deslumbrante.

En estas oraciones las palabras que realmente predican algo de los sujetos son adjetivos o sustantivos, por ello reciben el nombre de predicados nominales: *insoportable*, *la presidenta*, *enferma* y *deslumbrante*.

Algunos verbos pueden adquirir un valor copulativo cuando incluyen un predicado nominal que, por lo general, modifica al sujeto y concuerda con él en género y número:

Elvira se <u>halla</u> desesperada.

Mi hijo se <u>quedó</u> solo en la vida.

Alejandro <u>anda</u> enojado.

Los adjetivos *desesperada*, *solo* y *enojado* son predicados nominales; por ello los verbos están funcionando como copulativos.

Reflexivos

Los verbos reflexivos expresan una acción realizada por el sujeto, la cual recae sobre él mismo; exigen la presencia de los siguientes pronombres: *me, te, se, nos, os.*

> Me <u>baño</u> con esencia de flores.
>
> Te <u>peinas</u> como niña.
>
> Se <u>despertó</u> muy temprano.
>
> Nos <u>levantamos</u> al amanecer.
>
> Os <u>indignáis</u> con sus mentiras.

En los verbos reflexivos, los pronombres *me, te, se, nos* y *os* siempre se refieren al sujeto, es decir, a la persona que realiza la acción. Cuando no se da esta correspondencia entre el pronombre y el sujeto, los verbos dejan de ser reflexivos y funcionan como transitivos: *yo te peino, ustedes nos despertaron temprano.* Lo mismo ocurre cuando estos verbos se emplean sin los pronombres: *baño a mi perro, peinas a la anciana, levantamos a los niños.*

Hay un grupo de verbos que casi siempre funcionan como reflexivos y por ello van acompañados de los pronombres:

> Me <u>asombro</u> de tus avances intelectuales.
>
> Ese hombre <u>se enoja</u> por todo.
>
> No <u>me arrepiento</u> de nada.
>
> <u>Se atrevió</u> a desafiarme.

Recíprocos

Se emplean para expresar una acción que realizan dos o más personas y cada una de ellas recibe el efecto de dicha acción, de ahí que se les considere como una variante de los verbos reflexivos. La ejecución de este tipo de acciones no puede realizarse nunca por un solo sujeto, siempre tiene que haber, por lo menos, dos. Por ello, las formas verbales que se usan son en plural:

Los enemigos se abrazaron en son de paz.

Nos dijimos adiós.

Las naciones poderosas se declararon la guerra.

Adalberto y José se pelearon para siempre.

García Lorca y Dalí se admiraban mucho.

Los verbos recíprocos siempre van acompañados de un pronombre personal: *se*, *nos*, *os*.

Auxiliares

Son los verbos que participan en la formación de perífrasis y pierden, total o parcialmente, su significado; por lo general, es el verbo auxiliar el que se conjuga y acompaña al verbo principal; éste puede ser participio, gerundio o infinitivo, aunque en ocasiones, también puede estar conjugado:

Anda diciendo que buscará venganza.

Voy a ir a la nueva cafetería.

Julio había prometido no volver a verla.

Los criminales fueron juzgados en público.

Habiendo dicho su discurso, se levantó y se fue.

Puede que nieve esta noche.

Los verbos auxiliares más frecuentes en español son: *haber*, *ser*, *ir*, *estar*.

a) El verbo *haber* es el auxiliar que se usa más comúnmente; con él se forman los tiempos compuestos:

Habrá esperado mucho tiempo.

Hemos comido demasiado tarde.

Habrías escuchado sus lamentos con verdadero espanto.

Cuando el verbo *haber* no está en funciones de auxiliar, sólo puede emplearse en la tercera persona del singular:

Había muchos discos de música griega.

Hubo peticiones francamente inatendibles.

Si hubiera sillas desocupadas, te avisaré.

Ojalá haya oportunidades para todos.

b) El verbo *ser* se emplea como auxiliar, en la formación de la voz pasiva:

La casa fue vendida a buen precio.

Fui castigada severamente por mis abuelos.

Es perseguido por la policía.

c) El verbo *ir* suele emplearse como auxiliar en la formación del futuro perifrástico:

Mañana voy a quedarme en casa.

Los artistas van a llegar en la madrugada.

d) El verbo *estar* puede emplearse como auxiliar cuando va acompañado de un gerundio:

Está escondiéndose de mí.

Estábamos escuchando mi disco preferido.

Muchos otros verbos también pueden emplearse como auxiliares; algunos de los más comunes son *poder*, *querer*, *andar*, *tener*, *deber*:

Ya podemos iniciar el trabajo.

Quiero subir a las pirámides de Yucatán.

Anda hablando mal de mí.

Tienes que abandonar esa posición.

Debes conocer ese laberinto.

C) Por su estructura: primitivos, derivados, simples, compuestos y prepositivos

Primitivos

Son los verbos que no se derivan de otra palabra:

lavar	cantar	correr	mirar	oír

Derivados

Son los verbos que se forman a partir de otra palabra, mediante la adición de uno o varios morfemas derivativos:

alumbrar	del sustantivo *lumbre*
abanderar	del sustantivo *bandera*
amontonar	del sustantivo *montón*
mejorar	del adjetivo *mejor*
oscurecer	del adjetivo *oscuro*
ensordecer	del adjetivo *sordo*
encimar	del adverbio *encima*

Simples

Son los verbos formados por una sola palabra; pueden coincidir con los verbos primitivos:

volar   comer   escribir   clavar   nadar

Compuestos

Son los verbos formados por dos palabras:

maldecir   contraponer   menospreciar   contradecir

Prepositivos

Son los verbos que exigen la presencia de una preposición para expresar una idea completa:

Mi tesis <u>consta de</u> cinco capítulos.

<u>Carece de</u> lo más elemental.

El artículo <u>abundaba en</u> improperios.

<u>Prescindió de</u> lujos.

<u>Abusó de</u> nuestra confianza.

<u>Renunció a</u> su cargo.

Algunos verbos pueden usarse sin preposición pero, en ciertos contextos, la exigen:

<u>Piensa</u> un número.

<u>Piensa en</u> nuestra situación.

<u>Soñó</u> grandes riquezas.

<u>Soñaba con</u> monstruos marinos.

PERÍFRASIS VERBALES

Las perífrasis verbales son construcciones que se forman con dos o más verbos que, en ocasiones, pueden estar unidos por una palabra de enlace. El primer verbo se conjuga y el segundo se expresa por medio de una forma no personal, es decir, por un infinitivo, un gerundio o un participio, aunque también es posible encontrarlo conjugado.

El primer verbo funciona como auxiliar y tiene una significación débil que puede llegar a perder; toda la perífrasis equivale a un solo verbo:

<u>Voy a entregar</u> los calendarios.

<u>Había dicho</u> mentiras.

<u>Anda buscando</u> la respuesta.

<u>Acaba de llegar</u> a su casa.

<u>Puede que llueva</u> hoy en la tarde.

<u>Voy a tener que acabar</u> ahí.

<u>Voy a tener que ir a ver</u> la película.

Un gran número de perífrasis verbales aporta un matiz de significado que no es posible expresar mediante las formas verbales de la conjugación:

<u>Tengo que ir</u> al banco.

La perífrasis anterior tiene un matiz de obligación que lo aporta el verbo auxiliar; este matiz no está presente en la forma simple *iré*.

> Está consultando el diccionario.

La perífrasis enfatiza la continuidad de la acción de *consultar*, que no está presente en la forma simple *consulta*.

Las perífrasis más comunes son las siguientes:

Las que se emplean en la formación de tiempos compuestos, del futuro perifrástico, de la voz pasiva y del gerundio compuesto:

> Hubiera recomendado el programa.
>
> Vamos a ir al paseo.
>
> Fue sentenciado por el juez.
>
> Habiendo solicitado el número de cuenta, se formó en la fila.

Las perífrasis pueden construirse con una conjunción:

> Quiero que vengas temprano.
>
> Hay que estudiar mucho.
>
> Puede que sea falso.
>
> Tendría que premiar a todos.

Perífrasis que se construyen con una preposición:

> Comenzó a hablar lentamente.
>
> Nos pusimos a trabajar de inmediato.
>
> Alejandro se echó a llorar.
>
> Acaba de pasar el tren.
>
> Deben de ser las dos de la tarde.
>
> Has de saber que Verónica se casó ayer.
>
> Estoy por renunciar a ese proyecto.

Las que se forman con un infinitivo, sin nexo o palabra de enlace:

Desea comprar queso de cabra.

¿Puedes bajar el volumen de la televisión?

Suele caminar dormido.

Te debes ir antes del amanecer.

Las que se forman con un gerundio:

Anda diciendo que no te quiere.

Se fueron corriendo por la herencia.

Estuvo gritando en la ventana.

FORMAS NO PERSONALES DEL VERBO

Las formas no personales del verbo no presentan variación para indicar persona, tiempo ni modo; son el infinitivo, el gerundio y el participio.

A) Infinitivo

Es el nombre de los verbos, es decir, es la expresión de la acción verbal en abstracto. Sus terminaciones son -**ar**, -**er**, -**ir**:

ordenar	colgar	negar
encender	moler	sorber
sacudir	asistir	dormir

El infinitivo admite uno o dos pronombres enclíticos:

golpearte	golpearnos	golpearse	golpeárselos
sostenerme	sostenerla	sostenerse	sostenérselos
regirlo	regirse	regirnos	regírselos

El infinitivo presenta formas simples y compuestas:

Infinitivo simple	Infinitivo compuesto
aprobar	haber aprobado
creer	haber creído
corregir	haber corregido

B) Gerundio

Es la forma no personal del verbo que expresa una acción continuada, en progreso. Sus terminaciones son -**ando**, -**iendo**:

ordenando	colgando	negando
encendiendo	moliendo	sorbiendo
sacudiendo	asistiendo	durmiendo

Cuando la **i** de la terminación -**iendo** se encuentra entre dos vocales, se convierte en **y**:

creyendo	huyendo	disminuyendo

Como el infinitivo, el gerundio también admite uno o dos pronombres enclíticos:

dándole	dándome	dándonoslo
temiéndote	temiéndose	temiéndoselo
midiéndonos	midiéndola	midiéndoselos

El gerundio presenta formas simples y compuestas:

Gerundio simple	Gerundio compuesto
cargando	habiendo cargado
ascendiendo	habiendo ascendido
distribuyendo	habiendo distribuido

El gerundio sólo debe emplearse cuando se refiere a una acción simultánea o anterior a la de otro verbo; nunca debe referirse a una acción posterior:

Caminando por la plaza, se encontró una moneda.

Habiendo escuchado las noticias, se fue a dormir.

Pasó todas sus vacaciones esperando una sorpresa.

El gerundio nunca debe referirse a un sustantivo; frases como *caja conteniendo*, *carta diciendo* son incorrectas.

C) Participio

Esta forma no personal del verbo expresa una acción ya realizada; sus terminaciones regulares son **-ado**, **-ido** y las irregulares, **-to**, **-so**, **-cho**:

calculado	temido	salido
escrito	impreso	dicho

Los participios, a diferencia del infinitivo y del gerundio, sí marcan género y número. Se emplean en la formación de perífrasis verbales; también es muy común usarlos como adjetivos:

fueron reprobados	(perífrasis verbal)
hemos sido incluidos	(perífrasis verbal)
ha caminado	(perífrasis verbal)
trabajaba distraída	(adjetivo)
hombre engreído	(adjetivo)
muchacha alocada	(adjetivo)

Varios verbos aceptan tanto la forma regular como la irregular para formar el participio: **-ado**, **-ido** para referir una acción verbal y se usan en la formación de perífrasis; **-to**, **-so**, para formar un adjetivo:

PERÍFRASIS VERBAL	ADJETIVO
Hemos freído la carne.	Compré papas fritas.
El guía fue elegido por todos.	El presidente electo dio un discurso.
Ha imprimido todo el trabajo.	Los documentos impresos se perdieron.

Algunos verbos que tienen ambas terminaciones son:

imprimido	impreso
bendecido	bendito
convertido	converso
suspendido	suspenso
expresado	expreso
recluido	recluso
concluido	concluso

Los participios no admiten pronombres enclíticos.

EL ADVERBIO

El adverbio es la clase de palabra que modifica al verbo, al adjetivo o a otro adverbio:

Fernando llegará <u>mañana</u>.	(Modifica al verbo *llegará*)
Ramón camina <u>lentamente</u>.	(Modifica al verbo *camina*)
Ese edificio está <u>bien</u> hecho.	(Modifica al adjetivo *hecho*)
Ellos están <u>muy</u> tristes.	(Modifica al adjetivo *tristes*)
La situación está <u>bastante</u> mal.	(Modifica al adverbio *mal*)
Mis amigos viven <u>muy</u> lejos.	(Modifica al adverbio *lejos*)

Su función más importante y más frecuente es modificar verbos, para denotar modo, tiempo, lugar, cantidad:

El presidente *habló* <u>amenazadoramente</u>.

<u>Siempre</u> *llega* con noticias desalentadoras.

Nosotras *vivimos* <u>aquí</u>.

Comió <u>demasiado</u>.

Cuando se refieren a adjetivos o a adverbios, intensifican el significado de éstos:

Esta ciudad está <u>densamente</u> *poblada*.

Mi primo Alberto está <u>gravemente</u> *enfermo*.

Rogelio se sentó <u>demasiado</u> *cerca* de la fogata.

Cristina baila <u>extraordinariamente</u> *bien*.

Los adverbios se caracterizan porque no presentan morfemas flexivos, a diferencia de los sustantivos, adjetivos, artículos, pronombres y verbos; sin embargo, en el habla coloquial es posible encontrar adverbios con morfemas de diminutivos: *cerquita*, *despuesito*, *lueguito*, *apenitas*, *abajito*.

Los adverbios constituyen una clase muy grande y heterogénea, en la cual se incluyen no sólo adverbios formados por una palabra, sino también las llamadas frases o locuciones adverbiales:

cara a cara	sin ton ni son
a sabiendas	a la buena de Dios
de vez en cuando	a regañadientes
a pie	de prisa
a ciegas	de cuando en cuando

Es común el empleo de locuciones adverbiales latinas:

ex profeso	*ipso facto*
in fraganti	*motu proprio*
ad hoc	*grosso modo*
sui generis	*a priori*
a posteriori	*verbi gratia*

CLASIFICACIÓN DE LOS ADVERBIOS

Existen dos grandes clases de adverbios: calificativos y determinativos.

A) Calificativos

Pertenecen a este grupo todos los adverbios derivados de adjetivos; en ocasiones se emplean las mismas formas adjetivas con función adverbial. Funcionan como adverbios cuando no tienen flexión y modifican un verbo, un adjetivo u otro adverbio; son adjetivos cuando acompañan un sustantivo y concuerdan con él en género y número:

ADVERBIOS	ADJETIVOS
Jorge se encuentra muy mal.	Humberto es un mal hombre.
Hoy comiste mejor.	Mis ideas son mejores que las tuyas.
Será peor decirle que no.	Los resultados fueron peores.
Habla muy recio.	Iván tiene una recia musculatura.
Trabaja duro.	El pan está duro.
Hay que cantar bajo.	Es un techo bajo.

Son también adverbios calificativos los que se forman a partir de adjetivos, añadiéndoles el morfema -**mente**. Estos adverbios, generalmente, indican modo o manera de realizar una acción:

Contestó <u>forzadamente</u>.
Traduce <u>perfectamente</u>.
Revisó el texto <u>cuidadosamente</u>.
Se enfrentaron <u>valientemente</u>.

Los adverbios terminados en **-mente** que no denotan modo son: *primeramente, posteriormente, previamente, últimamente, anteriormente*, entre otros, dado que mantienen el valor ordinal o temporal del adjetivo de donde provienen.

En general, es posible formar adverbios en **-mente** a partir de cualquier adjetivo calificativo, excepto de los gentilicios, de los que se refieren a colores y de adjetivos que denotan características o cualidades físicas que no admitirían una interpretación modal; sin embargo, en ciertos contextos pueden encontrarse: *hawaianamente, argentinamente, blancamente, rojamente*; de adjetivos como *gordo, calvo, delgado, peludo*, no es común la formación de adverbios.

Cuando se coordinan dos adverbios terminados en **-mente**, en el primero se omite el morfema para evitar la cacofonía, es decir, se emplean formas apocopadas:

atrevida y audazmente
tierna y amorosamente
lenta y cuidadosamente

Es muy común emplear la forma apocopada *sólo*, en el caso del adverbio *solamente*, aunque no esté coordinado con otro: *sólo llegaron tres invitados a la fiesta*.

Los adverbios terminados en **-mente** derivados de adjetivos que tienen acento ortográfico, lo mantienen:

último	últimamente
fácil	fácilmente
práctico	prácticamente
crítico	críticamente

B) Determinativos

Los adverbios determinativos constituyen una clase en la que se incluye un número limitado de formas. En general, se caracterizan porque desempeñan una función similar a la de los pronombres, dado que puede decirse que están en lugar de un nombre:

Trabajamos <u>ahí</u>.

El adverbio *ahí* señala el sitio donde *trabajamos*; en su lugar es posible encontrar un sustantivo con función de complemento:

Trabajamos <u>en ese edificio</u> o <u>en ese lugar</u>.

De acuerdo con su significado, pueden distinguirse las siguientes subclases:

Adverbios de lugar

aquí, allí, ahí, acá, allá, cerca, lejos, fuera, afuera, dentro, adentro, encima, debajo, arriba, abajo, delante, adelante, alrededor, detrás, dónde, donde, dondequiera.

Adverbios de tiempo

mientras, luego, temprano, antes, después, pronto, tarde, ya, ahora, entonces, hoy, mañana, ayer, nunca, jamás, siempre, todavía, cuándo, cuando.

Adverbios de modo

así, apenas, cómo, como.

Adverbios de cantidad

demasiado, muy, más, mucho, poco, menos, bastante, tanto, casi, nada, cuánto, cuanto.

Adverbios de duda

quizá, tal vez, acaso.

Adverbios de afirmación

sí, ciertamente, también.

Adverbios de negación

no, tampoco.

LA PREPOSICIÓN

Las preposiciones son palabras invariables que sirven para relacionar vocablos; son partículas que se emplean para subordinar:

La culpa recayó <u>sobre</u> mí.
Trabajaba todos los días <u>por</u> la mañana.
Le gustaba una mujer <u>de</u> ojos negros.

Los términos relacionados por las preposiciones pueden ser cualquier clase de palabra: sustantivo, adjetivo, verbo, adverbio o interjección:

La *casa* <u>de</u> *piedra* era muy conocida.

(sustantivo + sustantivo)

Radiante <u>de</u> *alegría*, leyó los primeros versos.

(adjetivo + sustantivo)

Ese hombre es *difícil* <u>de</u> *convencer*.

(adjetivo + verbo)

Lo *miró* <u>desde</u> *la ventana*.   (verbo + sustantivo)

¡*Ay* <u>de</u> *las personas* que no sienten!

(interjección + sustantivo)

Le *gritó* <u>desde</u> *aquí*.   (verbo + adverbio)

Las preposiciones se pueden clasificar en simples y en frases o locuciones prepositivas.

Las preposiciones simples son:

a	ante	bajo
con	contra	de
desde	en	entre
hacia	hasta	para
por	según	sin
so	sobre	tras

La preposición *so* tiene un uso muy restringido y sólo se emplea en contextos como el siguiente:

So pretexto de su enfermedad, no hizo el examen.

Algunas preposiciones en desuso son: *allende*, *aquende*, *cabe*.

Las frases o locuciones prepositivas son de uso muy frecuente; permiten matizar o precisar lo que se enuncia. Pueden estar formadas por:

a) Adverbio y preposición:

antes de	después de	encima de
debajo de	delante de	detrás de
dentro de	cerca de	lejos de
atrás de	junto a	alrededor de

Algunas de estas locuciones equivalen a preposiciones simples como:

delante de	→	ante
encima de	→	sobre
debajo de	→	bajo
detrás de	→	tras

b) Preposición, un sustantivo y otra preposición:

con arreglo a	de acuerdo con	en virtud de
con base en	en relación con	en nombre de

Es posible emplear dos o más preposiciones juntas cuando se desea expresar un cierto matiz de significado:

Se pelea hasta por un café.

Lo ve hasta en la sopa.

Se asomó por entre las ramas.

Le envié unos patines de a diez pesos.

De por sí estaba fea.

El sueldo le alcanzaba hasta para lujos.

Estoy en contra de las prohibiciones.

Algunas preposiciones se adjuntan a verbos y a adjetivos que las exigen **y forman** con ellos una unidad; es el caso de los verbos y adjetivos **prepositivos** que siempre van acompañados de una preposición:

constar de	arrepentirse de	insistir en
referente a	conforme a	propenso a

Las preposiciones cumplen una función relacionante y, por ello, su contenido semántico no es tan completo como pudiera serlo el de un sustantivo, un adjetivo o un verbo; el significado de las preposiciones se precisa en el contexto; algunos de los usos y significados más comunes son:

Preposición	Uso y significado	Ejemplos
A	—Introduce complemento directo animado o complemento indirecto	Vi a Joaquín Entregó los discos a Samuel
	—Expresa dirección	Se fue a la escuela
	—Indica lugar	Llegó a Cuernavaca
	—Denota modo	Viste a la moda
	—Marca tiempo	Desperté al amanecer
	—Señala orden o mandato	¡A comer!
	—Forma frases y locuciones adverbiales	Caminó a tientas A sabiendas se equivocó
ANTE	—Significa *delante* o *en presencia de*	Se humilló ante las autoridades Vaciló ante el problema
BAJO	—Significa *debajo de* —Expresa situación inferior, sujeción o dependencia	Me bañaba bajo el tejado Lo decidió bajo presión Vivió bajo un régimen totalitario
CON	—Expresa compañía	Oía música con sus hijos Sale con su mejor amigo
	—Indica modo, medio o instrumento	Lo dijo con amargura Golpeó el suelo con un bastón
	—Tiene valor de *aunque*	Con llorar no ganas nada Con gritar no lo lograrás
CONTRA	—Expresa oposición o contrariedad	Aventó la pelota contra la pared Estás contra las ideas modernas

DE	—Expresa propiedad o pertenencia	La casa de mis padres es chica Los ríos de mi país son pocos
	—Origen o procedencia	Llegó de Venezuela Eres de una región árida
	—Indica modo	Estoy de mal humor Cayó de rodillas
	—Expresa el material de que está hecha una cosa	Estrenó un suéter de lana Escribe en una hoja de papel
	—Significa contenido	Quiero un vaso de agua Trajo un galón lleno de aceite
	—Indica asunto o materia	Consiguió el libro de arte Siempre habla de su obsesión
	—Marca tiempo	Llegaré de madrugada Los vampiros salen de noche
	—Expresa causa	Llegó harto de la ciudad Estaba cansado de sus quejas
	—Señala la parte de alguna cosa	De todos los libros prefiero éste Bebió del vino amargo
	—Denota naturaleza o condición de una persona	Es un hombre de mal vivir Eran de costumbres extrañas
	—Significa ilación o consecuencia	El ingeniero llegó tarde, de ahí que se atrasaran los trabajos
	—Se emplea en oraciones exclamativas	¡Pobre de Marina! ¡Ay de mí!
	—Se utiliza para formar perífrasis verbales	He de decir la verdad Deben de traer el uniforme
	—Relaciona un adjetivo con un sustantivo o pronombre	Pobre de ellos si no vienen El valiente de Juan huyó
	—Denota la función o la actividad que desempeña la persona o cosa de la que se habla	Trabaja de secretario Se fue de parranda Este sillón sirve de cama

DESDE	—Denota inicio de una acción en el tiempo o en el espacio	Desde aquí te voy a vigilar No lo veía desde antier
EN	—Indica tiempo	Nos veremos en diciembre En 1914 comenzó una guerra
	—Expresa lugar	Tal vez estaría en su casa En el centro había un café
	—Señala modo	Parecía decirlo en broma Di la verdad en dos palabras
	—Significa ocupación o actividad	Es especialista en biología Siempre gana en el juego
	—Indica medio o instrumento	Voy a mi pueblo en autobús Ya nadie viaja en carruaje
	—Forma locuciones adverbiales	En general, me siento bien En lo personal, apruebo tu idea
ENTRE	—Expresa que algo o alguien está en medio de dos personas o cosas	Está entre la vida y la muerte Hay problemas entre nosotros
	—Indica cooperación	Harán la comida entre los tres Entre tú y yo lo resolveremos
HACIA	—Indica lugar y dirección	Se inclinó hacia la izquierda Voy hacia la desesperación
HASTA	—Expresa el fin de algo o límite de lugar, de número o de tiempo	Llegaste hasta donde quisiste Lucharemos hasta morir Irá hasta donde termina la playa Daría hasta mil pesos por verlo No vendré sino hasta las seis
	—Equivale a *incluso*	Perdió hasta el último centavo Premiaron hasta a los perdedores

En México es muy común el empleo incorrecto de esta preposición; se encuentran frases como: *La oficina abre hasta las cuatro de la tarde*; lo correcto es decir: *La oficina no abre sino hasta las cuatro de la tarde*.

PARA	—Indica destino o finalidad	Compré un boleto para Barranquilla Consulta revistas para estar al día Traje estas latas para mi gatita
	—Expresa tiempo o plazo determinado	Para mañana todo estará listo Vendré para el próximo invierno
	—Denota comparación o contraposición	Para estar enferma, te ves muy bien Es mal escritor, para su fama

Es correcto el empleo de la preposición *para* en frases como: *Jarabe para la tos, pastillas para el dolor*, porque está implícito el verbo que marca la finalidad: *aliviar* o *curar*.

POR	—Introduce el agente en oraciones pasivas	La casa fue vendida por su tío El disco fue grabado por el cantante
	—Expresa tiempo aproximado	Vivió en Cádiz por aquellos años Estaré fuera por un mes
	—Marca lugar	Se pasea por todo el mundo Escapó por el jardín
	—Denota causa o finalidad	Estaba de mal humor por su fracaso Perdió el juego por su imprudencia Fuimos por la bicicleta nueva
	—Señala medio	Nos comunicaremos por teléfono Lo conocí por el correo electrónico
	—Expresa cantidad	Vendió su casa por poco dinero Lo denunció por una miseria
	—Indica sustitución o equivalencia	Yo pagaré la cuenta por ella Firma la entrada por mí
	—Expresa el concepto o la opinión que se tiene de alguien o de algo	Pasa por inteligente Se le tiene por mal educado
	—Significa que algo está por hacerse	La casa está por pintar Estoy por irme a Arabia

SEGÚN	—Denota relaciones de conformidad	Procedió según el reglamento Decidió según las ofertas que hubo
SIN	—Denota carencia de una cosa o persona	Se quedó sin novia Salió sin abrigo a pesar del frío
SOBRE	—Significa *encima de*	Sorprendió al gato sobre la mesa Pintó su *grafitti* sobre el muro
	—Expresa asunto o materia	Discutían sobre política Escribe sobre la vida marina
	—Indica cantidad aproximada	Luis anda sobre los treinta años Lo evaluaron sobre los mil pesos
TRAS	—Señala lugar	Está tras las rejas
	—Expresa búsqueda de cosas o personas	Siempre anda tras ella La policía está tras sus huellas
	—Indica añadidura	Tras la deshonra, la pobreza Tras de vejez, viruela

LA CONJUNCIÓN

Las conjunciones son partículas invariables que sirven para relacionar palabras y oraciones. Carecen de significado propio pues sólo tienen valor relacionante, dado que son nexos.

Existen dos tipos de conjunciones:

a) Propias. Son las que están formadas por una sola palabra que siempre funciona como conjunción: *y, ni, si, pero, o, mas, pues, sino.*

b) Impropias. Son las que están formadas por dos o más palabras de distinta naturaleza categorial; son las locuciones conjuntivas: *sin embargo, no obstante, así que, porque, aunque, por consiguiente, a pesar de que, por lo tanto, con el fin de que, para que, siempre que, por más que, ya que.*

Algunos adverbios y preposiciones pueden llegar a funcionar como conjunciones: *como, luego, así, para, entre.*

Las conjunciones y locuciones conjuntivas pueden coordinar o subordinar palabras u oraciones; cuando unen palabras, desempeñan la función de nexo coordinante; las palabras enlazadas deben ser de la misma categoría gramatical:

La obra de teatro es para *adolescentes* y *adultos.*

(Enlaza sustantivos)

Encontré a Martha *enferma* pero *optimista.*

(Enlaza adjetivos)

Ni aquí ni *allá* había dejado huellas.   (Enlaza adverbios)

Tú o *yo* lo haremos.   (Enlaza pronombres)

Cuando la conjunción relaciona oraciones, puede cumplir una función coordinante o subordinante; en el primer caso, une oraciones que son independientes entre sí; en el segundo, la oración subordinada, introducida por la conjunción, funciona como complemento de la oración principal:

a) Algunas conjunciones que coordinan oraciones:

Raquel se fue muy temprano y su hermana se quedó dormida.
Omar hizo un gesto de reprobación pero nadie lo advirtió.
Pedro visitará a sus primos en la tarde o arreglará el jardín de su casa.

b) Algunas conjunciones que subordinan oraciones:

No se inscribió en el curso porque llegó tarde.
Yo hago la ensalada si me invitas a comer.
Rebeca dijo que no aceptaría las condiciones.

CLASIFICACIÓN DE LAS CONJUNCIONES

Según la función y el significado que aportan, las conjunciones y locuciones conjuntivas se clasifican en:

A) Copulativas

Son las conjunciones que coordinan dos o más palabras las cuales desempeñan una misma función. También pueden unir oraciones. Las conjunciones copulativas son: *y, e, ni*:

El domingo compré discos de música hindú, turca y rusa.
Se retiró de la fiesta ciego de vergüenza e ira.
Ni los maestros ni los estudiantes se interesaron por la exposición.
Vio el reloj y recordó su cita con el oculista.
Habló con violencia e hirió a todos los presentes.
No se preocupó por las viudas ni pensó en los huérfanos.

Cuando los términos enlazados son más de dos, la conjunción sólo se escribe entre los dos últimos y en los anteriores se anota una coma para marcar pausa; la conjunción *e* se usa delante de palabras que inician con **i-** o **hi-**. La conjunción *ni* suele repetirse o combinarse con el adverbio *no*.

La conjunción *que* también es copulativa cuando equivale a *y*; es poco usual y sólo se la encuentra en expresiones como:

Llueve que llueve.
Dale que dale.

B) Disyuntivas

Son conjunciones coordinantes que enlazan palabras u oraciones para expresar posibilidades alternativas, distintas o contradictorias. Las conjunciones disyuntivas son *o*, *u*; esta última es una variante de *o*, que se emplea ante palabras que empiezan por **o-** u **ho-**:

Tú o él harán la paella.
Uno u otro deberá pagar.
No sé si domaba leones o amaestraba elefantes.

En ocasiones la alternancia se enfatiza anteponiendo al primer elemento coordinado la conjunción *o*:

A ese árbol o le cayó un rayo o le prendieron fuego.
O apoyas la causa o te expulsamos.

C) Distributivas

Estas conjunciones son coordinantes y enlazan dos términos que expresan posibles opciones; suelen emplearse con esta función, adverbios correlativos como *ya...ya*, *bien...bien*, *ora...ora*. También pueden usarse las formas verbales *sea...sea* o *fuera...fuera*. Tienen poco uso en el lenguaje oral:

La asamblea se realizará ya en el auditorio, ya en la explanada.
Respondía a las agresiones, bien con violencia, bien con serenidad.
Plantaremos el rosal ora en tu jardín, ora en el mío.
Sea una cosa la que hagas, sea otra la que pienses, debes decidirte.
Fuera en verano, fuera en invierno, el hombre caminaba por la carretera.

D) Adversativas

Son conjunciones coordinantes que indican oposición o contrariedad entre los elementos que unen; la contrariedad no siempre es insalvable. Las conjunciones y locuciones conjuntivas más usuales son: *pero, mas, sino, sin embargo, no obstante, antes bien, con todo, más bien, fuera de, excepto, salvo, menos, más que, antes, que no*:

> Quería comprar muchas cosas, <u>pero</u> no le alcanzaba el dinero.
>
> Trataba de resolver el caso, <u>mas</u> no sabía cómo.
>
> No era el momento de descansar, <u>sino</u> de esforzarse más.
>
> Se equivocó de estrategia, <u>no obstante</u> haber analizado todas las consecuencias.
>
> Le ha ido muy mal en la vida, <u>sin embargo</u>, nunca se lamenta.
>
> Estuvo muy bien la reunión, <u>fuera de</u> las impertinencias de mi hermano.
>
> Estudiaba la vida de los reptiles <u>que no</u> la de los pájaros.
>
> El ensayo no hablaba sobre el tema de la democracia, <u>antes bien</u> lo evitaba.

La conjunción *mas* se escribe sin acento, a diferencia del adverbio de cantidad *más*. Otra conjunción adversativa es *empero*, que ha caído en desuso. La conjunción *aunque* adquiere valor adversativo cuando equivale a *pero*: *ese relato es divertido aunque es de mal gusto*.

Algunas de estas conjunciones se emplean como nexos discursivos, es decir, para enlazar párrafos; en estos casos, no pierden su valor adversativo.

E) Completivas o complementantes

Son conjunciones que siempre subordinan una oración a otra; la conjunción completiva más usual es *que*; en algunas ocasiones se usa con este valor la conjunción *si*, y en este caso pierde el significado de condición. Se emplean para introducir oraciones con función de objeto o complemento directo y oraciones con función de sujeto:

> Reconoció muy pronto que se había equivocado.
>
> Dile que no aceptaré sus disculpas.
>
> Soñé que me quedaba ciega.
>
> Me interesa que llegues a tiempo.
>
> Que resolvamos el enigma es imperativo.
>
> Nos gusta que estés alegre siempre.
>
> No sé si lo encuentre en su oficina.
>
> Nos preguntamos si será controlada pronto la crisis económica.
>
> Felipe no se fijó si traían algo oculto entre las ropas.

La conjunción complementante *que* puede emplearse, además, para encabezar oraciones exhortativas o exclamativas:

> ¡Que se mejoren las ventas!
>
> ¡Que se vaya!

La conjunción complementante *si* añade un valor dubitativo o introduce una oración interrogativa indirecta:

> No entendí si su gesto era de compasión o de burla.
>
> Dime si debo ofrecer mi ayuda.

F) Causales

Estas conjunciones siempre subordinan una oración a otra. Expresan la causa o el motivo de la acción verbal. Algunas de las conjunciones y locuciones conjuntivas causales más comunes son: *porque, pues, ya que, puesto que, pues que, supuesto que, que, de que, como, por razón de que, en vista de que, dado que, por cuanto, como que, a causa de que, por lo cual:*

No recordarás ese sueño porque tu olvido es ancestral.

Regresó caminando a su casa, pues quería hacer ejercicio.

Sospecharon de tu culpabilidad ya que te escondías.

En vano te cambiarás el nombre, puesto que conocen tus huellas.

No estoy contento, que me abandonaron.

Estamos cansados de que la autoridad nos mienta.

Como era un hombre de poder, todos lo halagaban.

En vista de que no recogiste los cuadros, los donaré al museo.

Dado que estoy mal de salud, no asistiré a la reunión.

José sintió indignación por cuanto le habían dicho de su hijo.

Ellos se preocupaban por su sobrevivencia, a causa de que había gran escasez.

La expresión *por qué* no es una conjunción; se trata de una frase prepositiva formada por la preposición *por* y el pronombre interrogativo *qué*.

G) Ilativas o consecutivas

Expresan la continuación o consecuencia lógica de una acción; las más comunes son *luego, así pues, conque, así que, por consiguiente, por tanto, por lo tanto, pues, de manera que, de modo que, que*:

Ambicionaba desmedidamente el poder, luego tenía pocos escrúpulos.

¿Quieres obtener tu independencia?... Pues ¡trabaja!

Nos hicieron muchas críticas destructivas en el congreso, conque no volveremos a presentar nada en el futuro.

Las fábricas contaminaban el valle, así que las autoridades se vieron obligadas a intervenir.

Ema escuchaba una conversación que no comprendía; por consiguiente, se aburrió muy pronto y se retiró.

Lo deshauciaron demasiado joven, por tanto se dedicó a viajar.

Lo abrumaron las evidencias, por lo tanto tuvo que confesar su culpabilidad.

Se fue sigilosamente, <u>de manera que</u> nadie lo sintió.

Me pusieron contra la espada y la pared, <u>de modo que</u> tuve que acatar sus órdenes.

La conjunción *que* sólo funciona como consecutiva cuando establece una correlación con los adverbios *tanto*, *tan*, *tal*, *así*; es decir, cuando implica la consecuencia debida a la intensidad de una acción determinada:

Era *tal* su angustia <u>que</u> vaciló frente al jurado de su examen.

Llovió *tanto* por la noche <u>que</u> se inundó el estacionamiento del hotel.

Estaba *tan* entusiasmado <u>que</u> no veía la realidad.

H) Condicionales

Introducen oraciones subordinadas que expresan la condición que debe cumplirse para que se realice lo señalado en la oración principal. Las conjunciones y locuciones condicionales más comunes son *si, como, en caso de que, siempre que, con tal de que:*

Llegaremos menos fatigados <u>si</u> hacemos un receso.

<u>Como</u> te atrevas a decir semejante barbaridad, te castigaremos.

<u>En caso de que</u> hubieran grabado nuestras conversaciones, estaremos perdidos.

Compraremos ese departamento, <u>siempre que</u> nos autoricen el crédito hipotecario.

I) Finales

Introducen una oración subordinada que expresa la finalidad o el propósito de realizar la acción del verbo principal. Algunas locuciones conjuntivas finales son *para que, a fin de que, con el objeto de que, con el fin de que:*

111

Le escribo a diario <u>para que</u> no me olvide.

Vine <u>a fin de que</u> aclaremos nuestras diferencias.

El horario de la hemeroteca cambió, <u>con el objeto de que</u> pudieran asistir más usuarios.

J) Concesivas

Introducen una oración subordinada que expresa dificultad para el cumplimiento de lo manifestado en la oración principal, aunque esta dificultad no impide, necesariamente, la realización de la acción. Las conjunciones y locuciones concesivas más usuales son *aunque, por más que, si bien, aun cuando, a pesar de que, así, como, siquiera, ya que, bien que, mal que*:

<u>Aunque</u> le disgustaba enormemente, escuchó completo el discurso.

<u>Por más que</u> el ser humano esté consciente del ridículo, no puede evitarlo.

No lo admitiría en mi clase, <u>así</u> me lo suplicara de mil formas.

Levantaron el estado de emergencia, <u>si bien</u> la epidemia continuaba haciendo estragos.

La adulación es algo frecuente, <u>aun cuando</u> denigre a quien la practique.

La campaña para defender el medio ambiente no tiene los efectos esperados, <u>a pesar de que</u> los ciudadanos han colaborado.

Existen algunas expresiones que tienen significación concesiva y por ello funcionan como locuciones conjuntivas: *digan lo que digan, sea como sea, hagas lo que hagas*; por ejemplo:

<u>Digan lo que digan</u>, no pienso renunciar a mis derechos de la herencia.

No retiraremos la demanda, <u>hagas lo que hagas</u>.

Algunas conjunciones pueden tener varios sentidos y, por ello, es posible encontrar una misma conjunción en distintas clases; es el caso de *que, pues, como, si*.

LA INTERJECCIÓN

Son palabras invariables que equivalen a una oración. Se emplean exclusivamente en oraciones exclamativas.

Pueden ser propias e impropias o derivadas; las primeras son palabras que siempre funcionan como interjecciones:

¡Ay!	¡Ah!	¡Oh!
¡Huy!	¡Bah!	¡Hurra!
¡Uf!	¡Ojalá!	¡Ea!
¡Puf!	¡Hola!	¡Caramba!

Estas expresiones no deben confundirse con los sonidos onomatopéyicos, que son los que imitan los ruidos de la naturaleza, como: *grr, zas, pum, je-je, run-run.*

Las impropias o derivadas están formadas por palabras que pertenecen a alguna categoría gramatical pero que se pueden emplear como interjecciones:

¡Fuego!	¡Bravo!	¡Socorro!
¡Suerte!	¡Ánimo!	¡Espléndido!
¡Diablos!	¡Dios mío!	¡Vaya!
¡Por Dios!	¡Bueno!	¡Fuera!
¡Alerta!	¡Cuidado!	¡Auxilio!
¡Salud!	¡Atención!	¡Peligro!

Existen además frases u oraciones completas, de carácter exclamativo, que funcionan como una interjección:

¡Hermosa tarde!	¡Hemos ganado!
¡Ojalá llueva!	¡Bonita respuesta!
¡Vaya contigo!	¡Qué cansancio!

Las interjecciones no son realmente una categoría gramatical; no forman parte de la oración ya que ellas, por sí mismas, constituyen una oración. Por ejemplo, cuando se dice *¡Socorro!*, están implícitos el sujeto y el verbo, es decir que la interjección equivale a decir *yo pido ayuda.*

113

SINTAXIS

ELEMENTOS BÁSICOS

ELEMENTOS DE LA ORACIÓN

LA ORACIÓN COMPUESTA

ELEMENTOS BÁSICOS

La sintaxis es la parte de la gramática que estudia la manera como se combinan y ordenan las palabras para formar oraciones; analiza las funciones que aquéllas desempeñan, así como los fenómenos de concordancia que pueden presentar entre sí. La unidad mínima de estudio de la sintaxis es la oración.

Dentro de la oración, las palabras adquieren un significado preciso y cumplen una función sintáctica determinada:

> Se lastimó la <u>muñeca</u> izquierda mientras jugaba a la pelota.
>
> La <u>muñeca</u> que le regalé a mi hija cierra los ojos.

Aisladamente, la palabra *muñeca* tiene varias acepciones, pero en cada oración sólo toma una de ellas; además, esta misma palabra cumple una función distinta, en la primera oración es objeto directo y en la segunda, es sujeto.

ORACIÓN

Oración es la unidad que expresa un sentido completo y está constituida por sujeto y predicado. El sujeto es de quien se habla en la oración y muchas veces es el agente de la acción del verbo. El predicado es lo que se dice sobre el sujeto:

> Los astronautas llegarán a la tierra el próximo martes.
>
> Los avestruces corren a gran velocidad.
>
> El progreso técnico ha creado peligros ecológicos.

El sujeto y el predicado de las oraciones anteriores son:

Sujeto	Predicado
Los astronautas	llegarán a la tierra el próximo martes
Los avestruces	corren a gran velocidad
El progreso técnico	ha creado peligros ecológicos

117

Las oraciones que están constituidas por sujeto y predicado se llaman bimembres. La oración también recibe el nombre de enunciado.

Existen expresiones que equivalen a una oración, pero en las cuales no es posible distinguir el sujeto y el predicado; es el caso de las interjecciones, los saludos, las despedidas y las oraciones formadas por verbos meteorológicos. A este tipo de oraciones se les llama unimembres, porque constituyen una unidad indivisible:

> ¡Madre mía!
>
> ¡Hola!
>
> ¡Adiós!
>
> ¡Fuego!
>
> Anocheció pronto
>
> Llueve intensamente

FRASE

Existen expresiones que no siempre llegan a constituir una oración porque les falta la presencia de un verbo, de ahí que no posean un sentido completo; estas construcciones se llaman frases:

> Una mañana de septiembre
>
> La bicicleta verde de mi padre
>
> Con mucha simpatía
>
> Por si acaso
>
> De vez en cuando

SINTAGMA

Sintagma es una unidad conformada por una palabra que es la más importante y que funciona como núcleo; éste puede ir acompañado de complementos o modificadores y juntos forman un bloque. Es posible distinguir el núcleo en los sintagmas porque éste es imprescindible y las palabras que lo acompañan pueden omitirse. Existen diferentes tipos de sintagmas, dependiendo de la categoría gramatical del núcleo:

a) Sintagma nominal. Tiene como núcleo un nombre o sustantivo; también puede ser un pronombre o una palabra sustantivada:

El nido de las palomas
La saludable comida vegetariana de mis amigos
La maestra
Ella misma
Lo bueno

El núcleo de los sintagmas nominales puede tener artículos y adjetivos funcionando como sus complementos o modificadores directos; estos elementos siempre concuerdan en género y número con el núcleo:

Ríos anchos y profundos
La tierra estéril
Un barco fantasmal

También es posible encontrar otro tipo de complementos nominales que modifican indirectamente al núcleo sustantivo; se trata de sintagmas prepositivos o preposicionales:

Un punto de apoyo
El color de la cerveza
La bufanda peruana de colores llamativos
Una mujer con vestido verde

b) Sintagma adjetivo. Tiene como núcleo un adjetivo, el cual puede ir acompañado de un adverbio o sintagma adverbial que funciona como su complemento o modificador:

Bastante solidario
Sospechosamente amable
Muy enojado
Demasiado mal redactado

El núcleo adjetivo también puede tener como complemento o modificador indirecto, un sintagma prepositivo:

Fácil *de convencer*

Apto *para las ventas*

Digno *de confianza*

c) Sintagma adverbial. Su núcleo es un adverbio que puede ser modificado por otro adverbio:

Muy cerca

Bastante pronto

Tan ingratamente

d) Sintagma prepositivo o preposicional. Está constituido por una preposición, que es el núcleo, y un sintagma nominal que recibe el nombre de término, el cual funciona como complemento de la preposición:

Por *su culpa*

Con *singular alegría*

En *la orilla del río*

Dado que el término es un sintagma nominal, dentro de él es posible encontrar un núcleo sustantivo con modificadores directos e indirectos:

De gran trascendencia

    Núcleo del sintagma prepositivo: *de*

    Término: *gran trascendencia*

    Núcleo del término: *trascendencia*

    Modificador directo del núcleo del término: *gran*

Con un ramito de yerbabuena

    Núcleo del sintagma prepositivo: *con*

    Término: *un ramito de yerbabuena*

    Núcleo del término: *ramito*

    Modificador directo del núcleo del término: *un*

    Modificador indirecto del núcleo del término: *de yerbabuena*

e) Sintagma verbal. Tiene como núcleo un verbo y por ello, siempre constituye el predicado de una oración; sus complementos son el objeto directo, el indirecto, los circunstanciales, el predicativo y el agente:

Rompió *la taza*

Dedicó *su vida a esa causa*

Cantamos *toda la noche*

Es *sorprendente*

Fue vista *por todos los vecinos*

ORACIONES SIMPLES Y COMPUESTAS

Las oraciones pueden ser simples o compuestas; las primeras son las que tienen un solo verbo, ya sea simple o perifrástico:

El acusado quiere un jurado imparcial.

La marea estaba muy alta.

Anoche todos durmieron inquietos y preocupados.

El unicornio sólo ha existido en la imaginación.

Voy a viajar a Singapur.

Las oraciones compuestas son las que tienen dos o más verbos, simples o perifrásticos, es decir, están formadas por dos o más oraciones:

Cuando oímos los ruidos, se nos cortó la respiración.

Te había dicho que me enojaría mucho si lo hacías.

Si pierdes esa esperanza será necesario que vuelvas a comenzar.

Los mosquitos nos molestaron por la noche y desaparecieron al amanecer.

El debate se realizó ayer pero nosotras no lo escuchamos.

CLASIFICACIÓN DE LAS ORACIONES

Las oraciones pueden clasificarse de acuerdo con dos criterios básicos:

a) Desde el punto de vista de la actitud del hablante, son: enunciativas, interrogativas, exclamativas, imperativas, desiderativas, dubitativas.

b) De acuerdo con el tipo de verbo que tengan, son: copulativas, transitivas, intransitivas, reflexivas, recíprocas, pasivas, impersonales.

A) Oraciones desde el punto de vista de la actitud del hablante

Oraciones enunciativas

Se llaman también declarativas o aseverativas porque el hablante sólo enuncia un juicio, una idea, una opinión; estas oraciones informan de algo que está sucediendo, que sucedió en el pasado o que está por ocurrir. Pueden ser afirmativas o negativas:

Mañana olvidaremos todas estas ofensas.

Está fatigada de mirar el mismo paisaje.

No quería que te fijaras en detalles.

No has dicho nada grave.

Oraciones interrogativas

Expresan una pregunta sobre algo que el hablante desconoce. En la comunicación oral una pregunta se reconoce por la entonación, pero en la lengua escrita es necesario representarla gráficamente por los signos de interrogación, abierto al principio y cerrado al final:

¿Cómo puede irritarte algo tan simple?

¿Quién se quedará con las cosas que amas?

¿Volvió a contar la misma mentira?

¿Recibiste mi mensaje?

Existen, además, oraciones de este tipo que no se escriben entre signos de interrogación; se llaman oraciones interrogativas indirectas y se reconocen por la presencia de un adverbio o pronombre interrogativo que va acentuado:

No sabía <u>cómo</u> empezar.

Me pregunto <u>quiénes</u> estarán satisfechos con esa decisión.

Ignoramos <u>dónde</u> está escondido el tesoro.

Oraciones exclamativas

Expresan la emoción del hablante, que puede ser de sorpresa, de dolor, de miedo, de alegría, de ira. Se reconocen en el lenguaje oral por la entonación y, en la escritura, por la presencia de los signos de admiración, al principio y al final de la oración:

¡Qué hermosa mañana!

¡Ah, tú siempre improvisando!

¡Ay!

¡Bravo!

¡Cuánto he esperado este momento!

Oraciones imperativas

También reciben el nombre de exhortativas o de mandato; expresan una petición, una orden, un ruego o una súplica:

No fumes en este lugar.

Te pido por segunda vez que me pongas atención.

Sal inmediatamente de aquí.

No me abandones en estos momentos difíciles.

Oraciones desiderativas

Con estas oraciones, el hablante expresa el deseo de que ocurra algo, sin pedirlo directamente a alguien. En general, se construyen con el verbo en modo subjuntivo:

Ojalá sople el viento.

Que tengas un feliz cumpleaños.

Quisiera tu suerte y tu dinero.

Oraciones dubitativas

Expresan la duda que tiene el hablante de que ocurra algo; con estas oraciones no se afirma ningún hecho, sólo se marca la vacilación y, en algunos casos, la posibilidad de que suceda o haya sucedido:

Habrán sido las ocho cuando supe que no volvería.

Acaso llueva mañana.

Quizá Laura comience a recuperarse.

B) Oraciones según el tipo de verbo

Las distintas clases semánticas a las que los verbos pueden pertenecer determinan el tipo de oración. Esta clasificación de verbos, según su significado, está desarrollada en el apartado de Morfología.

Oraciones copulativas

Son las que se construyen con verbos copulativos:

La fiesta fue divertida.

Los animales del zoológico están asustados.

Oraciones transitivas

Son las que tienen un verbo transitivo:

Rosina bebe agua de frutas.

Ismael mató un insecto.

Oraciones intransitivas

Se construyen con verbos intransitivos:

María estornudó tres veces.

Tatiana nada muy bien.

Oraciones reflexivas

Son oraciones que tienen un verbo reflexivo:

> Él se admira a sí mismo.
> Ayer te bañaste en el río.

Oraciones recíprocas

Se construyen con un verbo recíproco:

> Felipe y Vicente se gritaron injurias.
> Madre e hija se besaron cariñosamente.

Oraciones pasivas

Son las oraciones que tienen el verbo en voz pasiva, ya sea en forma perifrástica o refleja:

> Una dieta baja en grasas ha sido recomendada por los nutriólogos.
> Se registraron movimientos sísmicos.

Oraciones impersonales

Estas oraciones tienen un verbo impersonal:

> Se lucha por la democracia.
> La semana pasada granizó.

ELEMENTOS DE LA ORACIÓN

EL SUJETO

El sujeto es la palabra o frase que se refiere a una idea, un concepto, una persona, un animal o una cosa, de los cuales se dice algo; es de quien se habla en la oración; el sujeto, generalmente, realiza la acción del verbo. Se puede identificar con las preguntas *¿quién o qué realiza la acción?* o *¿de qué o de quién se habla?*:

> La silueta de la muchacha se reflejó en el espejo.
>
> Las hormigas trabajan afanosamente.
>
> El viento y la lluvia golpeaban las ventanas.

Otra manera de reconocer los sujetos es que siempre concuerdan en número (singular o plural) con el verbo:

> Los gatos *prefieren* la carne cruda.   (Plural)
>
> El pintor de acuarelas *regaló* todos sus cuadros.
>
> > (Singular)
>
> Me *duelen* las piernas.   (Plural)
>
> Los árboles de mi tierra *tienen* un extraño color amarillo.
>
> > (Plural)
>
> Le *preocupaba* la guerra.   (Singular)

El sujeto puede encontrarse al principio, en medio o al final de la oración:

> Las primas de Silvestre piensan viajar disfrazadas.
>
> Mañana nosotros prepararemos una cena al estilo italiano.
>
> Comenzarán a trabajar todos los amigos de Leopoldo.

El sujeto puede estar constituido por:

a) Un pronombre o un sustantivo con o sin modificadores; es decir, por un sintagma nominal:

> Tú atenderás las llamadas.
>
> En ese momento todos levantaron la mano.
>
> Ellas controlaban la situación.

Nos llegaron rumores.

Orfeo se enamoró de Eurídice.

El viaje de los astronautas terminó bien.

La historia del mundo registra muchas guerras.

Los árabes invadieron España en el siglo VIII.

La fiebre y el hambre lo hacían delirar.

b) Una oración:

El que llegue primero enfrentará esa dificultad.

Atenuar el dolor es el objetivo de todos.

Quien pide compasión no merece ser oído.

Me indigna que exista todavía la pena de muerte.

En ocasiones el sujeto puede omitirse; en estos casos se dice que es morfológico y se reconoce por la desinencia del verbo; también se le conoce como sujeto tácito. Por ejemplo:

Olvidamos el asador en el bosque.	(Sujeto: nosotros)
Fingirás cortesía durante toda tu vida.	(Sujeto: tú)
Se cansó muy pronto de sus impertinencias.	(Sujeto: él o ella)
Corté unas naranjas agrias.	(Sujeto: yo)

Núcleo y modificadores del sujeto

Todo sujeto explícito que sea sintagma nominal tiene un núcleo que es la palabra más importante; puede estar acompañado de modificadores:

La misteriosa caja de música encantó a la familia

La palabra más importante es el sustantivo *caja*; concuerda en número con el verbo y es la palabra imprescindible; si se suprime, la oración pierde sentido: *la misteriosa de música encantó a la familia*.

El núcleo del sujeto siempre es un sustantivo, un pronombre o una palabra sustantivada:

Me gustan los *postres* de frutas.   (Núcleo: sustantivo)

Los *autos* de carreras enloquecen a los jóvenes.

(Núcleo: sustantivo)

Ellas pensaron en ti.   (Núcleo: pronombre)

En esta casa trabajamos *nosotros*.   (Núcleo: pronombre)

Llegaron los *indeseables*.   (Núcleo: adjetivo

sustantivado)

El *porqué* de esa actitud nos preocupaba.

(Núcleo: conjunción

sustantivada)

Es posible que en el sujeto aparezcan dos o más núcleos:

El *escritor* y el *crítico* literario se reunieron en una cafetería.

Continuaron firmes la *oscuridad*, el *silencio* y la *llovizna*.

Tú y *yo* padeceremos las consecuencias.

El núcleo del sujeto puede estar acompañado por modificadores directos e indirectos:

a) Modificadores directos. Acompañan al nombre para agregar algo a su significado o para precisarlo; deben concordar con él en género y número. Esta función la desempeñan el artículo y el adjetivo:

Los espejos reflejan la imagen.

Un leve temblor lo delataba.

Una ligera brisa *marítima* refrescaba el ambiente.

Sus pasos *cansados* resonaban en medio del silencio.

Sus palabras *precisas y oportunas* llegaron a todos.

Tres desconocidos anunciaron el trágico accidente.

Es posible encontrar sintagmas adjetivos formados por un adjetivo y un adverbio, el cual, a su vez, puede tener como modificador otro adverbio. En estos casos, todo el sintagma adjetivo cumple la función de modificador directo:

Una avenida *muy amplia* atravesaba la ciudad.

Dos hombres *terriblemente crueles* se burlaban de los animales en el zoológico.

128

El sobre lo trajo un mensajero *bien vestido.*

Una explicación *bastante mal fundamentada* provocó desagrado.

Una alimentación *muy bien balanceada* evita enfermedades.

b) Modificadores indirectos. Son sintagmas prepositivos o preposicionales que modifican al núcleo del sujeto. Se introducen mediante una preposición; también se llaman complementos adnominales:

La casa *de mi niñez* ya no existe.

El estudio *de los astros* empezó hace mucho tiempo.

Una mujer *con larga melena* tocó a mi puerta.

El libro *sin pastas* tiene ilustraciones extrañas.

Los modificadores indirectos están constituidos por una preposición y un sintagma nominal que funciona como complemento de la preposición y que recibe el nombre de término; la estructura de este último puede ser simple:

Los dulces *de México* son exquisitos.

El aullido *de los lobos hambrientos* nos despertó.

Su estructura es compleja si dentro tiene otro modificador indirecto:

Los vidrios *de las grandes ventanas del edificio* se estremecieron por el impacto.

El cielo *con nubes de color gris* parecía amenazante.

Existe otro tipo de complemento de los nombres que se llama aposición; es un sintagma nominal que se caracteriza por escribirse entre comas y por ser intercambiable con el núcleo del sujeto:

Jorge, *mi hermano*, practica varios deportes.

Los dos estudiantes de mi curso, *Rolando y José*, trajeron un instrumento extraño.

Simón Bolívar, *el Libertador*, nació en Caracas.

Esos indígenas, *los tarahumaras*, recorren a pie grandes distancias.

129

EL PREDICADO

El predicado es la parte de la oración que expresa la acción que realiza el sujeto o los diferentes estados en los que éste puede encontrarse; es decir, es todo lo que se dice del sujeto. Está formado por un verbo y sus complementos:

> Los asistentes del médico guardaron silencio durante la operación.
>
> Por la mañana circuló la noticia sobre el secuestro.
>
> Los fuegos artificiales estallarán a la hora exacta.
>
> En el vado del río crecen cipreses.

El verbo puede aparecer sin complementos y constituir, por sí solo, un predicado:

> Unos desconocidos cantaban.
>
> Cociné.
>
> Ustedes van a descansar.

El predicado puede estar al principio o al final de la oración; también puede encontrarse dividido, porque el sujeto se ha colocado en medio:

> Apareció en la mirada del científico un destello de malicia.
>
> Un destello de malicia apareció en la mirada del científico.
>
> Apareció un destello de malicia en la mirada del científico.

A) Núcleo del predicado

El núcleo del predicado siempre es un verbo, simple o perifrástico; es la palabra más importante y concuerda en número y persona con el núcleo del sujeto:

> La familia de mis primos no asistió al funeral.
>
> Sara nunca ha visto un eclipse.
>
> El lunes yo voy a preparar una comida tailandesa.
>
> Maribel y Elvira contaron la historia detalladamente.
>
> Ahora tú tendrás que aclarar las dudas.

La concordancia del núcleo del predicado con el del sujeto permite reconocer a éste en las oraciones, sobre todo, en aquéllas en las que el sujeto no es agente de la acción verbal:

> Te <u>enferma</u> *la miseria.*
>
> A Sonia le <u>repugnaban</u> *los reptiles.*
>
> Se <u>dañaron</u> *las tuberías.*
>
> *El rey* <u>fue derrocado</u> por el pueblo.

En los ejemplos anteriores, los sujetos son *la miseria, los reptiles, las tuberías* y *el rey,* puesto que de ellos se habla en las oraciones y concuerdan con los verbos, aunque ninguno sea agente de la acción.

B) Predicado verbal y predicado nominal

El predicado verbal es aquél que tiene como núcleo un verbo con significado pleno; es decir, por sí mismo puede predicar o dar información. Casi todos los verbos son de este tipo:

quemar	mirar	sospechar	salir
hervir	pensar	volver	arreglar
trabajar	reír	sacar	explicar
escribir	vivir	decidir	calzar
pagar	dormir	protestar	regar
intentar	cruzar	votar	ocultar

El predicado nominal se construye con verbos copulativos, los cuales se caracterizan por no tener un significado pleno; se acompañan de un adjetivo o un sustantivo que es el que aporta la información del predicado. En estas oraciones el verbo sólo cumple la función de enlazar el sujeto con el predicado, de ahí que reciba el nombre de copulativo. Los verbos copulativos más comunes son *ser* y *estar:*

> Él <u>es</u> *el doctor.*
>
> Algunos detalles <u>son</u> *caóticos.*
>
> Su rostro <u>estaba</u> *triste.*
>
> Los lujos <u>fueron</u> *su ruina.*

Es frecuente encontrar verbos plenos funcionando como copulativos; en ese caso necesitan apoyarse en un adjetivo, el cual modifica al sujeto y, generalmente, concuerda en género y número con él:

> Eva permaneció *quieta*.
> Julio caminaba *distraído*.
> Todas las empleadas llegaron *preocupadas*.
> Los colegas se mostraron *encantados*.

C) Complementos del núcleo del predicado

La estructura del predicado está conformada por el verbo que funciona como núcleo y por los complementos de éste.

Los complementos del verbo son: objeto o complemento directo, objeto o complemento indirecto, complemento circunstancial, predicativo o atributo y complemento agente.

Objeto o complemento directo

El complemento directo se refiere a la persona, animal o cosa que recibe directamente la acción del verbo; se conoce también como paciente, dado que es el que resulta afectado o modificado por la acción del verbo. Se presenta con verbos transitivos:

> Mi hermano *construyó* un helicóptero de madera.
> El enfermo *abandonó* su rutina alimentaria.
> Todos *asumieron* su destino trágico con entereza.
> Roberto *arrojó* los papeles en el cesto de la basura.
> Armida nunca *leía* el periódico.

El complemento directo puede estar formado por:

a) Un pronombre: *me, te, se, lo, la, los, las, nos, os, todo, algo*, etc.

> Me asaltaron anoche.
> Te trajeron a la fuerza.
> Mi sobrino se cubre con una manta.
> La noticia los dejó satisfechos.
> Nos han olvidado.
> Os arrojaron al abismo.
> El economista negó todo.

132

b) Un sintagma nominal, constituido por un sustantivo con o sin modificadores:

Esa canción transmitía <u>alegría</u>.

Una sombra cubre <u>mis ojos</u>.

Ella extendió <u>sus largos y blancos brazos</u>.

El mago se subió <u>el cuello de la camisa</u>.

c) Un sintagma preposicional introducido por la preposición *a*; esta forma sólo se usa cuando el objeto se refiere a personas o seres personificados o singularizados:

Visité <u>a mi prima</u>.

Buscaban <u>a los estudiantes</u>.

Encontramos <u>al perro</u>.

d) Una oración:

Pidió <u>que todos escribieran una carta</u>.

Marcos pensaba <u>que tenía mucho dinero</u>.

Hizo <u>lo que pudo</u>.

Existen tres procedimientos para reconocer el complemento directo:

a) Con la pregunta *¿qué es lo...?*:

Todos denunciaron el crimen.

¿Qué es lo denunciado? El crimen

Él oía los acordes de la música.

¿Que es lo oído? Los acordes de la música

Javier adoptó un niño.

¿Qué es lo adoptado? Un niño

b) Mediante la sustitución del complemento directo por los pronombres: *lo, la, los, las*:

El médico atendió a su paciente.

> El médico lo atendió.

El perro se comió la pierna de pollo.

> El perro se la comió.

El abuelo añoraba los viejos tiempos.

> El abuelo los añoraba.

Vio las agitadas olas del mar.

> Las vio.

Estos pronombres se refieren al objeto directo y por ello deben concordar con él en género y número. Cuando se colocan antes del verbo se llaman proclíticos; cuando se posponen y se adjuntan se llaman enclíticos:

Los compadecieron por su mala suerte.

Necesita dinero para comprarla.

Por la tarde voy a verlas en la biblioteca.

Piénsalo.

Cuando el objeto directo se antepone a los demás elementos oracionales, se repite mediante un pronombre, nunca en otros casos:

A mis estudiantes no los he convencido de mi teoría.

Las tareas de reconstrucción las atiende un arquitecto.

c) Mediante el cambio de la oración a voz pasiva, en la que el complemento directo pasa a ser sujeto:

Voz activa	Voz pasiva
Luis recogió la basura.	La basura fue recogida por Luis.
La base naval solicita un buzo.	Un buzo es solicitado por la base naval.
Marisa examinó la grieta.	La grieta fue examinada por Marisa.

Objeto o complemento indirecto

El complemento indirecto es la persona, animal o cosa que recibe indirectamente la acción del verbo; es el beneficiado o perjudicado por la acción. Siempre se une al verbo mediante la preposición *a* y, en algunas ocasiones, acepta la preposición *para*. Es muy frecuente que un pronombre repita el complemento indirecto en una oración. Por ejemplo:

> Armando les dio una sorpresa a sus socios.
>
> No le cuentes todo a Raquel.
>
> A Lidia le demostraron una gratitud exagerada.
>
> Nos explicaron el problema.
>
> Te deseamos buena suerte.
>
> El abogado trajo malas noticias a los prisioneros.
>
> Tejió una bufanda para mi abuelo.

El complemento indirecto está constituido por:

a) Un sintagma prepositivo:

> Carmela le pidió las copias a Rocío.
>
> La feria proporcionó beneficios para todos nosotros.

b) Un pronombre: *me, nos, te, os, se, le, les.*

> Rafael me entregó los billetes.
>
> Te gusta la carne de cerdo.
>
> Se lavó las manos.
>
> Os dedicamos esta canción.
>
> Le ofreció una taza de chocolate.
>
> Nos dieron una esperanza.

El pronombre de complemento indirecto se antepone al verbo, aunque en algunos casos se presenta como enclítico:

> Les impusieron uniformes.
>
> Te lo prometieron ayer.

135

Escríbele una nota.

Quieren comunicarnos algo.

Voy a recomendarte una novela.

c) Una oración:

Exigió silencio a quienes estaban cerca.

Paco presentó su libro a los que no creían en él.

Existen dos procedimientos para reconocer el complemento indirecto:

a) Mediante la pregunta *¿a quién o para quién...?*

Entregó la carta a su dueño.

          ¿A quién la entregó?   *A su dueño*

Aplicó el examen a todos.

          ¿A quién lo aplicó?   *A todos*

Compré un regalo para ti.

          ¿Para quién lo compré?   *Para ti*

b) Mediante la sustitución por los pronombres *le* o *les*:

Pidió a los extranjeros una identificación.

          Les pidió una identificación.

Prometieron ayuda al campesino.

          Le prometieron ayuda.

Felipe no prestó atención a los festejos.

          Felipe no les prestó atención.

Sólo es posible la sustitución por estos pronombres cuando el complemento indirecto corresponde a la tercera persona.

En ocasiones aparecen dos complementos indirectos en una oración:

Compré a Olivia unos dulces para mis hijos.

A mi hermana le preparé un flan para sus invitados.

Complemento circunstancial

Expresa la manera, el tiempo, el lugar y demás circunstancias en las que se realiza la acción del verbo:

Víctor vive <u>cerca</u>.

<u>En la madrugada</u> la señora entró <u>a la habitación</u>.

Joaquina miró <u>fijamente</u> a Ignacio <u>con una expresión de desaliento</u>.

<u>El próximo lunes</u> empezarán las festividades.

El complemento circunstancial puede estar formado por:

a) Un adverbio, un sintagma adverbial o una locución adverbial:

El sol <u>nunca</u> girará alrededor de la tierra.

Quizá se produzca <u>hoy</u> lo esperado.

Llovió <u>muy fuertemente</u>.

<u>Ayer</u> se encontraba <u>estupendamente bien</u>.

Pescó <u>al vuelo</u> la respuesta inverosímil.

Hizo la maleta <u>a la ligera</u>.

b) Un sintagma prepositivo o preposicional:

Se comporta <u>de una forma extraña</u>.

Habla <u>con mucha seguridad</u>.

Llegarán <u>a otro planeta</u>.

Se hospedaron <u>en un hotel tenebroso</u>.

Brindo <u>por ella</u>.

c) Un sintagma nominal:

Se paseaba <u>todos los fines de semana</u>.

<u>Algunas veces</u> llegan las ballenas.

<u>Esta tarde</u> comenzará un diluvio.

<u>La próxima semana</u> podrás conocer las nuevas instalaciones.

d) Una oración:

Los deportistas utilizaban el parque para realizar sus
ejercicios matutinos.
Antes de que se descubriera América, los europeos no
conocían las papas.
Cuando despertó, la película ya había terminado.
Vivo donde nacieron mis padres.

Las múltiples circunstancias en las que se realiza la acción del verbo
pueden ser de:

a) Modo. Se refieren a la manera como se realiza la acción;
responden a la pregunta ¿*cómo*?

Lo estudiaremos con detenimiento.
Abrió la puerta cautelosamente.
Lo hizo como le enseñaron.

b) Tiempo. Expresan el momento en el cual se lleva a cabo la acción;
responden a la pregunta ¿*cuándo*?

Llegará en el momento menos esperado.
Mañana aparecerá su nombre en los periódicos.
El mes entrante sostendré un debate.
Mientras aterrizaba el avión casi todos los pasajeros
dormían.

c) Lugar. Indican el sitio, espacio o lugar donde se realiza la acción;
responden a la pregunta ¿*dónde*?

Dora se sentó junto a la estufa.
Ahí venía él.
Paseó la mirada por donde estaban unos mendigos.

d) Cantidad. En general, sólo se emplean adverbios que indican
medida, puesto que denotan cantidad. Responden a la pregunta
¿*cuánto*?

Comió <u>bastante</u>.

A veces escribía <u>mucho</u>.

Pidió <u>más</u>.

Los adjetivos numerales no se emplean para formar complementos circunstanciales de cantidad; en expresiones como *compré cinco sillas*, el adjetivo *cinco* se refiere al sustantivo *sillas* y, junto con él, forma el objeto directo.

e) Instrumento. Aluden al objeto con el cual se realiza la acción; responden a la pregunta *¿con qué?*

Golpeó la mesa <u>con el vaso</u>.

Recortó las imágenes <u>con unas pequeñas tijeras</u>.

Amaestró al halcón <u>con un método desconocido</u>.

f) Compañía. Señalan con quién o con quiénes se realiza la acción:

Isabel se fue al puerto <u>con sus dos perros</u>.

Alfonsina quería ir a los llanos <u>con nosotros</u>.

Bailó <u>conmigo</u>.

g) Tema. Se presentan con verbos que aluden a las acciones de *leer, hablar, escribir, conversar, pensar*; expresan el asunto, argumento o tema sobre el que tratan dichos verbos; responden a la pregunta *¿sobre qué?*

No se cansaba de hablar <u>sobre la eternidad</u>.

La conferencia giró <u>en torno a la medicina homeopática</u>.

Conversaron <u>sobre aparecidos</u> durante toda la noche.

h) Causa. Manifiestan las razones o los motivos por los que se realiza la acción; responden a la pregunta *¿por qué?*

No fue a la guerra <u>por miedo</u>.

Adelgazó <u>debido a la mala alimentación</u>.

No vendió sus cuadros <u>porque estaban muy mal hechos</u>.

i) Finalidad. Expresan el objetivo o propósito que se persigue con el cumplimiento de la acción verbal. Responden a la pregunta ¿*para qué?*

El caballo empezó a saltar por el establo <u>para encontrar una salida</u>.
Se ocultó en el almacén <u>con el fin de esquivar a sus acreedores</u>.
Da limosna <u>para tranquilizar su conciencia</u>.

j) Duda. Expresan incertidumbre.

<u>Quizá</u> encuentre un sentido distinto a esas acciones.
<u>Tal vez</u> podamos recuperar el terreno perdido.
¿<u>Acaso</u> es falsa tu humildad?

Complemento predicativo o atributo

Es el complemento que predica o informa sobre cualidades, atributos o peculiaridades del sujeto. Aparece en las oraciones con predicado nominal, es decir, con los verbos copulativos *ser* y *estar*; también puede presentarse con verbos de significado pleno:

Roberta era <u>mi amiga</u>.
El agua estaba <u>turbia</u>.
Este animal es <u>la fiera más hambrienta del zoológico</u>.
Los gritos se percibían <u>desesperados</u>.
Una de ellas se mostró <u>bastante indiferente</u>.
Las praderas se encontraban <u>devastadas</u>.

El predicativo se caracteriza porque siempre se refiere al sujeto y, en muchas ocasiones, concuerda con él en género y número.

Puede estar formado por:

a) Un sintagma nominal:

El arquitecto era <u>un hombre de avanzada edad</u>.
Remedios es <u>un ser ajeno a la realidad</u>.

b) Un sintagma adjetivo:

Angelina estaba <u>muy avergonzada</u>.
Una mano se alzó <u>tímida</u>.

c) Un pronombre:

Tú nunca serás <u>eso</u>.
El problema es <u>aquél</u>.
<u>Lo</u> somos.

d) Una oración:

El novelista es <u>el que sabe</u>.
La abeja reina es <u>la que nunca trabaja</u>.
Guadalupe es <u>quien no quiere la herencia</u>.
Morir es <u>ausentarse definitivamente</u>.

Es posible encontrar predicativos que se refieren al complemento directo; siempre concuerdan en género y número con él:

El juez declaró <u>culpable</u> *al acusado*.
Encontré hoy <u>más dichosas</u> *a las bailarinas*.
Veo *a Jorge* <u>incapaz de trabajar</u>.

Los complementos directos en las oraciones anteriores son *al acusado, a las bailarinas, a Jorge;* los predicativos son *culpable, más dichosas, incapaz de trabajar,* los cuales no deben confundirse con complementos circunstanciales de modo, puesto que éstos nunca pueden estar desempeñados por un adjetivo o sintagma adjetivo.

Complemento agente

Este complemento aparece solamente en las oraciones en voz pasiva y designa al agente de la acción verbal; a pesar de referirse a quien realiza la acción, no es el sujeto. Se introduce por la preposición *por*:

La historia de la humanidad ha sido escrita <u>por unos cuantos</u>.
Su trayecto fue interrumpido <u>por una fuerte lluvia</u>.

141

La segunda estrofa será leída por Manuel.

Sus obras han sido olvidadas por todos ustedes.

El jardín fue cuidado por quienes no salieron de viaje.

La preposición *de* se empleaba antiguamente para introducir el complemento agente: *ese sirviente es favorecido del rey.*

D) Elementos de afirmación y de negación

Los adverbios de afirmación y negación, *sí* y *no*, no siempre funcionan como complementos o modificadores del verbo. Pueden tener distintos usos y valores:

a) Suelen equivaler a una oración, en casos como:

¿Piensas trabajar hoy en la tarde?   —*Sí.*

¿Hiciste las correcciones al trabajo?   —*No.*

Las respuestas *sí* y *no* se consideran oraciones con el verbo omitido, pues equivalen a decir *sí pienso trabajar* y *no hice las correcciones*, respectivamente.

b) Funcionan como elementos enfáticos, es decir, refuerzan lo señalado por el verbo; la negación suele emplearse combinada con otro elemento negativo:

Carlos <u>sí</u> conoce a mis amigos.

Yo <u>no</u> sé nada.

c) El adverbio *no* sirve para negar distintos elementos oracionales:

Augusto *no* <u>comió</u>.   (Niega el verbo)

Augusto *no* comió <u>uvas</u>.   (Niega el objeto directo)

Augusto *no* comió uvas <u>hoy</u>.   (Niega el complemento circunstancial)

LA ORACIÓN COMPUESTA

Las oraciones simples son las que tienen un solo verbo, simple o perifrástico, con su correspondiente sujeto; cuando en un enunciado aparece más de un verbo, se trata de una oración compuesta.

La oración compuesta, también conocida como período, es la expresión que está formada por dos o más oraciones, entre las cuales se establece una relación:

> Me alejé cuando se apagaba el crepúsculo.
>
> La luna iluminaba la calle y los sonidos adquirían resonancia.
>
> Nadie me negará que he tenido éxito con la novela que publiqué.

Dentro de la oración compuesta siempre es posible distinguir una oración principal; en los ejemplos anteriores, *me alejé, la luna iluminaba la calle* y *nadie me negará* son las oraciones principales, pues son unidades con independencia sintáctica y sin conjunciones o adverbios que las introduzcan y las vinculen con otros elementos.

La oración compuesta puede llegar a constituir una cláusula o un párrafo si todas las oraciones que componen este último, están relacionadas entre sí; una simple enumeración de oraciones no necesariamente equivale a una oración compuesta:

> La tarde había caído sobre el poblado; algunos campesinos caminaban solitarios por las calles. A lo lejos se dibujaba en el cielo un relámpago repentino.

En el ejemplo anterior, las oraciones están separadas por signos de puntuación y no hay palabras que establezcan ningún tipo de enlace entre ellas; se trata de tres oraciones simples, independientes, que forman un párrafo, pero no una oración compuesta. En cambio, el siguiente enunciado sí constituye una oración compuesta porque las tres oraciones están enlazadas:

> Te dije que no caminaras por esos barrios que no conoces.

143

La primera oración es la principal, *te dije*; la segunda es su objeto o complemento directo, *que no caminaras por esos barrios*; y la tercera, *que no conoces*, equivale a un adjetivo del sustantivo *barrios*.

La relación entre las oraciones puede establecerse mediante tres formas: coordinación, subordinación y yuxtaposición.

ORACIONES COORDINADAS

Las oraciones coordinadas se encuentran unidas mediante una conjunción o locución conjuntiva coordinante; cada una de las oraciones coordinadas tiene sentido completo, es decir, no depende una de otra. Las oraciones coordinadas pueden expresar diversas relaciones entre sí, pero ninguna de ellas llega a convertirse en complemento de la otra.

Con base en el significado que aporta el nexo o conjunción que relaciona las oraciones coordinadas, éstas se clasifican en copulativas, adversativas, disyuntivas y distributivas.

A) Copulativas

Son oraciones que se enlazan mediante una conjunción copulativa que indica suma o adición:

Mi madre es maestra y mi padre trabaja como oficinista.

No he solicitado aumento de sueldo ni lo haré en todo este mes.

La economía de nuestros países está en quiebra y las devaluaciones de la moneda nos amenazan continuamente.

Las oraciones coordinadas pueden tener el mismo sujeto o éste puede ser diferente:

Los adolescentes indagan, buscan y preguntan.

Pedro lee novelas de terror y Alicia escucha música norteña.

Las conjunciones copulativas más usuales son: *y, e, ni*. Sólo se emplea *e* cuando la palabra que le sigue inicia con **i-** o **hi-**. Es común repetir la conjunción *ni* o combinarla con el adverbio *no*:

Gilberto *toca* la guitarra y *canta* canciones románticas.

Luis *trabaja* por las tardes e Irene lo *hace* por las mañanas.

Esa obra de teatro ni *es* comedia ni *es* drama ni *es* nada.

Sergio no *come* ni *duerme*.

La conjunción *que* puede ser copulativa cuando equivale a *y*:

Come que come.

Debes *trabajar* que no *divertirte* tanto.

En ocasiones la conjunción *y* tiene valor adversativo, es decir, puede equivaler a *pero*; aun en estos casos, las oraciones se siguen considerando copulativas:

Me *habló* muy claro y no le *entendí*.

Mi auto se *descompuso* y no lo *he arreglado*.

B) Adversativas

Son oraciones que expresan una contrariedad superable o insuperable. Las conjunciones adversativas más usuales son: *pero, mas, sino, sino que, no obstante, sin embargo, con todo, antes, antes bien*:

Ese camino al mar *es* muy bonito pero *es* muy peligroso.

Lo *invité* a mi casa pero no *aceptó*.

Debería *descubrirse* una vacuna para esa enfermedad mas, desgraciadamente, aún no se *ha conseguido*.

No *gastó* el dinero en reparaciones de su casa sino que lo *derrochó* todo en una fiesta.

Siempre *he creído* en la buena fortuna, sin embargo ahora *he llegado a tener* serias dudas.

A Aurelio no le *gustaba externar* sus opiniones en público, antes bien *prefería permanecer* en silencio.

145

La conjunción *aunque* puede ser adversativa cuando equivale a *pero*:

> Estas motocicletas *son* muy veloces <u>aunque</u> *cuestan* demasiado.
>
> Teresa *es* una buena persona <u>aunque</u> no lo *parece*.

C) Disyuntivas

Se caracterizan porque una oración excluye a la otra, es decir, una de las oraciones presenta una alternativa o dilema.

Las conjunciones más comunes son *o, u*; esta última sólo se usa cuando la palabra que le sigue empieza con **o-** u **ho-**:

> *Dinos* la verdad <u>o</u> ya no te *volveremos a creer* nada.
>
> *Compra* ese libro ahora <u>o</u> te *arrepentirás* después.
>
> *Teníamos que explicar* el incidente <u>u</u> *ocultar* muy bien las evidencias.

D) Distributivas

Las oraciones distributivas expresan dos o más acciones alternativas. No existen conjunciones específicas para enlazar este tipo de oraciones; se acude a ciertas palabras que funcionan como nexos o conjunciones para establecer la correlación; las más comunes son: *ora...ora, éste...aquél, unos...otros, ya...ya, bien...bien, sea...sea*:

> <u>Ora</u> *reían,* <u>ora</u> *lloraban.*
>
> <u>Éste</u> *construye* cosas, <u>aquél</u> las *destruye.*
>
> <u>Unos</u> *cantaban,* <u>otros</u> *bailaban.*

A continuación se presenta un cuadro con todos los tipos de oraciones coordinadas:

Oraciones Coordinadas	
Clasificación	Ejemplos
Copulativas	Mi padre preparó la cena y todos se lo agradecimos
Adversativas	Escribió un libro pero nadie se lo quiere publicar
Disyuntivas	Te comes toda la ensalada o no te daré el postre
Distributivas	Durante su enfermedad, ya sentía calor, ya sentía frío

Cada oración coordinada puede analizarse como cualquier oración simple, es decir, tiene sujeto, predicado y sus complementos correspondientes; por ejemplo:

Pedro reconoció sus errores en público pero no modificó su actitud.

Son dos oraciones coordinadas adversativas, unidas por la conjunción *pero*. La primera tiene como sujeto a *Pedro,* su verbo es *reconoció*, su objeto directo es *sus errores* y su complemento circunstancial es *en público*. La segunda oración tiene sujeto morfológico, su verbo es *modificó*, su complemento u objeto directo es *su actitud* y el adverbio *no* es un elemento que indica negación.

ORACIONES SUBORDINADAS

Las oraciones subordinadas están integradas dentro de otra oración, donde desempeñan una función específica; son parte de una oración principal y por ello no tienen independencia sintáctica ni semántica:

El arquitecto *prohibió* que demolieran el edificio.

En el período anterior, el verbo de la oración principal es *prohibió;* su complemento directo es una oración subordinada: *que demolieran el edificio*. En forma aislada, esta oración no tiene sentido completo por sí misma, debido a que es complemento del verbo principal; es decir, es dependiente o subordinada.

Las oraciones subordinadas siempre tienen un verbo, conjugado o no conjugado, su propio sujeto, el cual puede ser el mismo que el de la oración principal, y sus complementos; a menudo están introducidas por una palabra de enlace, llamada nexo subordinante, que puede ser un pronombre relativo, una conjunción o frase conjuntiva, una preposición o frase prepositiva, un adverbio o frase adverbial:

> La que conteste primero todas las preguntas...
>
> Quien mencione esa clave secreta...
>
> Si obtienes la beca...
>
> ...porque no sabe conducir un auto
>
> ...para obtener alguna ganancia
>
> Sin decir una palabra...
>
> Cuando llegamos a la sierra...
>
> ...como vivió en su infancia

Es frecuente encontrar oraciones subordinadas sin ningún elemento que las introduzca:

> Lo vi haciendo ejercicio.
>
> Se sentía atrapado en un laberinto.
>
> Comer frutas y verduras es recomendable.

Las funciones que pueden desempeñar dentro de una oración principal son múltiples:

> Es difícil hablar en público.   (Sujeto)
>
> José Luis supo que lo iban a denunciar.
>
> (Complemento directo)
>
> Entregó su vida a quien lo amó.
>
> (Complemento indirecto)
>
> Ese individuo es el que habló mal de ti.
>
> (Complemento predicativo)
>
> La certeza de ganar el premio lo obsesionaba.
>
> (Término de preposición)

La caricatura <u>que me hiciste</u> *es* muy cruel.

(Modificador de un sustantivo)

Encendemos el horno <u>cuando hacemos pan en casa.</u>

(Complemento circunstancial)

En términos generales, puede decirse que las oraciones subordinadas cumplen las mismas funciones que las desempeñadas por los sustantivos, los adjetivos y los adverbios; de acuerdo con esto, se clasifican en:

Oraciones sustantivas

Oraciones adjetivas

Oraciones adverbiales

A) Oraciones subordinadas sustantivas

Las oraciones de este tipo pueden encontrarse desempeñando todas las funciones que realiza un sustantivo dentro de una oración. Esto significa que en lugar de un sustantivo o sintagma nominal, siempre es posible encontrar una oración subordinada sustantiva.

Las oraciones subordinadas sustantivas pueden desempeñar las funciones de sujeto, complemento directo e indirecto, término de una preposición y complemento predicativo.

Oraciones sustantivas con función de sujeto

Estas oraciones desempeñan la función de sujeto de la oración principal:

<u>Pintar con las manos</u> *es* divertido.

<u>Quien se acercó primero al estrado</u> *era* un impostor.

<u>El que ambiciona demasiado</u> *puede sufrir* grandes decepciones.

Es indispensable <u>que realicemos ese trámite.</u>

No *es* admisible <u>que renunciemos a nuestra vocación.</u>

En lugar de las oraciones subordinadas anteriores, es posible colocar un sustantivo, un sintagma nominal o un pronombre, funcionando como sujeto:

>Eso es divertido.
>
>Aquel hombre era un impostor.
>
>La gente puede sufrir grandes decepciones.
>
>Es indispensable ese trámite.
>
>No es admisible nuestra renuncia.

Las oraciones subordinadas sustantivas con función de sujeto pueden construirse con un infinitivo y sus propios complementos:

>Convencer a mis padres me *resultó* muy difícil.
>
>Ir a la Luna o a Marte *debe ser* algo increíble.
>
>Actualmente *es* indispensable saber emplear una computadora.

Las oraciones subordinadas sustantivas, frecuentemente, son introducidas por un pronombre relativo:

>Quien encuentra sentido a esas incoherencias *es* Roberto.
>
>Los que revolucionan la ciencia no siempre *disfrutan* de sus beneficios.
>
>Lo que te dije ayer *es* falso.

La conjunción *que* puede introducir una oración con función de sujeto:

>*Es* interesante que nadie se haya enterado aún de esa noticia.
>
>Que hicieran esos ejercicios le *preocupaba* muchísimo al maestro de música.
>
>Me *gusta* que hayas tomado una decisión firme.

Oraciones sustantivas con función de complemento u objeto directo

Estas oraciones se llaman también completivas. Suelen estar introducidas por un pronombre relativo o por la conjunción complementante *que*:

Siempre *he tenido* lo que he necesitado.

En el avión *identificó* a los que me estaban vigilando.

Ramón *piensa* que ya es demasiado tarde para él.

Les pedimos que trajeran alguna pista.

En algunas ocasiones aceptan la conjunción *si*, algún pronombre, adverbio o frase interrogativa: *quién, qué, dónde, cuándo, cómo, por qué*. Esto sucede en el caso de las oraciones interrogativas indirectas con función de complemento directo. Este tipo de oraciones puede mantener u omitir la conjunción subordinante *que*:

El herido *preguntaba* que quién lo había lastimado.

Adalberto *gritó* que por qué lo perseguían.

Esteban no *sabe* si debe confiar en sus dos nuevos compañeros.

No me *dijo* dónde se realizaría la asamblea.

Nunca *sabrás* cuándo firmé el convenio.

Todos se *preguntaban* cómo lo habría hecho.

No *sé* por qué se habrá comportado de esa manera.

Como en todos los objetos directos animados, también los que están expresados mediante una oración subordinada, pueden tener al principio la preposición *a*:

Sólo *quería* a las que consideraba como hijas.

Rechazó a quienes lo criticaron.

Oraciones sustantivas con función de complemento u objeto indirecto

Las oraciones subordinadas sustantivas que funcionan como complemento indirecto están introducidas por un pronombre relativo y por las dos preposiciones que suelen acompañar este complemento: *a* y *para*. Ejemplos:

Regaló un boleto para Acapulco <u>al que obtuvo el primer lugar en el certamen</u>.

La compañía *dio* un aumento de sueldo <u>a los que tenían estudios especializados</u>.

Prepararé una sorpresa <u>para quien gane este partido de ajedrez</u>.

Pagaremos la multa <u>a quien esté autorizado por la ley</u>.

Les *expliqué* mi posición <u>a los que me lo solicitaron</u>.

Oraciones sustantivas con función de término o complemento de una preposición

Los modificadores indirectos o sintagmas preposicionales son complementos de los nombres y están formados por una preposición y un término: *casa <u>de madera</u>*. El término de una preposición es desempeñado, generalmente, por un sustantivo; debido a esto es posible encontrar en su lugar, una oración subordinada sustantiva que depende de un nombre, ya sea sustantivo o adjetivo. Son pocos los nombres que aceptan este tipo de complementos oracionales.

Estas oraciones suelen estar introducidas por la conjunción *que* precedida de una preposición:

El *hecho* <u>de que no cumpliera con el contrato</u> cambiaba las cosas.

Tu *idea* <u>de encender aquí una fogata</u> es maravillosa.

Nos paraliza el *miedo* <u>de que se pierdan las cosechas</u>.

Mi primo es muy *fácil* <u>de convencer</u>.

Están *satisfechos* <u>de que esas personas hayan reaccionado positivamente</u>.

Julián es muy *capaz* <u>de inventar pretextos para todo</u>.

Las oraciones subordinadas sustantivas con función de término o complemento de una preposición también pueden encontrarse con los llamados verbos prepositivos: *acordarse de, constar de, gustar de, preocuparse por, pensar en, ocuparse de*. Estos complementos, semánticamente, son muy parecidos a los objetos directos:

Nunca se *acordaba* de poner el reloj despertador.

Los políticos no siempre *piensan* en mejorar las condiciones de vida de sus comunidades.

En esa época Rafael se *preocupaba* por comenzar muy temprano su faena.

Este tipo de oraciones también suele emplearse como término de la preposición *por* en el complemento agente, dentro de una oración en voz pasiva:

La operación *fue filmada* por quienes contaban con equipo.

Fueron retirados todos los objetos robados por los que habían realizado la labor de rescate.

Las invitaciones *fueron repartidas* por quienes estaban interesadas en presentar un espectáculo distinto.

Oraciones sustantivas con función de complemento predicativo

La función de predicativo o atributo también puede ser desempeñada por una oración subordinada sustantiva. Estas oraciones siempre se presentan con los verbos copulativos *ser* y *estar*. Muchas veces carecen de alguna palabra de enlace que las introduzca y, cuando la tienen, suele ser un pronombre relativo:

Mi maestro de historia *fue* quien me prometió un mapa de Oceanía.

Su mascota *es* la que duerme en ese sillón.

No perdonar un agravio *es* estar un poco fuera del mundo.

Morir *es* olvidar.

B) Oraciones subordinadas adjetivas

Estas oraciones, también conocidas como relativas, siempre se refieren a un sustantivo o palabra sustantivada. Equivalen a un adjetivo y funcionan como modificadores directos de un nombre:

El *pino* <u>que derribamos ayer</u> era gigantesco.

En la constructora despidieron al *ingeniero*, <u>el cual había diseñado el auditorio de la ciudad.</u>

Ayer asamos la *carne* <u>que nos trajeron de Sonora.</u>

El *gato* <u>que me regalaron</u> se murió.

En lugar de las oraciones subordinadas anteriores, es posible colocar un adjetivo: *derribado, diseñador, traída, regalado.*

El sustantivo al que modifican estas oraciones puede encontrarse en el sujeto, en el complemento directo o indirecto, en el predicativo, etc.

Las oraciones adjetivas, generalmente, están introducidas por un pronombre relativo el cual tiene como antecedente el sustantivo al que modifica; concuerda con él en género y número. Los pronombres relativos más usuales son *que, quien, quienes, el que, la que, los que, las que, cuyo, cuya, cuyos, cuyas;* el único pronombre invariable es *que.* En ocasiones pueden ir precedidos de una preposición:

Nunca olvidamos los *errores* <u>que cometen los demás.</u>

Acabamos de ver la *obra* <u>que nos recomendaron.</u>

Esos *ciclistas,* <u>los cuales se inscribieron en la competencia,</u> son extranjeros.

Aquéllos <u>que mienten cotidianamente</u> se exponen a ser descubiertos en cualquier momento.

La *carta* <u>a la que te refieres</u> está guardada en una caja de seguridad.

El *maestro* <u>por quien votamos todos para presidente</u> es un anarquista.

El *barco* <u>en que viajaban</u> llegó al puerto en medio de grandes peligros.

Las *casas,* <u>cuyas ventanas sean lo suficientemente grandes,</u> se cotizarán a mejor precio.

Los *árboles,* <u>bajo cuya sombra descansamos ayer,</u> son desconocidos en mi pueblo.

También suelen usarse como nexos los adverbios *donde, como, cuanto,* en los casos en que tienen como antecedente un nombre:

El *país* <u>a donde te vas a estudiar</u> tiene un clima muy extremoso.

La *manera* <u>como actuaron los vecinos</u> fue muy criticada.

Todo <u>cuanto hacía</u> era sospechoso.

Estos nexos son adverbios e introducen oraciones adverbiales cuando no se refieren a un sustantivo: *trabajo donde siempre he querido, vivimos como podemos.*

Las subordinadas adjetivas pueden carecer de nexo cuando tienen un verbo en participio, siempre que este último funcione como verbo, es decir que tenga complementos verbales; si no los tiene, se le puede considerar como un simple adjetivo:

El pan <u>horneado</u> estaba riquísimo.

El pan *horneado* en tu casa estaba riquísimo.

En la primera oración, el participio *horneado* es adjetivo y funciona como modificador directo del sustantivo *pan*, dentro del sujeto. En la segunda, el participio *horneado* forma una oración subordinada adjetiva, junto con su complemento circunstancial de lugar *en tu casa*. A continuación se presentan otros ejemplos de este tipo de oraciones subordinadas adjetivas:

El cielo <u>ennegrecido por las nubes</u> me daba miedo.

El vestido <u>bordado con tanto esmero por Elisa</u> fue destrozado en la lavandería.

Los árboles <u>dañados en sus raíces</u> no volvieron a florecer.

Existen dos clases de oraciones subordinadas adjetivas: las explicativas o incidentales y las determinativas o especificativas.

Oraciones adjetivas explicativas

Tienen carácter calificativo, es decir, expresan una cualidad, defecto o particularidad del sustantivo al que modifican; por ello se escriben entre comas y son prescindibles:

Mi *suegra*, <u>que es muy diligente</u>, hizo todos los preparativos para la ceremonia.

Raimundo, quien frecuenta poco las fiestas, no asistió a la
reunión de bienvenida en la universidad.

Daniel, quien suele ser indiferente, no me reconoció ayer
en la cafetería.

Oraciones adjetivas determinativas o especificativas

Determinan el sustantivo al que se refieren; se diferencian de las
anteriores en que no se escriben entre comas, ni hay pausa al
pronunciarlas, además de que no son prescindibles:

Los *hombres* que recibieron tratamiento psiquiátrico
mostraron un cambio en su conducta.

El budismo es una *religión* que tiene muchos adeptos.

¿Qué utilidad le encuentras a ese *trabajo* que te dieron?

C) Oraciones subordinadas adverbiales

Las oraciones subordinadas adverbiales cumplen las funciones propias
de los adverbios, por ello se llaman también circunstanciales. Expresan
los múltiples tipos de condiciones o circunstancias en las que se realiza
la acción del verbo principal. Como palabras de enlace emplean diversos
tipos de nexos: conjunciones, locuciones conjuntivas, adverbios,
locuciones adverbiales, preposiciones, así como combinaciones entre
ellos:

Todos *estaban* muy familiarizados con el poema *porque*
eran profesores de literatura.

Si te quedas, me *marcho*.

Las cosas no *son como* tú has dicho.

¿Qué explicaciones *darás cuando* se descubra el fraude?

Las oraciones adverbiales se clasifican de acuerdo con el tipo de
circunstancia que expresan:

Locativas

Temporales

Modales
Comparativas
Consecutivas
Causales
Finales
Condicionales
Concesivas

Oraciones adverbiales locativas

Expresan el lugar donde se realiza la acción del verbo principal; equivalen a un complemento circunstancial de lugar. Generalmente van introducidas por el adverbio *donde*, al cual se le puede agregar una preposición:

Te *espero* donde ya sabes.

Ellos *comían* donde era posible.

Caminó por donde le fueron indicando.

Vive donde nadie conoce la miseria.

Llegó hasta donde se lo permitieron las circunstancias.

Oraciones adverbiales temporales

Sitúan en el tiempo la acción del verbo principal; equivalen a un complemento circunstancial de tiempo. Las palabras que más frecuentemente se emplean como nexos o enlaces son: *cuando, mientras, mientras que, en cuanto, antes de que, después de que, desde que, apenas, tan pronto como, luego que*:

Cuando nos hartemos de tanta mentira, quizá ya *sea* demasiado tarde.

Empecé a hacer muy bien las cosas <u>después de que me</u>
<u>comunicaron mi inminente despido.</u>
No *expreses* ninguna opinión, <u>mientras estés trabajando en esa</u>
<u>oficina.</u>
<u>En cuanto apareció el anuncio en el pizarrón electrónico</u> mis
amigos *comenzaron a gritar* de gusto y emoción.
<u>Antes de que comiencen las lluvias</u> *tenemos que preparar* la tierra.
Se *volvió* muy descuidado <u>desde que aumentó de peso.</u>
<u>Apenas amaneció,</u> don Pablo *fue a revisar* las caballerizas.

Es frecuente el empleo de oraciones con formas no personales del verbo,
infinitivos, participios o gerundios, en la construcción de oraciones
subordinadas temporales:

Partiremos <u>al salir el sol.</u>
<u>Dichas aquellas amenazadoras palabras,</u> salió del recinto.
<u>Caminando ayer por la Avenida de las Américas</u> me
encontré con ella.

Oraciones adverbiales modales

Indican la manera como se desarrolla la acción del verbo principal;
desempeñan la misma función que los adverbios de modo. Los nexos
más frecuentes para introducir estas subordinadas son: *como, como si,
igual que, según, sin, sin que, conforme:*

Andrés se *explicó* <u>como convenía a sus intereses.</u>
Paula *baila* <u>como le enseñaron en la academia.</u>
Las bibliotecas siempre *requieren* de una constante
actualización, <u>como dijo mi maestro.</u>
Lloraba <u>como si lo fueran a matar.</u>
El ingeniero *diseñó* el edificio <u>como si éste fuera a ser un</u>
<u>museo.</u>

Llenó el formato <u>según le habían explicado</u>.

Nos *pagarán* <u>según lo que trabajemos</u>.

Se *fue* de la casa <u>sin que se dieran cuenta</u>.

Rebeca *camina* <u>sin fijarse en nada</u>.

El abogado *actuó* <u>conforme lo señala la ley</u>.

Las oraciones subordinadas modales pueden carecer de nexo o palabra de enlace cuando su verbo es un gerundio:

Julio *salió* <u>dando un portazo</u>.

Esa gente se *pasa* la vida <u>inventando fantasías</u>.

Ayer *estudié* <u>pensando en viajes y aventuras</u>.

<u>Riéndose a carcajadas</u> nos *contó* lo sucedido.

A menudo estas oraciones pueden omitir el verbo; esto sucede cuando el verbo subordinado es el mismo que el de la oración principal:

Jerónimo *habló* <u>como (habla) un orador</u>.

Te *comportas* <u>como (se comporta) un niño pequeño</u>.

Un cielo sin estrellas *es* <u>como (es) un mar sin olas</u>.

En ocasiones, al adverbio comparativo *como* se le puede agregar la preposición *para*, con lo cual se añade un matiz de finalidad, sin que por ello se pierda el significado modal:

Aceptó el ofrecimiento de empleo en Alaska, <u>como para</u>
<u>consolarse de sus fracasos</u>.

Su educación no *es* <u>como para comportarse de esa forma</u>.

Oraciones adverbiales comparativas

Estas oraciones subordinadas adverbiales comparan la cantidad o cualidad entre dos o más cosas; siempre implican la idea de cantidad o intensidad: *trabaja tanto como..., es tan alto como...* Tienen la característica de establecer una correlación debido a su propia naturaleza comparativa.

159

Es muy común suprimir el verbo de la oración subordinada, pues es el mismo que el de la oración principal: *es tan inteligente como tú* (*eres*).

La comparación puede establecerse en términos de igualdad o desigualdad; para el primer tipo comúnmente se emplean los nexos correlativos *tan...como, tanto...como, tal...como*. La comparación de desigualdad, puede presentarse como de superioridad o de inferioridad, y se emplean los nexos *más...que, mejor...que, mayor...que, menos...que, peor...que..., menor...que*:

> Mis abuelos *fueron* tan generosos como sólo ellos sabían serlo.
>
> Fernando *trabajó* tanto como se lo permitieron sus fuerzas.
>
> La arena de las playas del Caribe *es* tan fina como el talco.
>
> *Hay que ser* más precavidos que audaces.
>
> Este postre *es* mejor que cualquier pastel.
>
> Los animales enjaulados *son* menos felices que los libres.
>
> Mi ración *es* menor que la tuya.

Oraciones adverbiales consecutivas

En estas oraciones se enuncia la conclusión o continuación lógica de lo que se ha dicho en la oración principal.

Los nexos más usuales para introducir este tipo de oraciones son *conque, así es que, por consiguiente, por lo tanto, luego*:

> Armando *suele fantasear* mucho conque no le creas sus historias.
>
> No *hicimos* las reservaciones a tiempo, así es que no iremos a la representación.
>
> A ustedes les *encanta* la natación, por consiguiente inscríbanse en un club más adecuado.
>
> La propuesta de la empresa le *provocó* desconfianza, por lo tanto, a última hora no firmó el contrato de compra-venta.

Las oraciones subordinadas consecutivas también pueden expresar la consecuencia, el efecto o el resultado de lo que se ha dicho en la oración principal. Este tipo de oraciones emplea como nexo la conjunción *que*, el cual es correlativo con alguna palabra incluida en la oración principal: *tanto...que, tan...que, tal...que.*

> Llovió tanto que se inundó.
> Habló de tal manera que convenció a todo el mundo.
> Remigio es tan distraído que no se percató de nada.
> Le gustó tanto la película que fue a verla tres veces.
> Se sentía tan angustiado que se enfermó.

Oraciones adverbiales causales

Expresan la causa de lo señalado en la oración principal. Equivalen al complemento circunstancial de causa.

Los nexos que se emplean con mayor frecuencia son *porque, pues, puesto que, dado que, por, ya que, a causa de que, dado que, en vista de que*:

> No *juegues* conmigo porque yo siempre gano.
> No le *presten* mucha atención a ese hombre, pues sólo está haciendo proselitismo en favor de su partido.
> *Debes ver* este nuevo documental puesto que estás interesado en el estudio de los insectos.
> Por no saber nada de la ciudad de Calcuta *recibió* una reprimenda terrible en el examen oral.
> *Prefirió quedarse* en casa ya que anunciaron una fuerte tormenta.

Oraciones adverbiales finales

Las oraciones subordinadas finales indican la finalidad o el propósito que se busca al realizar la acción del verbo principal.

Se caracterizan porque su verbo, cuando está conjugado, siempre está en subjuntivo. Los nexos más usuales para introducirlas son *para, para que, a fin de que, con el fin de que*:

Fue a Canadá <u>para participar en el congreso sobre teoría</u> <u>literaria</u>.

Mi último descubrimiento me *animó* <u>para continuar con la</u> <u>investigación</u>.

Lo *presionaron* en la empresa <u>para que renunciara a su</u> <u>cargo</u>.

<u>Con el fin de que no niegue lo sucedido</u>, los miembros del jurado buscarán nuevos testigos del accidente.

Oraciones adverbiales condicionales

En estas oraciones se enuncia la condición o requisito que debe cumplirse para que sea posible la realización del verbo principal.

Los nexos más comunes son: *si, siempre que, en caso de que, como:*

<u>Si no tiene dinero</u> no *podrá pagar* la multa.

Te *hubieras divertido* mucho <u>si hubieras escuchado su</u> <u>charla</u>.

Firmaremos el convenio <u>siempre que se especifiquen las</u> <u>responsabilidades de cada participante</u>.

Te castigaré duramente, <u>como no regreses antes de</u> <u>medianoche</u>.

Es común añadir la preposición *por* a la conjunción condicional *si*; con ello se introduce un matiz causal a la oración subordinada, aunque ésta sigue considerándose condicional:

Te lo *digo* <u>por si no lo sabes</u>.

Les dejaremos aquí las llaves del auto <u>por si se animan a</u> <u>venir con nosotras</u>.

Oraciones adverbiales concesivas

Las oraciones subordinadas concesivas manifiestan una dificultad u objeción para que se realice la acción del verbo principal; esta dificultad o inconveniente, sin embargo, no impide el cumplimiento de la acción verbal.

Las oraciones concesivas tienen implícita la idea de causalidad y eso las diferencia de las coordinadas adversativas; en el período, *aunque hace frío iremos al paseo*, la oración concesiva *aunque hace frío* manifiesta la causa por la cual no se podría realizar la acción del verbo principal *iremos*. Esto no sucede con las coordinadas adversativas, pues éstas no tienen una idea de causalidad: *Julieta es muy inteligente pero su hermano es un tonto. Mi perro es de raza pura aunque se ve muy feo.*

Las palabras que comúnmente se emplean como enlaces de estas oraciones son *aunque, por más que, aun cuando, a pesar de que, si bien,* así:

> Aunque se lo juré varias veces, no me lo creyó.
>
> Alejandro será nuestro jefe, aunque no nos guste.
>
> No quiso aceptar la dirección de la revista por más que le rogamos.
>
> No terminó su tesis aun cuando le dieron una beca por tres años.
>
> A pesar de que tenía poco dinero realizó un viaje a Centroamérica.
>
> Así me lo pidas de mil maneras no volveré a confiar en ti.

A continuación se presenta un cuadro con todos los tipos de oraciones subordinadas:

Oraciones Subordinadas		
Clasificación		Ejemplos
Sustantivas	Con función de sujeto	*Bailar* es una necesidad
	Con función de objeto directo	Gastó *lo que le pagaron*
	Con función de objeto indirecto	Regaló su fortuna *a quienes amaba*
	Con función de predicativo	Lo importante es *lo que está en juego*
	Con función de término	Lo asustó la certeza *de que moriría*
Adjetivas	Explicativas	Mi casa, *que es muy fría*, tiene dos pisos
	Determinativas	La carne *que comí* tenía un sabor raro
Adverbiales	Locativas	En su bicicleta Ruth va *a donde quiere*
	Temporales	Prepararé la cena *mientras terminas*
	Modales	Corría *como si lo persiguiera un perro*
	Comparativas	Es más aburrido quedarse en casa *que ir a esa fiesta*
	Consecutivas	Su discurso fue tan conmovedor *que todos lloraron*
	Causales	No terminó su licenciatura *porque no quiso*
	Finales	Memorizó el poema *para decirlo en el recital*
	Condicionales	El naranjo se secará *si no lo regamos*
	Concesivas	Todos lo notarán *aunque disimules*

ORACIONES YUXTAPUESTAS

Las oraciones yuxtapuestas son aquéllas que carecen de nexos o palabras de enlace; se encuentran unidas por medio de signos de puntuación:

> *Ven* conmigo, te *enseñaré* la biblioteca.
>
> Todos *estábamos* impacientes; sólo *esperábamos* el final.
>
> No me *gusta* el té, *prefiero* el café.

Estas oraciones no tienen nexos que las introduzcan o las enlacen, pero puede existir una relación específica entre ellas. Esta relación, que es de naturaleza semántica, equivale a la que establece un nexo coordinante o uno subordinante; a pesar de ello, se consideran oraciones yuxtapuestas, debido a la ausencia de un elemento coordinador o subordinador. Por ejemplo:

> La *conoció* hace un año; no la *ha vuelto a ver*.
>
> El mapamundi *estaba* en el centro del estudio, se *veía*
> espectacular.
>
> Arcelia *cerró* la ventana, *llovía* demasiado.
>
> Patricia y Rolando siempre *tenían* la misma conversación, se
> *veían* aburridos.

ESTRUCTURA DE LA ORACIÓN COMPUESTA

Todas las oraciones coordinadas, subordinadas y yuxtapuestas pueden analizarse como cualquier oración simple, es decir, todas ellas tienen sujeto, predicado y sus complementos correspondientes; por ejemplo:

> Armandina dijo <u>que ella deseaba leer toda la obra de José</u>
> <u>Saramago.</u>

La oración subordinada sustantiva anterior es complemento directo del verbo principal *dijo*; pero tiene su propia estructura interna, pues su sujeto es *ella*, su verbo es *deseaba leer*, su complemento directo es *toda la obra de José Saramago*.

Es posible encontrar, dentro de una oración subordinada, otra u otras oraciones subordinadas:

Las dos hermanas elaboraron un plan perfecto para que la discusión *que tenían sus hermanos* no terminara como pleito.

En el período anterior, el verbo principal es *elaboraron*, el cual tiene una oración subordinada adverbial final como su complemento: *para que la discusión que tenían sus hermanos no terminara como pleito*. Dentro de esta oración adverbial, que tiene como nexo subordinante *para que*, el sujeto es *la discusión que tenían sus hermanos*, su verbo es *terminara*, y su complemento circunstancial modal es *como pleito*. Dentro del sintagma nominal *la discusión que tenían sus hermanos* aparece una oración subordinada adjetiva *que tenían sus hermanos*, la cual modifica al sustantivo *discusión*. En la oración adjetiva, el sujeto es *sus hermanos*, el verbo es *tenían* y su complemento directo es el pronombre relativo *que*. Esto mismo puede representarse en un esquema o diagrama como el siguiente:

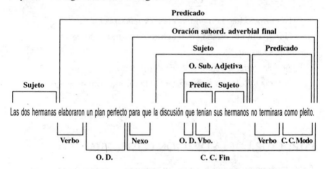

Cuando un pronombre o un adverbio es el nexo que introduce la oración subordinada, éste desempeña una función sintáctica específica dentro de la oración, además de ser nexo subordinante; cuando el nexo es una conjunción, preposición o locución, éste sólo desempeña la función de nexo o palabra subordinante, porque tanto las preposiciones como las conjunciones no son palabras con significado léxico pleno, son partículas subordinadoras. Debido a que las oraciones adjetivas comúnmente están introducidas por un nexo que es un pronombre relativo, éste cumple, además de la función de enlace, la función de ser sujeto, objeto directo, indirecto o complemento circunstancial, dentro de la oración subordinada:

166

Conseguí el *libro **que*** habla sobre los mitos de Occidente.

Sujeto

Las *personas **que*** vieron el encuentro son pocas.

Sujeto

¿Cuál respuesta darías a ese *problema **que*** te plantearon?

Objeto directo

La *historia **que*** me contaron era totalmente falsa.

Objeto directo

El *profesor **a quien*** entregué mi tesis es alemán.

Objeto indirecto

Vendí el *auto **al que*** le había puesto aire acondicionado.

Objeto indirecto

Recordé aquel *verso **con el que*** conquistaste a José.

C. Circunstancial

Éste es el *sitio **donde*** se firmó la Constitución.

C. Circunstancial

En el caso de las oraciones sustantivas sucede lo mismo cuando éstas tienen un pronombre relativo como palabra de enlace; esta última cumple una función sintáctica específica dentro de la oración subordinada, además de ser nexo subordinante:

Quienes llegaron temprano hablaron a su favor.

Sujeto

Compró ***lo que*** tanto había deseado.

Objeto directo

Les dije la verdad ***a quienes*** estaban presentes.

Sujeto

Los adverbios que introducen oraciones subordinadas también tienen dos funciones: ser nexos subordinantes y ser complementos circunstanciales dentro de la oración subordinada:

Cuando terminó su tarea se sintió libre y feliz.

C. Circunstancial temporal

Siempre ha trabajado ***donde*** le pagan bien.

C. Circunstancial locativo

167

APÉNDICE DE ORTOGRAFÍA

USO DE GRAFÍAS
USO DE MAYÚSCULAS

USO DE GRAFÍAS

*Se escribe **B**:*

1. Antes de **-l** o **-r**

tabla	obligar	blusa	hablar	blanco
brillo	broma	brujo	bruma	abrazar

2. Después de **m-**

ambos	ambiguo	embajador	tambor	cambiar

3. En los prefijos **bi-**, **bis-**, **sub-**

bipolar	bisnieto	subdirector
bilabial	bisabuelo	subíndice

4. En palabras que empiezan por **bur-**, **bus-**

burbuja	bursátil	burla	burdel
busto	búsqueda	busco	buscón

5. En las terminaciones **-ble**, **-bilidad**, **-bundo**, **-bunda**. Excepto *movilidad, civilidad*, que son derivados de *móvil* y *civil*

flexible	corregible	comprable
amabilidad	habilidad	durabilidad
tremebundo	vagabundo	nauseabunda

6. En las palabras que empiezan por **bien-** o la forma latina **bene-**, siempre y cuando esté presente el sentido de *bueno, bondad*

bienestar	bienaventurado	bienvenido
benefactor	beneficio	beneplácito

7. En las terminaciones del tiempo copretérito de los verbos que lo forman mediante las desinencias **-aba**, **-abas**, **-aba**, **-ábamos**, etcétera. También las formas verbales del verbo *ir* en este mismo tiempo

amaba	caminaban	pintaba	cantábamos
íbamos	iban	iba	ibas

8. En todas las formas verbales, cuyo infinitivo termina en **-buir**, **-bir**. Excepto *hervir, servir, vivir* y sus derivados

recibió	concebían	prohibido	contribuir
distribuir	atribuir	concebir	percibir

Se escribe *V*:

1. Después de **b-**, **d-**, **n-**

obvio	subversivo	subvenir
adverso	adverbio	adversario
enviar	invierno	invocar

2. Cuando las palabras comienzan con **eva-**, **eve-**, **evi-**, **evo-**. Excepto *ébano, ebanista*

evadir	evaporado	evaluar
eventualidad	evento	Evelina
evidente	evitar	evidenciar
evocar	evolución	evocado

3. Cuando las palabras empiezan con las sílabas **di-**, **le-**, **sal-**, **cla-**. Excepto *dibujar* y sus derivados

diverso	divertido	levita	levantar	leve
salvo	salvaje	clavar	clave	clavel

4. Todas las palabras que inician con **vice-** y **villa-**. Excepto *billar, bíceps* y sus derivados

vicecónsul	vicerrector	villancico	Villahermosa

5. En los adjetivos terminados en **-avo**, **-ava**, **-evo**, **-eva**, **-ivo**, **-iva**

octavo	nuevo	vengativa	lesivo	decisiva
primitivo	longeva	pasivo	activo	agresivo

6. En las palabras terminadas en **-ave**, **eve**. Excepto *árabe*

suave	ave	grave	breve	leve

7. Todas las formas del pretérito de indicativo y de subjuntivo de los verbos *tener, andar* y *estar*

tuvo	tuviera
anduve	anduviéramos
estuvimos	estuvieras

8. Todas las formas del presente de indicativo, imperativo y subjuntivo del verbo *ir*

voy   vamos   ve   vaya   vayas

Algunas palabras homófonas con b y v:

tubo	(conducto, cilindro)	tuvo	(del verbo *tener*)
botar	(una pelota)	votar	(emitir un voto)
bello	(hermoso)	vello	(pelo)
acerbo	(áspero al gusto)	acervo	(caudal, montón)
bacilo	(bacteria)	vacilo	(del verbo *vacilar*)
bienes	(propiedades)	vienes	(del verbo *venir*)

Se escribe **C**:

1. En las palabras terminadas en **-ancia, -encia, -ancio, -encio, -uncia, -uncio.** Excepto *ansia, hortensia*

prestancia   esencia   rancio   denuncia   anuncio

2. En las desinencias de diminutivo: **-cito, -cita, -cico, -cica, -cillo, -cilla,** excepto cuando hay una **-s-** en la última sílaba de la palabra: *casita, bolsita, masita, cosita*

ratoncito   leoncita   rinconcito   hombrecillo   florecilla

3. En las palabras terminadas en **-cida,** cuando está presente el sentido de *matar*

parricida   raticida   insecticida   suicida

4. En las formas plurales de las palabras que terminan en **-z**

feroces   cruces   rapaces   peces   lápices

5. En los verbos terminados en **-cer**, **-cir**. Excepto *ser, coser, toser, asir*

   crecer   mecer   atardecer   uncir   lucir   conducir

6. En los verbos terminados en **-ciar**. Excepto *ansiar, extasiar, lisiar*

   rociar   enunciar   anunciar   pronunciar

Se escribe **S**:

1. En palabras que empiezan con **des-**, **dis-**. Excepto *dizque*

   despintar   desesperar   disgusto   distinto

2. En los adjetivos que terminan en **-oso**, **-osa**

   mañoso   glorioso   ocioso   amoroso   horroroso

3. En la desinencia **-ísimo**, **-ísima** de los superlativos

   hermosísimo   altísimo   grandísimo   feísimo

4. En palabras que inician con los grupos **as-**, **es-**, **is-**, **os-** seguidos de consonante. Excepto *izquierda, azteca*

   astucia   asma   estado   isla   oscuro   espía

5. En palabras terminadas en **-ista** y en **-ismo**

   recepcionista   telefonista   comunismo   budismo

6. En sustantivos terminados en **-sión**, relacionados con adjetivos terminados en **-so**, **-sor**, **-sible** y **-sivo**

   confusión   (confuso)   sucesión   (sucesor)
   comprensión   (comprensible)   evasión   (evasivo)

7. En las desinencias del pretérito de subjuntivo **-ase**, **-ese**

   amase   trabajase   comiese   saliese

Se escribe **Z**:

1. En las palabras terminadas en **-anza**, **-azgo**. Excepto *mansa, transa*

   añoranza   esperanza   enseñanza
   liderazgo   hallazgo   noviazgo

2. En los verbos derivados formados con el sufijo **-izar**. No entran en esta regla los verbos que tienen en su raíz la desinencia **-isar**, como *requisar, precisar, pisar*

   atomizar   agudizar   amenizar   sintetizar   divinizar

3. En las desinencias **-zuelo**, **-zuela** de los despectivos. También en la terminación **-azo** de superlativo

mozuelo	escritorzuelo
cazuela	mujerzuela
cañonazo	pitazo

4. En las desinencias verbales de algunos tiempos, en el caso de verbos cuyo infinitivo se escribe con **c**

   crezco   envejezcan   conozco   nazca   parezco

Algunas palabras homófonas con c, s o z:

meses	(plural de mes)	meces	(del verbo *mecer*)
serrar	(cortar con sierra)	cerrar	(verbo)
enseres	(objetos)	enceres	(del verbo *encerar*)
cause	(del verbo *causar*)	cauce	(lecho del río)
seda	(tela)	ceda	(del verbo *ceder*)
sien	(parte de la frente)	cien	(número, cantidad)
ves	(del verbo *ver*)	vez	(ocasión)
sumo	(del verbo *sumar*)	zumo	(jugo o líquido de las frutas)
asar	(verbo)	azar	(destino, suerte)

*Se escribe **H**:*

1. En todas las palabras que empiezan con **hum-, hue-, hui-, hie-, hia-**. Excepto *umbilical, umbral, umbrío*

   humo   humedad   hueso   huir   hiena   hiato

   Existen palabras cuyos derivados se escriben con **h**, aunque las palabras de donde proceden no la lleven; esto se debe a la regla anterior

huele	(oler)	hueco	(oquedad)
huérfano	(orfandad)	hueso	(óseo)

2. En las palabras que empiezan con **homo-**, **hetero-**, **hexa-**, **hect-**, **hepta-**, **herm**. Excepto *ermita* y sus derivados

homogéneo   heterodoxo
hexágono   hectárea
heptasílabo   hermoso

3. En algunas interjecciones se escribe **h** al final de la palabra

¡Ah!   ¡Eh!   ¡Huy!   ¡Bah!   ¡Oh!

Se escribe G:

1. En todas las formas de los verbos cuyo infinitivo termina en **-ger**, **-gir**. Excepto *tejer, crujir*

coger   fingirá   protegerían   regiremos

Se escribe **j** cuando antecede a una **a** u **o**:

coja   finjo   proteja   rijo

2. En palabras terminadas en **-gente**

vigente   regente   contingente   insurgente

3. En palabras que se construyen con **geo-**

geografía   geológico   geometría   apogeo

4. En palabras que tienen las terminaciones **-gio-a**, **-ogía**, **-ógico-a**

contagio   magia   prodigio   elogio   vestigio
prestigio   hemorragia   biología   patológico   lógica

Se escribe J:

1. En los conjuntos **ja, jo, ju**

caja   jabón   jolgorio   joven   junto   juez

2. En sustantivos y adjetivos terminados en **-jero**, **-jería**. Excepto *ligero, flamígero*

relojero   conserjería   cerrajería

3. En palabras que comiencen con **aje-**, **eje-**. Excepto *agencia, agente, agenda, Egeo* y sus derivados

ajeno   ajedrez   ejecutivo   ejemplo   ejercer

4. En palabras terminadas en **-aje**. Excepto *ambage*

ramaje   lenguaje   paraje   viaje

5. Las formas verbales del pretérito de indicativo y pretérito y futuro de subjuntivo de los verbos terminados en **-decir, -ducir, -traer**

conduje	condujera	condujere
traje	trajera	trajere
aduje	adujera	adujere
redujo	redujera	redujere

USO DE MAYÚSCULAS

1. Al principio de cualquier escrito, así como después de punto y seguido y punto y aparte.

2. Todos los nombres propios: Rosa García, Platón, Guatemala, América, Everest, Lima, Amazonas.

— El título de un libro, película, artículo, obra escultórica, pictórica, musical: *El llano en llamas, Amarcord, El placer que el teatro nos procura, La victoria de Samotracia, Las meninas, La novena sinfonía.*

— Los tratamientos y títulos, si están abreviados, así como los nombres de dignidad: Lic., Dr., Sr., Ud., Sumo Pontífice.

— Nombres que se refieren a órganos de gobierno, corporaciones y sociedades: Congreso de la Unión, Tratado de Libre Comercio, Sociedad de Escritores Latinoamericanos.

— Los nombres, calificativos y apodos con que se designa a determinadas personas: El Cid Campeador, Alfonso el Sabio, Juana la Loca.

— Los sustantivos y adjetivos que componen el nombre de una institución, o de un establecimiento comercial: Supremo Tribunal de Justicia, Museo de Bellas Artes, Universidad Nacional Autónoma de México, Banco de los Andes.

— Las siglas y abreviaturas que representan el nombre de organismos, instituciones o países: ONU, S. A., ONG, EE.UU.

— El número romano que designa reyes, papas y siglos: Pío V, Fernando III, siglo XX.

— Épocas, períodos históricos, acontecimientos, celebraciones: Edad Media, Revolución Mexicana, Semana Santa.

3. Los conjuntos **ch** y **ll**, llevan mayúscula sólo en la **C** o **L** iniciales, respectivamente: Chihuahua, China, Llosa, Llorente.

El acento ortográfico debe mantenerse en las mayúsculas: Álvaro, África, Océano Índico.

Los nombres de los días de la semana, de los meses, de las estaciones del año y de las notas musicales, se escriben con minúscula, salvo que inicien párrafo.

ÍNDICE ANALÍTICO

180

Larousse de la conjugación

Larousse de la conjugación

Irma Munguía Zatarain
Martha E. Munguía Zatarain
Gilda Rocha Romero

Dirección editorial: Aarón Alboukrek
Asistente de edición: Gabriela Pérez Tagle
Revisión de pruebas: Ma. de Jesús Hilario

ÍNDICE GENERAL

PRESENTACIÓN

Este libro tiene como propósito presentar los modelos de conjugación de los verbos en español y, así, resolver dificultades que suelen tener los hablantes sobre las diversas formas que adoptan los verbos al conjugarse. El texto está dirigido a cualquier persona interesada en aclarar dudas sobre la conjugación verbal en español, por lo tanto es un útil y práctico manual de consulta.

En este libro se ofrecen setenta y dos modelos de conjugación; tres de ellos corresponden a los verbos regulares ejemplificados con *amar*, *comer* y *vivir*, y sesenta y nueve pertenecen a los irregulares que son los que sufren diversas variaciones como diptongación, sustitución de letras y modificaciones de diferentes tipos. Aproximadamente, se han incluido aquí los cinco mil verbos más usuales de la lengua española.

Se presenta la conjugación de cada verbo modelo en todos los tiempos de los modos indicativo, subjuntivo e imperativo; a cada uno de ellos se le ha asignado un número que lo identifica.

Los verbos se enlistan en orden alfabético, seguidos de un número que corresponde al modelo al que pertenecen.

Muchos verbos suelen tener un uso pronominal, pero fueron enunciados en su forma simple; es el caso de *acostar-acostarse, cansar-cansarse, asombrar-asombrarse*, etcétera.

Se incluyeron únicamente los verbos simples o primitivos. Sólo se incorporaron los derivados o compuestos que presentan alguna modificación en su conjugación o que han adquirido un nuevo matiz de significado.

Los verbos defectivos aparecen con una indicación en la lista (*defect.*); aunque no se conjuguen en todos los tiempos y personas gramaticales, se han remitido al modelo al que corresponden de acuerdo con su conjugación.

Se ofrece, además, una breve exposición sobre las características formales, sintácticas y semánticas del verbo, con el fin de que el lector pueda tener un conocimiento más amplio sobre el funcionamiento de esta categoría gramatical.

Las autoras

EL VERBO

En español las palabras pueden clasificarse según las variaciones formales que presentan, las funciones que desempeñan y su significado. Pueden distinguirse ocho categorías gramaticales o clases de palabras: sustantivo, adjetivo, artículo, pronombre, verbo, adverbio, preposición y conjunción. La interjección no se considera una categoría gramatical porque no desempeña ninguna función sintáctica dentro de la oración.

El verbo expresa acciones, estados, actitudes, transformaciones, movimientos de seres o cosas. Se refiere a las actividades que realizan o padecen las personas o animales, así como a las situaciones o estados en que éstos se encuentran, los cambios que sufren los objetos, las manifestaciones de diversos fenómenos de la naturaleza.

El verbo es la clase de palabra que presenta mayor número de accidentes gramaticales por medio de su flexión: persona, número, modo, tiempo. La característica de la flexión verbal es que una desinencia o morfema puede expresar varios accidentes:

camin-**é**   primera persona, singular, tiempo pretérito, modo indicativo

camin-**arás** segunda persona, singular, tiempo futuro, modo indicativo

A la flexión verbal se le llama conjugación.

La forma que se emplea para enunciar los verbos es el infinitivo; éste no sufre ningún accidente gramatical. Las terminaciones que pueden tener los verbos en infinitivo son -**ar**, -**er**, -**ir** y, dependiendo de ellas, se clasifican en primera, segunda o tercera conjugación:

Primera conjugación	Segunda conjugación	Tercera conjugación
-**ar**	-**er**	-**ir**
matar	poner	partir
pasar	tener	salir
caminar	torcer	reprimir
cocinar	querer	construir
terminar	creer	morir

Accidentes Gramaticales

En los verbos es posible distinguir la raíz o radical, que generalmente se mantiene invariable, y la desinencia o terminación verbal, que varía para expresar los distintos accidentes gramaticales: persona, número, modo, tiempo.

A) Persona y Número

Mediante una desinencia, los verbos marcan la persona gramatical que realiza la acción, sea singular o plural. En el siguiente cuadro pueden verse las formas verbales con sus correspondientes pronombres personales de la primera, segunda y tercera personas, singular y plural:

Persona	Singular		Plural	
Primera	yo	camin-o	nosotros (as)	camin-amos
Segunda	tú usted	camin-as camin-a	ustedes vosotros (as)	camin-an camin-áis
Tercera	él o ella	camin-a	ellos o ellas	camin-an

Las formas verbales de tercera persona de singular y de plural se emplean también con los pronombres de segunda persona, *usted* y *ustedes*, respectivamente. En algunas regiones del mundo hispanohablante se usa el pronombre *vos,* en el tratamiento de confianza, para referirse a la segunda persona del singular; en estos casos el verbo puede adoptar otra forma: *vos caminás mucho, vos tenés la culpa, vos no escribís poemas, vos siempre decís la verdad.*

En español suele suprimirse el pronombre personal de sujeto dado que la forma verbal, por sí misma, es suficiente para expresar la persona gramatical que desempeña esta función: *soñé con gatos azules, ya cenamos, trabajas demasiado.* El pronombre correspondiente se expresa cuando se desea hacer énfasis en él: *yo soñé con gatos azules, nosotros ya cenamos, tú trabajas demasiado.*

B) Modo

La actitud del hablante frente a lo que enuncia puede expresarse mediante tres modos: indicativo, subjuntivo e imperativo.

El modo indicativo se usa, generalmente, para referir hechos que se presentan como reales, ya sea en pasado, presente o futuro:

Tú <u>estudias</u> literatura medieval.
Nosotras <u>fuimos</u> a Bombay.
Los concursantes <u>entregarán</u> un proyecto.

El modo subjuntivo suele emplearse para expresar hechos o acciones posibles, de deseo, de duda o para manifestar creencias, suposiciones, temores del hablante:

Nos gustaría que Luis <u>hablara</u> en la asamblea.
Quiero que todos <u>asistan</u> a mi examen.
Probablemente no te <u>convenga</u> ese matrimonio.

El modo imperativo expresa súplica, mandato, petición o ruego; sólo tiene las formas de segunda persona, singular y plural:

<u>Cierra</u> la ventana, por favor.
No <u>fume</u> en este auditorio.
<u>Empiecen</u> de nuevo.

C) Tiempo

Es el accidente gramatical que señala el momento en que se realiza la acción; los tiempos básicos son presente, pretérito y futuro. Existen además otros tiempos que se emplean para expresar diversas relaciones o matices temporales: copretérito, pospretérito, antepresente, antepretérito, antefuturo, antecopretérito y antepospretérito.

Los tiempos verbales han recibido diferentes nombres en los estudios gramaticales; por ejemplo, el copretérito se conoce también como pretérito imperfecto, el pretérito como pretérito perfecto simple, etcétera.

Los tiempos verbales pueden ser simples o compuestos. Los primeros se forman a partir de la raíz del verbo, añadiendo una desinencia específica:

cant-**o**   cant-**é**   cant-**aré**

Para formar los tiempos compuestos se utiliza el verbo *haber* como auxiliar conjugado y el participio del verbo de que se trate:

he cantado   hube cantado   habré cantado

Los tiempos de los modos indicativo, subjuntivo e imperativo son los siguientes:

Tiempos del Modo Indicativo

Simples	Ejemplos
Presente	amo
Pretérito o pretérito perfecto simple	amé
Futuro	amaré
Copretérito o pretérito imperfecto	amaba
Pospretérito o condicional	amaría
Compuestos	Ejemplos
Antepresente o pretérito perfecto compuesto	he amado
Antepretérito o pretérito anterior	hube amado
Antefuturo o futuro perfecto	habré mado
Antecopretérito o pretérito pluscuamperfecto	había amado
Antepospretérito o condicional perfecto	habría amado

Tiempos del Modo Subjuntivo

Simples	Ejemplos
Presente	ame
Pretérito o pretérito imperfecto	amara o amase
Futuro	amare

Compuestos	Ejemplos
Antepresente o pretérito perfecto	haya amado
Antepretérito o pretérito pluscuamperfecto	hubiera o hubiese amado
Antefuturo o futuro perfecto	hubiere amado

Tiempo del Modo Imperativo

Simple	Ejemplo
Presente	ama (tú)

Algunos significados de los tiempos del modo indicativo

a) El tiempo presente puede expresar:

— Que la acción referida sucede en el mismo momento en el que se habla:

> Ahora quiero un café.
> Lo veo y no lo creo.
> Hablas mucho y no te entiendo.

— Acciones que se realizan cotidianamente; se le conoce como presente habitual:

Comemos carne de res una vez a la semana.

A los estudiantes de comunicación les gustan los reportajes.

Mi madre siempre toma una copa de jerez antes de cenar.

— Hechos pasados a los que se da un matiz de actualidad; es conocido como presente histórico:

En el año 476 cae el Imperio Romano.

A fines del siglo XIX se inventa el cinematógrafo.

— Afirmaciones que tienen un carácter universal:

El agua es indispensable para la vida.

El tiempo transcurre inevitablemente.

— Acciones que se refieren al futuro:

El próximo lunes entregamos las pruebas.

En agosto cumplo veinte años.

b) El pretérito se refiere a acciones acabadas, concluidas en el pasado:

Se enfadó con su hermano.

Viajaron por el sur de África.

c) El futuro se emplea para expresar:

— Acciones que aún no se han realizado, pero que son posibles; es muy común el empleo de perífrasis construidas con el verbo *ir* como auxiliar, para expresar este tiempo:

Mañana <u>iré</u> a nadar.

Mañana <u>voy a ir</u> a nadar.

— Acontecimientos probables o inciertos:

¿<u>Estarán</u> bien de salud mis amigos?

Julián <u>pesará</u> unos ochenta kilos.

— Mandato u obligación:

<u>Irán</u> a clase, quieran o no.

A partir de hoy, te <u>despedirás</u> de tus malos recuerdos.

d) El copretérito se refiere a una acción simultánea a otra, realizada en el pasado; también se emplea para acciones que transcurren habitualmente en el pasado:

<u>Leía</u> el cuento "Centauro", cuando sonó el teléfono.

En mi casa <u>comíamos</u> berenjenas todos los días.

e) El pospretérito se emplea en los siguientes casos:

— Para indicar tiempo futuro en relación con una acción pasada o presente; también puede expresar posibilidad condicionada a algo:

Te confieso que, en realidad, sí <u>querría</u> un vaso de vino.

Me <u>darías</u> la razón si estuvieras más atento.

— Se usa, además, para manifestar una apreciación sobre una acción pasada o futura y para indicar cortesía:

Esa idea te <u>costaría</u> la vida en la Edad Media.

¿Me <u>regalarías</u> ese collar?

8

f) El antepresente se utiliza para referir acciones recientemente ocurridas, o acciones pasadas que tienen vigencia en el presente:

Han subido mucho los precios.
Ha estado enfermo desde entonces.

g) El antepretérito se refiere a una acción concluida, en relación con otra acción ubicada en un pasado también acabado; actualmente tiene poco uso:

En cuanto hubo acabado se fue al cine.

h) El antefuturo se emplea para expresar:

— Una acción venidera, pero anterior a otra que también sucederá en el futuro:

Cuando amanezca, Jimena se habrá cansado de los reproches de su tía.
Al terminar el día, habrás encontrado título para tu novela.

— Duda sobre un hecho ocurrido en el pasado:

¿Habrá terminado la cosecha de algodón?
¿Se habrán percatado de que los rehenes escaparon por la noche?

i) El antecopretérito expresa una acción pasada, respecto de otra ocurrida también en el pasado:

Tú ya <u>habías nacido</u> cuando comenzó la era de la computación.

Pensé que ya <u>había terminado</u> el examen.

j) El antepospretérito se emplea en los siguientes casos:

— Para expresar una acción que no se llevó a cabo pero que hubiera podido realizarse:

Dafne se <u>habría regocijado</u> con las historias que cuentas.

A Dominga le <u>habría gustado</u> teñir de rojo su vestido.

— Para referir una acción futura, anterior a otra también futura; ambas acciones dependen de un hecho ocurrido en el pasado:

Nos dijeron que cuando comenzara el concierto, ya <u>habrían preparado</u> los bocadillos para el festejo.

Le prometí a Roberto que para cuando volviera, yo ya <u>habría descifrado</u> el enigma.

— El antepospretérito también se emplea para expresar la consecuencia de una acción así como para indicar duda:

<u>Habríamos ahorrado</u> mucho dinero si hubiéramos comparado precios.

Si hubieras tenido disciplina, <u>habrías terminado</u> tu tesis.

<u>Habrían sido</u> las cinco de la mañana cuando comenzó el maremoto.

¿<u>Habría recibido</u> Julio los regalos que esperaba?

Algunos significados de los tiempos del modo subjuntivo

a) El presente se usa:

— Para expresar una acción presente o una futura, respecto de otra acción:

No conviene que <u>cuentes</u> ahora esa historia.
Cuando <u>vayamos</u> al desierto de Altar, tomaremos muchas fotografías.

— En la construcción de oraciones imperativas, en primera persona de plural; también en las oraciones imperativas con negación:

<u>Busquemos</u> con calma.
No te <u>asomes</u> al balcón.

— Para manifestar duda, posibilidad o deseo:

Quizá se <u>consuelen</u> pronto.
Ojalá <u>cambies</u> de parecer.

— En la construcción de ciertas expresiones que manifiestan disyunción:

O<u>igas</u> lo que o<u>igas</u>, no te alarmes.
Iremos a la playa, <u>sea</u> como <u>sea</u>.

b) El pretérito se emplea para:

— Referir una acción posterior a otra ocurrida en el pasado:

Me exigieron que <u>cantara</u> la misma canción.

Isabel pidió a su hermano que <u>dijese</u> la verdad.

— Indicar condición:

Si <u>oyeras</u> sus consejos, te iría mejor en la vida.

Vendría a visitarla más seguido, si no <u>fuera</u> tan agresiva.

c) El futuro indica una acción venidera, hipotética o una acción futura respecto de otra que también puede realizarse; se emplea, generalmente, en frases hechas o en textos literarios:

A donde <u>fueres</u> haz lo que <u>vieres</u>.

d) El antepresente se emplea para:

— Manifestar una acción pasada, anterior a otra:

No estés tan seguro de que <u>hayan cumplido</u> sus promesas.

Que él <u>haya perjudicado</u> a tanta gente, no fue nuestra culpa.

— Indicar deseo o probabilidad de que haya sucedido algo:

Quizá <u>haya celebrado</u> su cumpleaños con música y abundante comida.

Es probable que ya <u>hayan llegado</u> a Costa Rica.

e) El antepretérito se emplea para:

— Expresar una acción pasada respecto de otra también pasada:

Lamentaban que sus comentarios <u>hubieran tenido</u> tan graves consecuencias.
Me molestó que te <u>hubieras arrepentido</u> de tu decisión.

— Referir un deseo o una posibilidad pasada que ya no puede realizarse:

Si <u>hubiéramos tenido</u> una alegre infancia, ahora seríamos más optimistas.
¡Quién <u>hubiera imaginado</u> tan grande desgracia!

f) El antefuturo se utiliza para expresar una acción hipotética; tiene poco uso:

Si para octubre no <u>hubieres rectificado</u> tu actitud, tendrás serios problemas.

Voz Activa y voz Pasiva

En español los verbos pueden usarse en voz activa o en voz pasiva. En la primera, el sujeto es el que realiza la acción:

Oraciones en voz activa	*Sujeto*
Las hormigas <u>invadieron</u> la casa	Las hormigas
Los aviones de guerra <u>destruyeron</u> el pueblo.	Los aviones de guerra

Ella <u>observó</u> los detalles.   Ella
Nadie <u>conocería</u> la soledad.   Nadie

En la voz pasiva, el sujeto es el paciente, es decir, el que recibe la acción verbal. Para formar la voz pasiva, se emplea el verbo *ser* como auxiliar conjugado, y el participio del verbo de que se trate:

Oraciones en voz pasiva	*Sujeto paciente*
La casa <u>fue invadida</u> por las hormigas.	La casa
El pueblo <u>fue destruido</u> por los aviones de guerra.	El pueblo
Los detalles <u>fueron observados</u> por ella.	Los detalles
La soledad no <u>sería conocida</u> por nadie.	La soledad

En algunas ocasiones se usa el verbo *estar* como auxiliar en la formación de la voz pasiva:

Tus deudas <u>estarán pagadas</u> en agosto.

Rafael <u>está consumido</u> por la enfermedad.

La voz pasiva se caracteriza porque destaca el sujeto paciente y puede omitir el agente de la acción verbal:

El velero <u>fue echado</u> al mar.

Los microbios <u>fueron exterminados</u>.

Los ángeles <u>fueron expulsados</u> de la tierra.

Otra forma de construir la voz pasiva es mediante el empleo del pronombre *se*, acompañado del verbo en voz activa; este tipo de pasiva se llama refleja y sólo admite sujetos de tercera persona del singular o del plural:

Se derramó el vino tinto.

Se emitieron señales extrañas.

Se venden cachorros.

Se esperaban grandes lluvias.

La pasiva refleja suele confundirse con la forma de los verbos impersonales; la diferencia radica en que la voz pasiva tiene un sujeto paciente que concuerda en número con el verbo; los sujetos de las oraciones anteriores son: *el vino tinto, señales extrañas, cachorros* y *grandes lluvias*. En cambio, los verbos impersonales nunca tienen sujeto: *en el pueblo se habla mal de ti, se sufre mucho con gente necia.*

Formas no Personales del Verbo

Las formas no personales del verbo son el infinitivo, el gerundio y el participio; no presentan variación para indicar persona, modo ni tiempo, pues no están conjugadas.

Infinitivo. Es la forma que se usa para enunciar los verbos, es decir, es la expresión de la acción verbal en abstracto. Sus terminaciones son -**ar**, -**er**, -**ir**:

arañar	mandar	afirmar
poner	vender	traer
resistir	coincidir	contribuir

El infinitivo se caracteriza porque, además de ser verbo, puede actuar como sustantivo y desempeñar las funciones propias de éste; por ello, en ocasiones se encuentra acompañado de artículo y de adjetivos:

15

<u>Cazar</u> animales en extinción es un delito grave.

<u>Amenazar</u> es una acción reprobable.

El insistente <u>piar</u> de los polluelos nos despertó.

El triste <u>caminar</u> de los vencidos provocaba conmiseración.

Admite uno o dos pronombres enclíticos: *mandar<u>lo</u>, dár<u>selo</u>, vendár<u>noslo</u>, escribir<u>le</u>, referir<u>te</u>*

El infinitivo presenta formas simples y compuestas:

Infinitivo simple	Infinitivo compuesto
repudiar	haber repudiado
escoger	haber escogido
repartir	haber repartido

Gerundio. Es la forma no personal del verbo que expresa una acción continuada, en progreso. Sus terminaciones son **-ando**, **-iendo**:

arañando	mandando	afirmando
poniendo	vendiendo	bebiendo
resistiendo	coincidiendo	hiriendo

Cuando la **-i-** de la terminación **-iendo** se encuentra entre dos vocales, se convierte en **-y-**:

trayendo	distribuyendo	contribuyendo

El gerundio se caracteriza porque puede funcionar como adverbio, sin perder su naturaleza verbal:

Siempre pide la palabra <u>haciendo</u> gestos.

Llegó <u>llorando</u>.

Como el infinitivo, el gerundio también admite uno o dos pronombres enclíticos: *brindándo_nos_, leyéndo_le_, mordiéndo_selos_, rehuyéndo_te_, abrigándo_la_.*

Presenta formas simples y compuestas:

Gerundio simple	Gerundio compuesto
reforzando	habiendo reforzado
retrocediendo	habiendo retrocedido
atribuyendo	habiendo atribuido

El gerundio sólo debe emplearse cuando se refiere a una acción simultánea o anterior a la de otro verbo; nunca debe expresar una acción posterior a otra:

> Mirando hacia el cielo pensó en la inmortalidad.
> Habiendo resuelto las ecuaciones, se relajó y se durmió.
> Vive interrogándose sobre su origen.

Nunca debe referirse a un sustantivo; frases como *caja conteniendo, carta diciendo* son incorrectas.

Participio. Esta forma no personal del verbo expresa una acción ya realizada; sus terminaciones regulares son -**ado**, -**ido** y las irregulares -**to**, -**so**, -**cho**:

interesado	bebido	concluido
escrito	impreso	dicho

Los participios, a diferencia del infinitivo y del gerundio, no admiten pronombres enclíticos y, en algunos casos, sí marcan género y número. Se emplean en la formación de perífrasis verbales; también es muy común usarlos como adjetivos:

fueron <u>expulsados</u>	(perífrasis verbal)
hemos <u>descubierto</u>	(perífrasis verbal)
ha <u>soportado</u>	(perífrasis verbal)
trabajaba <u>abstraído</u>	(adjetivo)
hombre <u>reprimido</u>	(adjetivo)
muchacha <u>cultivada</u>	(adjetivo)

Varios verbos aceptan tanto la forma regular como la irregular en la formación del participio: **-ado, -ido** para referir una acción verbal en la construcción de perífrasis; **-to, -so** para formar un adjetivo:

Perífrasis verbal	*Adjetivo*
Hemos <u>freído</u> el pescado.	Compré plátanos <u>fritos</u>.
Él fue <u>elegido</u> por la mayoría.	El presidente <u>electo</u> tomó posesión.
Ha <u>imprimido</u> su sello personal.	Los textos <u>impresos</u> se extraviaron.

Algunos verbos que tienen ambas terminaciones son:

extendido	extenso
imprimido	impreso
bendecido	bendito
extinguido	extinto
convertido	converso
suspendido	suspenso
expresado	expreso
recluido	recluso
concluido	concluso
despertado	despierto

Clasificación de los Verbos

Los verbos se pueden clasificar, en términos generales, a partir de los siguientes criterios: por su flexión o conjugación, por su significado y por su estructura.

A) Por su Flexión o Conjugación

Regulares. Son los verbos que al conjugarse no presentan variaciones en su raíz y siguen las desinencias del modelo al que pertenecen: *amar, comer* o *vivir*; estos tres verbos, debido a su comportamiento regular en todas sus formas de conjugación, se han considerado como modelos, correspondientes a las tres terminaciones del infinitivo **-ar**, **-er**, **-ir**.

En general, no se consideran irregularidades los cambios de acentuación; por ejemplo, en el verbo *vivir* la sílaba tónica es la segunda, pero en las formas *vivo* o *viva*, es la primera.

Tampoco son irregularidades los cambios ortográficos que sufren algunos verbos:

a) La letra **-c-**, con sonido fuerte, se escribe **-qu-** ante **-e**:

    indicar   indique   replicar   replique

b) La letra **-g-**, con sonido suave, se escribe **-gu-** ante **-e**:

    pagar   pague   regar   regué

c) La letra **-z-** se escribe **-c-** ante **-e**:

    rozar   roce   agilizar   agilicé

d) Las letras -**c**- y -**g**- se escriben -**z**- y -**j**-, respectivamente, ante -**a** y -**o**:

ejercer	ejerza	zurcir	zurzo
recoger	recoja	fingir	finjo

e) La letra -**i**-, no tónica, se vuelve -**y**- cuando se encuentra entre vocales:

leer	leyó	creer	creyó

f) La letra -**u**- de los verbos terminados en -**guir**, se pierde ante -**a** y -**o**:

distinguir	distinga	distingo
perseguir	persiga	persigo

Irregulares. Son los verbos que, al flexionarse, presentan alteraciones en su raíz o en su terminación; es decir, no siguen la conjugación del modelo al que pertenecerían por su desinencia de infinitivo, *amar, comer* o *vivir*.

La mayor parte de las irregularidades que presentan estos verbos puede sistematizarse, de tal manera que es posible formar grupos con ellos. Son pocos los verbos que no entran en un grupo porque constituyen, por sí mismos, su propio modelo de conjugación; es el caso de los verbos *ser* o *ir,* que tienen varias raíces y, por lo tanto, tienen formas tan diversas como:

soy	seré	sido	es	era	éramos	fui	fuiste	fuera
voy	vas	van	iba	ibas	íbamos	fui	fuiste	fuera

En general, las irregularidades que presentan los verbos en su conjugación pueden explicarse desde un punto de vista histórico; algunas de las más comunes son las siguientes:

a) Diptongación. En ocasiones, las vocales -i- y -e- diptongan en -ie-, y las vocales -o- y -u- diptongan en -ue-:

adquirir	adquiero	pensar	pienso
poder	puedo	jugar	juego

b) Cambio de una vocal. En ciertas formas verbales, las vocales -e- y -o- cambian a -i- y -u-, respectivamente:

pedir	pido	concebir	concibo
poder	pude	morir	murió

c) Sustitución de una letra por otra, -c- por -g- o -j-:

hacer	haga	satisfacer	satisfaga
aducir	adujo	conducir	conduje

d) Adición de una letra, -d-, -c- o -g-:

poner	pondré	tener	tendré
nacer	nazco	parecer	parezco
poner	pongo	tener	tengo
salir	salgo	valer	valgo

e) Modificación de dos o más letras:

decir	diga	saber	sepa
caber	quepa	traer	traiga

Muchos verbos presentan varios de estos cambios en algunas de sus formas de conjugación:

tener	tendré	tiene	tengo
salir	saldré	sale	salga
venir	vendré	vienes	venga

Existen otras irregularidades que no se pueden sistematizar dado que son excepcionales, por ejemplo:

hacer	hice
errar	yerro
tener	tuvo

Defectivos. Son los verbos que sólo se conjugan en algunos tiempos y/o personas gramaticales.

atañer	atañe	atañen
acaecer	acaece	acaeció
acontecer	acontece	acontecen
concernir	concierne	conciernen
soler	suele	solían
abolir	aboliera	aboliremos
aterir	atería	aterimos

Impersonales o unipersonales. Son los verbos que sólo se conjugan en tercera persona del singular porque no tienen un sujeto determinado; aluden a fenómenos meteorológicos:

<u>Llueve</u> mucho.

Este invierno no <u>ha nevado</u>.

<u>Amaneció</u> nublado.

<u>Anochece</u> muy tarde en verano.

Sin embargo, cuando estos verbos se emplean en sentido figurado es posible atribuirles un sujeto, con lo que pierden el sentido de impersonalidad; en este caso también pueden conjugarse en primera y segunda personas:

<u>Amanecimos</u> muy cansados.

<u>Llovieron</u> reproches.

Sus ojos <u>anochecieron</u> prematuramente.

Muchos verbos pueden comportarse como impersonales cuando se construyen con el pronombre *se* en oraciones impersonales; se caracterizan porque no tienen sujeto:

<u>Se vive</u> bien en los lugares templados.

En sus fiestas <u>se bebe</u> mucho.

B) Por su Significado

Transitivos. Son los verbos cuyo significado exige la presencia de un paciente que recibe la acción verbal, y un agente que la realiza:

Todos <u>golpeamos</u> al agresor.

El sastre <u>diseñó</u> los trajes de los marineros.

Ellas <u>amarraron</u> al perro rabioso.

Nos <u>comimos</u> los postres antes de tiempo.

Los verbos anteriores son transitivos porque, además del agente que realiza la acción, tienen un paciente o complemento directo sobre el cual recae la acción verbal: *al agresor, los trajes de los marineros, al perro rabioso, los postres.*

Algunos verbos que no son transitivos, pueden llegar a serlo si se les añade un paciente o complemento directo:

> Muchas culturas han trabajado *el barro.*
> Vivimos *una extraña experiencia.*
> Todavía lloramos *a nuestros muertos.*

Intransitivos. Son los verbos que sólo exigen la presencia de un agente, que es el que realiza la acción; ésta no tiene la posibilidad de afectar o modificar a alguien o algo; es decir, no tienen paciente o complemento directo, aunque sí admiten otro tipo de complementos:

> Mi hermano corre en todas las competencias.
> Elina bailó durante toda la noche.
> Los trabajadores descansaron bajo el tejado.
> El potro yace postrado en el establo.

Copulativos. Son los verbos que no tienen significado pleno, sólo se emplean para unir el sujeto y el predicado; los principales verbos copulativos son *ser* y *estar*:

> Tus argumentos son absurdos.
> Mi hermano es médico.
> La terraza estaba polvosa.
> Esas mujeres están molestas.

En estas oraciones las palabras que realmente predican algo de los sujetos son adjetivos o sustantivos; por ello reciben el nombre de predicativo, atributo o predicado nominal: *absurdos, médico, polvosa* y *molestas.*

Algunos verbos se convierten en copulativos cuando admiten un atributo o predicado nominal que, por lo general, modifica al sujeto y concuerda con él en género y número:

> El gato se durmió tranquilo.
>
> Joaquín anda inquieto por las amenazas que recibió.
>
> Héctor y su hijo viven orgullosos en su casa de adobe.
>
> Mi maestra de baile camina muy erguida.

Los adjetivos *tranquilo, inquieto, orgullosos* y *muy erguida* son predicativos o atributos.

Reflexivos. Estos verbos expresan una acción que recae sobre el mismo sujeto que la realiza:

> Silverio se quiere demasiado.
>
> Te miras en el espejo y no te reconoces.
>
> Yo me baño todos los días en la noche.

Los verbos reflexivos exigen la presencia de los pronombres *me, te, se, nos, os,* los cuales se refieren al sujeto; es decir, a la persona que realiza la acción. Cuando no se da esta correspondencia entre el pronombre y el sujeto, los verbos dejan de ser reflexivos y funcionan como transitivos: *Silverio te quiere demasiado, lo miras en el espejo y no lo reconoces, yo la baño todos los días.* Lo mismo ocurre cuando estos verbos se emplean sin los pronombres: *quiere a sus hijos, miras la puesta de sol, no reconoces sus pasos, baño a mi perro.*

En español hay un grupo de verbos que casi siempre se usan como reflexivos y por ello suelen ir acompañados de los pronombres:

> Me asombra tu inocencia.
> ¿Todos se enojaron?
> No me arrepiento de nada.
> Se atrevió a desafiar a la autoridad.

Recíprocos. Se emplean para expresar una acción que realizan dos o más seres y cada uno de ellos recibe el efecto de dicha acción, de ahí que se les considere como una variante de los verbos reflexivos. Este tipo de acciones no puede realizarse nunca por un solo sujeto; siempre tiene que haber, por lo menos, dos. Por ello las formas verbales se usan en plural:

> Los lobos se amenazaron con gruñidos sordos.
> Los amantes se juraron amor eterno.
> Lulú y yo nos reprochamos nuestro comportamiento.
> Los filósofos y los poetas se reconocen entre sí.

Los verbos recíprocos siempre van acompañados de un pronombre personal: *se, nos, os.*

Auxiliares. Son los verbos que pierden, total o parcialmente, su significado y siempre acompañan a otro verbo; intervienen en la formación de los tiempos compuestos, de la voz pasiva y, en general, de las perífrasis verbales.

Los verbos auxiliares más frecuentes son: *haber, ser, ir, estar*.

a) El verbo *haber* es el auxiliar que se usa para formar los tiempos compuestos:

> *Habrá* conocido nuevas costumbres.
> *Han* arañado las paredes.
> Los guerreros *habrían* depuesto las armas.

Cuando el verbo *haber* no está en funciones de auxiliar, sólo puede emplearse en la tercera persona del singular:

> *Había* diversas opiniones.
> *Hubo* negociaciones sobre condiciones laborales.
> Ojalá *hubiera* descuentos considerables.
> *Hay* personas que pensamos en la necesidad de libertad y paz.

b) El verbo *ser* funciona como auxiliar en la formación de la voz pasiva:

> La estatua *fue reconstruida* por los arqueólogos.
> Las flores *serán colocadas* en grandes jarrones.
> El reo *fue juzgado* imparcialmente.

27

c) El verbo *ir* suele usarse como auxiliar en la formación del futuro perifrástico:

Mañana *vamos* a tratar los asuntos pendientes.
Voy a decirle a la vida sus verdades.

d) El verbo *estar* puede emplearse como auxiliar cuando va acompañado de un gerundio:

Está eludiendo sus responsabilidades.
Estuvo diciéndonos impertinencias.

Muchos otros verbos también pueden utilizarse como auxiliares; algunos de los más comunes son: *poder, querer, andar, tener, deber*:

Ya *podemos* contestar los cuestionarios.
Quiero identificar a los peregrinos.
Anda escondiéndose de sus amigos.
Usted *tiene* que conocer más mundo.
Deben derogar las leyes injustas.

C) Por su Estructura

Primitivos. Son los verbos que no se derivan de otra palabra:

hablar   cantar   silbar   mirar   volar

Derivados. Son los verbos que se forman a partir de otra palabra, mediante la adición de uno o varios afijos derivativos:

arrinconar	Derivado del sustantivo *rincón*
abanderar	Derivado del sustantivo *bandera*
amontonar	Derivado del sustantivo *montón*
empeorar	Derivado del adjetivo *peor*
oscurecer	Derivado del adjetivo *oscuro*
ensordecer	Derivado del adjetivo *sordo*
alargar	Derivado del adjetivo *largo*

Simples. Son los verbos formados por una sola palabra; pueden coincidir con los verbos primitivos:

lavar   comer   escribir   ver   morir

Compuestos. Son los verbos formados por dos palabras:

malcriar   maniobrar   menospreciar   sobrentender

Prepositivos. Son los verbos que exigen la presencia de una preposición:

El artículo consta de tres páginas.
El mendigo carece de lo indispensable.
Su discurso abundó en improperios.
Prescindió de su compañía.
Abusamos de su hospitalidad.

Algunos verbos pueden usarse sin preposición, pero la exigen en ciertos contextos:

Piensa una palabra.   Piensa en los demás.
Soñó monstruos marinos.   Soñaba con piratas ingleses.

Perífrasis Verbales

Las perífrasis verbales son expresiones formadas por dos o más verbos que constituyen una unidad; es decir, equivalen a un solo verbo. El primero funciona como auxiliar, se conjuga y tiene una significación débil que puede llegar a perder; el segundo se expresa, generalmente, por medio de una forma no personal, es decir por un infinitivo, un gerundio o un participio. En la construcción de perífrasis pueden emplearse preposiciones y conjunciones como elementos de enlace:

Vamos a poner diques al río.

Había esperado demasiado tiempo.

Siempre anda anunciando catástrofres.

Acaba de firmar su renuncia.

Puede que llueva hoy en la noche.

Voy a tener que llamar a la Cruz Roja.

Voy a tener que ir a recoger los análisis.

Los tiempos compuestos, el futuro perifrástico, la voz pasiva, el gerundio compuesto, entre otras construcciones, son perífrasis verbales:

Has adquirido demasiadas deudas.

Van a ir inseguros por ese camino.

Las parcelas fueron cercadas por los campesinos.

Habiendo bebido su café, se retiró en silencio.

Generalmente, las perífrasis pueden formarse:

a) Con palabras de enlace como:

— Conjunciones:

Quiero <u>que sepas</u> lo sucedido.

<u>Hay que reflexionar</u> sobre nuestro pasado.

<u>Puede que sea</u> falso.

— Preposiciones:

<u>Comenzó a confundir</u> sus recuerdos.

Sara se <u>echó a llorar</u>.

<u>Acaba de ocurrir</u> el eclipse.

<u>Deben de ser</u> las tres de la mañana.

b) Sin palabras de enlace, formadas con infinitivo, gerundio o participio:

<u>Deseamos vivir</u> en mejores condiciones.

¿<u>Puede repetir</u> su nombre?

<u>Suele dormir</u> muy poco.

<u>Debes actuar</u> con prudencia.

<u>Estuvo vigilando</u> a sus parientes.

<u>Anda divulgando</u> sus intimidades.

Quizá <u>haya sobrevivido</u> dignamente.

<u>Hemos satisfecho</u> todas sus exigencias.

En general, las perífrasis verbales aportan un matiz de significado que no es posible expresar mediante las formas verbales de la conjugación:

<u>Tengo que recuperar</u> lo perdido.

31

La perífrasis anterior tiene un matiz de obligación proporcionado por el verbo auxiliar; este matiz no está presente en la forma simple *recuperaré*.

Acaba de nacer un tigrito.

En la oración anterior, el verbo auxiliar *acaba de* indica que la acción es reciente o casi simultánea al momento de la enunciación, lo cual no se logra con el empleo del pretérito *nació* o el presente *nace*.

Función del Verbo en la Oración

La oración está constituida por sujeto y predicado. El sujeto es de quien se habla en la oración y el predicado es lo que se dice sobre el sujeto. El predicado expresa la acción que realiza el sujeto o los diferentes estados en que éste puede encontrarse, por ejemplo:

Los trabajadores colocaron la estatua en el
centro de la plaza.
El sol se está desgastando día a día.

En las oraciones anteriores los sujetos son *los trabajadores* y *el sol*. Los predicados: *colocaron la estatua en el centro de la plaza* y *se está desgastando día a día*. Los verbos son *colocaron* y *está desgastando*.

El verbo es el núcleo del predicado, por ello es imprescindible en una oración. Puede ser simple o perifrástico: *cantaremos, vamos a cantar*. Tiene la propiedad de poder constituir por sí mismo una oración; es decir, puede encontrarse sin complementos:

¡Mientes! Vamos a comenzar.

Los complementos verbales son los siguientes: objeto directo, objeto indirecto, circunstancial, predicativo o atributo y agente:

a) Objeto directo:

Las muchachas asaron *las castañas.*
Estefanía pidió *comprensión.*

b) Objeto indirecto:

Entregó su vida *a la causa.*
Ofrecieron una cena *a los científicos de la nación.*

c) Complemento circunstancial:

Conversó *amablemente.*
La nave llegó *a la luna el día de ayer.*

d) Predicativo o atributo:

Ana Luisa es *excéntrica.*
Desde que le dieron el diagnóstico, Armando se quedó *estupefacto.*

e) Agente:

Las recomendaciones <u>fueron escuchadas</u> *por los pasajeros.*
Los sembradíos <u>fueron destruidos</u> *por los topos.*

El verbo es, desde muchos puntos de vista, la parte más importante de la oración; da pleno sentido a nuestra expresión, ubica temporalmente lo referido, da cuenta de la actitud del hablante, proporciona matices valorativos a lo que se dice. Debido precisamente a la gran cantidad de información que porta, el verbo constituye la categoría gramatical más compleja y variable.

Modelos de conjugación

Se presentan 72 modelos de conjugación de verbos. Al final se incluye una lista de los verbos más usuales, con el número del modelo de conjugación al que siguen; este número no remite a páginas, sino al modelo.

1 AMAR

INDICATIVO

Presente	Antepresente
amo	he amado
amas	has amado
ama	ha amado
amamos	hemos amado
amáis	habéis amado
aman	han amado

Copretérito	Antecopretérito
amaba	había amado
amabas	habías amado
amaba	había amado
amábamos	habíamos amado
amabais	habíais amado
amaban	habían amado

Pretérito	Antepretérito
amé	hube amado
amaste	hubiste amado
amó	hubo amado
amamos	hubimos amado
amasteis	hubisteis amado
amaron	hubieron amado

Futuro	Antefuturo
amaré	habré amado
amarás	habrás amado
amará	habrá amado
amaremos	habremos amado
amaréis	habréis amado
amarán	habrán amado

Pospretérito	Antepospretérito
amaría	habría amado
amarías	habrías amado
amaría	habría amado
amaríamos	habríamos amado
amaríais	habríais amado
amarían	habrían amado

SUBJUNTIVO

Presente	Antepresente
ame	haya amado
ames	hayas amado
ame	haya amado
amemos	hayamos amado
améis	hayáis amado
amen	hayan amado

Pretérito	Antepretérito
amara o	hubiera o
amase	hubiese amado
amaras o	hubieras o
amases	hubieses amado
amara o	hubiera o
amase	hubiese amado
amáramos o	hubiéramos o
amásemos	hubiésemos amado
amarais o	hubierais o
amaseis	hubieseis amado
amaran o	hubieran o
amasen	hubiesen amado

Futuro	Antefuturo
amare	hubiere amado
amares	hubieres amado
amare	hubiere amado
amáremos	hubiéremos amado
amareis	hubiereis amado
amaren	hubieren amado

IMPERATIVO

ama	(tú)
ame	(usted)
amad	(vosotros-as)
amen	(ustedes)

37

2 ESTAR

INDICATIVO

Presente	Antepresente
estoy	he estado
estás	has estado
está	ha estado
estamos	hemos estado
estáis	habéis estado
están	han estado

Copretérito	Antecopretérito
estaba	había estado
estabas	habías estado
estaba	había estado
estábamos	habíamos estado
estabais	habíais estado
estaban	habían estado

Pretérito	Antepretérito
estuve	hube estado
estuviste	hubiste estado
estuvo	hubo estado
estuvimos	hubimos estado
estuvisteis	hubisteis estado
estuvieron	hubieron estado

Futuro	Antefuturo
estaré	habré estado
estarás	habrás estado
estará	habrá estado
estaremos	habremos estado
estaréis	habréis estado
estarán	habrán estado

Pospretérito	Antepospretérito
estaría	habría estado
estarías	habrías estado
estaría	habría estado
estaríamos	habríamos estado
estaríais	habríais estado
estarían	habrían estado

SUBJUNTIVO

Presente	Antepresente
esté	haya estado
estés	hayas estado
esté	haya estado
estemos	hayamos estado
estéis	hayáis estado
estén	hayan estado

Pretérito	Antepretérito
estuviera o	hubiera o
estuviese	hubiese estado
estuvieras o	hubieras o
estuvieses	hubieses estado
estuviera o	hubiera o
estuviese	hubiese estado
estuviéramos o	hubiéramos o
estuviésemos	hubiésemos estado
estuvierais o	hubierais o
estuvieseis	hubieseis estado
estuvieran o	hubieran o
estuviesen	hubiesen estado

Futuro	Antefuturo
estuviere	hubiere estado
estuvieres	hubieres estado
estuviere	hubiere estado
estuviéremos	hubiéremos estado
estuviereis	hubiereis estado
estuvieren	hubieren estado

IMPERATIVO

está	(tú)
esté	(usted)
estad	(vosotros-as)
estén	(ustedes)

3 PENSAR

INDICATIVO

Presente	Antepresente
pienso	he pensado
piensas	has pensado
piensa	ha pensado
pensamos	hemos pensado
pensáis	habéis pensado
piensan	han pensado

Copretérito	Antecopretérito
pensaba	había pensado
pensabas	habías pensado
pensaba	había pensado
pensábamos	habíamos pensado
pensabais	habíais pensado
pensaban	habían pensado

Pretérito	Antepretérito
pensé	hube pensado
pensaste	hubiste pensado
pensó	hubo pensado
pensamos	hubimos pensado
pensasteis	hubisteis pensado
pensaron	hubieron pensado

Futuro	Antefuturo
pensaré	habré pensado
pensarás	habrás pensado
pensará	habrá pensado
pensaremos	habremos pensado
pensaréis	habréis pensado
pensarán	habrán pensado

Pospretérito	Antepospretérito
pensaría	habría pensado
pensarías	habrías pensado
pensaría	habría pensado
pensaríamos	habríamos pensado
pensaríais	habríais pensado
pensarían	habrían pensado

SUBJUNTIVO

Presente	Antepresente
piense	haya pensado
pienses	hayas pensado
piense	haya pensado
pensemos	hayamos pensado
penséis	hayáis pensado
piensen	hayan pensado

Pretérito	Antepretérito
pensara o	hubiera o
pensase	hubiese pensado
pensaras o	hubieras o
pensases	hubieses pensado
pensara o	hubiera o
pensase	hubiese pensado
pensáramos o	hubiéramos o
pensásemos	hubiésemos pensado
pensarais o	hubierais o
pensaseis	hubieseis pensado
pensaran o	hubieran o
pensasen	hubiesen pensado

Futuro	Antefuturo
pensare	hubiere pensado
pensares	hubieres pensado
pensare	hubiere pensado
pensáremos	hubiéremos pensado
pensareis	hubiereis pensado
pensaren	hubieren pensado

IMPERATIVO

piensa	(tú)
piense	(usted)
pensad	(vosotros-as)
piensen	(ustedes)

39

4 COMENZAR

INDICATIVO

Presente	Antepresente
comienzo	he comenzado
comienzas	has comenzado
comienza	ha comenzado
comenzamos	hemos comenzado
comenzáis	habéis comenzado
comienzan	han comenzado

Copretérito	Antecopretérito
comenzaba	había comenzado
comenzabas	habías comenzado
comenzaba	había comenzado
comenzábamos	habíamos comenzado
comenzabais	habíais comenzado
comenzaban	habían comenzado

Pretérito	Antepretérito
comencé	hube comenzado
comenzaste	hubiste comenzado
comenzó	hubo comenzado
comenzamos	hubimos comenzado
comenzasteis	hubisteis comenzado
comenzaron	hubieron comenzado

Futuro	Antefuturo
comenzaré	habré comenzado
comenzarás	habrás comenzado
comenzará	habrá comenzado
comenzaremos	habremos comenzado
comenzaréis	habréis comenzado
comenzarán	habrán comenzado

Pospretérito	Antepospretérito
comenzaría	habría comenzado
comenzarías	habrías comenzado
comenzaría	habría comenzado
comenzaríamos	habríamos comenzado
comenzaríais	habríais comenzado
comenzarían	habrían comenzado

SUBJUNTIVO

Presente	Antepresente
comience	haya comenzado
comiences	hayas comenzado
comience	haya comenzado
comencemos	hayamos comenzado
comencéis	hayáis comenzado
comiencen	hayan comenzado

Pretérito	Antepretérito
comenzara o	hubiera o
comenzase	hubiese comenzado
comenzaras o	hubieras o
comenzases	hubieses comenzado
comenzara o	hubiera o
comenzase	hubiese comenzado
comenzáramos o	hubiéramos o
comenzásemos	hubiésemos comenzado
comenzarais o	hubierais o
comenzaseis	hubieseis comenzado
comenzaran o	hubieran o
comenzasen	hubiesen comenzado

Futuro	Antefuturo
comenzare	hubiere comenzado
comenzares	hubieres comenzado
comenzare	hubiere comenzado
comenzáremos	hubiéremos comenzado
comenzareis	hubiereis comenzado
comenzaren	hubieren comenzado

IMPERATIVO

comienza	(tú)
comience	(usted)
comenzad	(vosotros-as)
comiencen	(ustedes)

5 SOÑAR

INDICATIVO

Presente
sueño
sueñas
sueña
soñamos
soñáis
sueñan

Antepresente
he soñado
has soñado
ha soñado
hemos soñado
habéis soñado
han soñado

Copretérito
soñaba
soñabas
soñaba
soñábamos
soñabais
soñaban

Antecopretérito
había soñado
habías soñado
había soñado
habíamos soñado
habíais soñado
habían soñado

Pretérito
soñé
soñaste
soñó
soñamos
soñasteis
soñaron

Antepretérito
hube soñado
hubiste soñado
hubo soñado
hubimos soñado
hubisteis soñado
hubieron soñado

Futuro
soñaré
soñarás
soñará
soñaremos
soñaréis
soñarán

Antefuturo
habré soñado
habrás soñado
habrá soñado
habremos soñado
habréis soñado
habrán soñado

Pospretérito
soñaría
soñarías
soñaría
soñaríamos
soñaríais
soñarían

Antepospretérito
habría soñado
habrías soñado
habría soñado
habríamos soñado
habríais soñado
habrían soñado

SUBJUNTIVO

Presente
sueñe
sueñes
sueñe
soñemos
soñéis
sueñen

Antepresente
haya soñado
hayas soñado
haya soñado
hayamos soñado
hayáis soñado
hayan soñado

Pretérito
soñara o
soñase
soñaras o
soñases
soñara o
soñase
soñáramos o
soñásemos
soñarais o
soñaseis
soñaran o
soñasen

Antepretérito
hubiera o
hubiese soñado
hubieras o
hubieses soñado
hubiera o
hubiese soñado
hubiéramos o
hubiésemos soñado
hubierais o
hubieseis soñado
hubieran o
hubiesen soñado

Futuro
soñare
soñares
soñare
soñáremos
soñareis
soñaren

Antefuturo
hubiere soñado
hubieres soñado
hubiere soñado
hubiéremos soñado
hubiereis soñado
hubieren soñado

IMPERATIVO

sueña   (tú)
sueñe   (usted)
soñad   (vosotros-as)
sueñen   (ustedes)

6 FORZAR

INDICATIVO

Presente	Antepresente
fuerzo	he forzado
fuerzas	has forzado
fuerza	ha forzado
forzamos	hemos forzado
forzáis	habéis forzado
fuerzan	han forzado

Copretérito	Antecopretérito
forzaba	había forzado
forzabas	habías forzado
forzaba	había forzado
forzábamos	habíamos forzado
forzabais	habíais forzado
forzaban	habían forzado

Pretérito	Antepretérito
forcé	hube forzado
forzaste	hubiste forzado
forzó	hubo forzado
forzamos	hubimos forzado
forzasteis	hubisteis forzado
forzaron	hubieron forzado

Futuro	Antefuturo
forzaré	habré forzado
forzarás	habrás forzado
forzará	habrá forzado
forzaremos	habremos forzado
forzaréis	habréis forzado
forzarán	habrán forzado

Pospretérito	Antepospretérito
forzaría	habría forzado
forzarías	habrías forzado
forzaría	habría forzado
forzaríamos	habríamos forzado
forzaríais	habríais forzado
forzarían	habrían forzado

SUBJUNTIVO

Presente	Antepresente
fuerce	haya forzado
fuerces	hayas forzado
fuerce	haya forzado
forcemos	hayamos forzado
forcéis	hayáis forzado
fuercen	hayan forzado

Pretérito	Antepretérito
forzara o	hubiera o
forzase	hubiese forzado
forzaras o	hubieras o
forzases	hubieses forzado
forzara o	hubiera o
forzase	hubiese forzado
forzáramos o	hubiéramos o
forzásemos	hubiésemos forzado
forzarais o	hubierais o
forzaseis	hubieseis forzado
forzaran o	hubieran o
forzasen	hubiesen forzado

Futuro	Antefuturo
forzare	hubiere forzado
forzares	hubieres forzado
forzare	hubiere forzado
forzáremos	hubiéremos forzado
forzareis	hubiereis forzado
forzaren	hubieren forzado

IMPERATIVO

fuerza	(tú)
fuerce	(usted)
forzad	(vosotros-as)
fuercen	(ustedes)

7 JUGAR

INDICATIVO

Presente	Antepresente
juego	he jugado
juegas	has jugado
juega	ha jugado
jugamos	hemos jugado
jugáis	habéis jugado
juegan	han jugado

Copretérito	Antecopretérito
jugaba	había jugado
jugabas	habías jugado
jugaba	había jugado
jugábamos	habíamos jugado
jugabais	habíais jugado
jugaban	habían jugado

Pretérito	Antepretérito
jugué	hube jugado
jugaste	hubiste jugado
jugó	hubo jugado
jugamos	hubimos jugado
jugasteis	hubisteis jugado
jugaron	hubieron jugado

Futuro	Antefuturo
jugaré	habré jugado
jugarás	habrás jugado
jugará	habrá jugado
jugaremos	habremos jugado
jugaréis	habréis jugado
jugarán	habrán jugado

Pospretérito	Antepospretérito
jugaría	habría jugado
jugarías	habrías jugado
jugaría	habría jugado
jugaríamos	habríamos jugado
jugaríais	habríais jugado
jugarían	habrían jugado

SUBJUNTIVO

Presente	Antepresente
juegue	haya jugado
juegues	hayas jugado
juegue	haya jugado
juguemos	hayamos jugado
juguéis	hayáis jugado
jueguen	hayan jugado

Pretérito	Antepretérito
jugara o	hubiera o
jugase	hubiese jugado
jugaras o	hubieras o
jugases	hubieses jugado
jugara o	hubiera o
jugase	hubiese jugado
jugáramos o	hubiéramos o
jugásemos	hubiésemos jugado
jugarais o	hubierais o
jugaseis	hubieseis jugado
jugaran o	hubieran o
jugasen	hubiesen jugado

Futuro	Antefuturo
jugare	hubiere jugado
jugares	hubieres jugado
jugare	hubiere jugado
jugáremos	hubiéremos jugado
jugareis	hubiereis jugado
jugaren	hubieren jugado

IMPERATIVO

juega	(tú)
juegue	(usted)
jugad	(vosotros-as)
jueguen	(ustedes)

8 DAR

INDICATIVO

Presente	Antepresente
doy	he dado
das	has dado
da	ha dado
damos	hemos dado
dais	habéis dado
dan	han dado

Copretérito	Antecopretérito
daba	había dado
dabas	habías dado
daba	había dado
dábamos	habíamos dado
dabais	habíais dado
daban	habían dado

Pretérito	Antepretérito
di	hube dado
diste	hubiste dado
dio	hubo dado
dimos	hubimos dado
disteis	hubisteis dado
dieron	hubieron dado

Futuro	Antefuturo
daré	habré dado
darás	habrás dado
dará	habrá dado
daremos	habremos dado
daréis	habréis dado
darán	habrán dado

Pospretérito	Antepospretérito
daría	habría dado
darías	habrías dado
daría	habría dado
daríamos	habríamos dado
daríais	habríais dado
darían	habrían dado

SUBJUNTIVO

Presente	Antepresente
dé	haya dado
des	hayas dado
dé	haya dado
demos	hayamos dado
deis	hayáis dado
den	hayan dado

Pretérito	Antepretérito
diera o	hubiera o
diese	hubiese dado
dieras o	hubieras o
dieses	hubieses dado
diera o	hubiera o
diese	hubiese dado
diéramos o	hubiéramos o
diésemos	hubiésemos dado
dierais o	hubierais o
dieseis	hubieseis dado
dieran o	hubieran o
diesen	hubiesen dado

Futuro	Antefuturo
diere	hubiere dado
dieres	hubieres dado
diere	hubiere dado
diéremos	hubiéremos dado
diereis	hubiereis dado
dieren	hubieren dado

IMPERATIVO

da	(tú)
dé	(usted)
dad	(vosotros-as)
den	(ustedes)

9 ENVIAR

INDICATIVO

Presente	Antepresente
envío	he enviado
envías	has enviado
envía	ha enviado
enviamos	hemos enviado
enviáis	habéis enviado
envían	han enviado

Copretérito	Antecopretérito
enviaba	había enviado
enviabas	habías enviado
enviaba	había enviado
enviábamos	habíamos enviado
enviabais	habíais enviado
enviaban	habían enviado

Pretérito	Antepretérito
envié	hube enviado
enviaste	hubiste enviado
envió	hubo enviado
enviamos	hubimos enviado
enviasteis	hubisteis enviado
enviaron	hubieron enviado

Futuro	Antefuturo
enviaré	habré enviado
enviarás	habrás enviado
enviará	habrá enviado
enviaremos	habremos enviado
enviaréis	habréis enviado
enviarán	habrán enviado

Pospretérito	Antepospretérito
enviaría	habría enviado
enviarías	habrías enviado
enviaría	habría enviado
enviaríamos	habríamos enviado
enviaríais	habríais enviado
enviarían	habrían enviado

SUBJUNTIVO

Presente	Antepresente
envíe	haya enviado
envíes	hayas enviado
envíe	haya enviado
enviemos	hayamos enviado
enviéis	hayáis enviado
envíen	hayan enviado

Pretérito	Antepretérito
enviara o	hubiera o
enviase	hubiese enviado
enviaras o	hubieras o
enviases	hubieses enviado
enviara o	hubiera o
enviase	hubiese enviado
enviáramos o	hubiéramos o
enviásemos	hubiésemos enviado
enviarais o	hubierais o
enviaseis	hubieseis enviado
enviaran o	hubieran o
enviasen	hubiesen enviado

Futuro	Antefuturo
enviare	hubiere enviado
enviares	hubieres enviado
enviare	hubiere enviado
enviáremos	hubiéremos enviado
enviareis	hubiereis enviado
enviaren	hubieren enviado

IMPERATIVO

envía	(tú)
envíe	(usted)
enviad	(vosotros-as)
envíen	(ustedes)

10 ACTUAR

INDICATIVO

Presente	**Antepresente**
actúo	he actuado
actúas	has actuado
actúa	ha actuado
actuamos	hemos actuado
actuáis	habéis actuado
actúan	han actuado

Copretérito	**Antecopretérito**
actuaba	había actuado
actuabas	habías actuado
actuaba	había actuado
actuábamos	habíamos actuado
actuabais	habíais actuado
actuaban	habían actuado

Pretérito	**Antepretérito**
actué	hube actuado
actuaste	hubiste actuado
actuó	hubo actuado
actuamos	hubimos actuado
actuasteis	hubisteis actuado
actuaron	hubieron actuado

Futuro	**Antefuturo**
actuaré	habré actuado
actuarás	habrás actuado
actuará	habrá actuado
actuaremos	habremos actuado
actuaréis	habréis actuado
actuarán	habrán actuado

Pospretérito	**Antepospretérito**
actuaría	habría actuado
actuarías	habrías actuado
actuaría	habría actuado
actuaríamos	habríamos actuado
actuaríais	habríais actuado
actuarían	habrían actuado

SUBJUNTIVO

Presente	**Antepresente**
actúe	haya actuado
actúes	hayas actuado
actúe	haya actuado
actuemos	hayamos actuado
actuéis	hayáis actuado
actúen	hayan actuado

Pretérito	**Antepretérito**
actuara o	hubiera o
actuase	hubiese actuado
actuaras o	hubieras o
actuases	hubieses actuado
actuara o	hubiera o
actuase	hubiese actuado
actuáramos o	hubiéramos o
actuásemos	hubiésemos actuado
actuarais o	hubierais o
actuaseis	hubieseis actuado
actuaran o	hubieran o
actuasen	hubiesen actuado

Futuro	**Antefuturo**
actuare	hubiere actuado
actuares	hubieres actuado
actuare	hubiere actuado
actuáremos	hubiéremos actuado
actuareis	hubiereis actuado
actuaren	hubieren actuado

IMPERATIVO

actúa	(tú)
actúe	(usted)
actuad	(vosotros-as)
actúen	(ustedes)

11 AVERIGUAR

INDICATIVO

Presente	Antepresente
averiguo	he averiguado
averiguas	has averiguado
averigua	ha averiguado
averiguamos	hemos averiguado
averiguáis	habéis averiguado
averiguan	han averiguado

Copretérito	Antecopretérito
averiguaba	había averiguado
averiguabas	habías averiguado
averiguaba	había averiguado
averiguábamos	habíamos averiguado
averiguabais	habíais averiguado
averiguaban	habían averiguado

Pretérito	Antepretérito
averigüé	hube averiguado
averiguaste	hubiste averiguado
averiguó	hubo averiguado
averiguamos	hubimos averiguado
averiguasteis	hubisteis averiguado
averiguaron	hubieron averiguado

Futuro	Antefuturo
averiguaré	habré averiguado
averiguarás	habrás averiguado
averiguará	habrá averiguado
averiguaremos	habremos averiguado
averiguaréis	habréis averiguado
averiguarán	habrán averiguado

Pospretérito	Antepospretérito
averiguaría	habría averiguado
averiguarías	habrías averiguado
averiguaría	habría averiguado
averiguaríamos	habríamos averiguado
averiguaríais	habríais averiguado
averiguarían	habrían averiguado

SUBJUNTIVO

Presente	Antepresente
averigüe	haya averiguado
averigües	hayas averiguado
averigüe	haya averiguado
averigüemos	hayamos averiguado
averigüéis	hayáis averiguado
averigüen	hayan averiguado

Pretérito	Antepretérito
averiguara o	hubiera o
averiguase	hubiese averiguado
averiguaras o	hubieras o
averiguases	hubieses averiguado
averiguara o	hubiera o
averiguase	hubiese averiguado
averiguáramos o	hubiéramos o
averiguásemos	hubiésemos averiguado
averiguarais o	hubierais o
averiguaseis	hubieseis averiguado
averiguaran o	hubieran o
averiguasen	hubiesen averiguado

Futuro	Antefuturo
averiguare	hubiere averiguado
averiguares	hubieres averiguado
averiguare	hubiere averiguado
averiguáremos	hubiéremos averiguado
averiguareis	hubiereis averiguado
averiguaren	hubieren averiguado

IMPERATIVO

averigua	(tú)
averigüe	(usted)
averiguad	(vosotros-as)
averigüen	(ustedes)

47

12 ANDAR

INDICATIVO

Presente	Antepresente
ando	he andado
andas	has andado
anda	ha andado
andamos	hemos andado
andáis	habéis andado
andan	han andado

Copretérito	Antecopretérito
andaba	había andado
andabas	habías andado
andaba	había andado
andábamos	habíamos andado
andabais	habíais andado
andaban	habían andado

Pretérito	Antepretérito
anduve	hube andado
anduviste	hubiste andado
anduvo	hubo andado
anduvimos	hubimos andado
anduvisteis	hubisteis andado
anduvieron	hubieron andado

Futuro	Antefuturo
andaré	habré andado
andarás	habrás andado
andará	habrá andado
andaremos	habremos andado
andaréis	habréis andado
andarán	habrán andado

Pospretérito	Antepospretérito
andaría	habría andado
andarías	habrías andado
andaría	habría andado
andaríamos	habríamos andado
andaríais	habríais andado
andarían	habrían andado

SUBJUNTIVO

Presente	Antepresente
ande	haya andado
andes	hayas andado
ande	haya andado
andemos	hayamos andado
andéis	hayáis andado
anden	hayan andado

Pretérito	Antepretérito
anduviera o	hubiera o
anduviese	hubiese andado
anduvieras o	hubieras o
anduvieses	hubieses andado
anduviera o	hubiera o
anduviese	hubiese andado
anduviéramos o	hubiéramos o
anduviésemos	hubiésemos andado
anduvierais o	hubierais o
anduvieseis	hubieseis andado
anduvieran o	hubieran o
anduviesen	hubiesen andado

Futuro	Antefuturo
anduviere	hubiere andado
anduvieres	hubieres andado
anduviere	hubiere andado
anduviéremos	hubiéremos andado
anduviereis	hubiereis andado
anduvieren	hubieren andado

IMPERATIVO

anda	(tú)
ande	(usted)
andad	(vosotros-as)
anden	(ustedes)

13 AULLAR

INDICATIVO

Presente	Antepresente
aúllo	he aullado
aúllas	has aullado
aúlla	ha aullado
aullamos	hemos aullado
aulláis	habéis aullado
aúllan	han aullado

Copretérito	Antecopretérito
aullaba	había aullado
aullabas	habías aullado
aullaba	había aullado
aullábamos	habíamos aullado
aullabais	habíais aullado
aullaban	habían aullado

Pretérito	Antepretérito
aullé	hube aullado
aullaste	hubiste aullado
aulló	hubo aullado
aullamos	hubimos aullado
aullasteis	hubisteis aullado
aullaron	hubieron aullado

Futuro	Antefuturo
aullaré	habré aullado
aullarás	habrás aullado
aullará	habrá aullado
aullaremos	habremos aullado
aullaréis	habréis aullado
aullarán	habrán aullado

Pospretérito	Antepospretérito
aullaría	habría aullado
aullarías	habrías aullado
aullaría	habría aullado
aullaríamos	habríamos aullado
aullaríais	habríais aullado
aullarían	habrían aullado

SUBJUNTIVO

Presente	Antepresente
aúlle	haya aullado
aúlles	hayas aullado
aúlle	haya aullado
aullemos	hayamos aullado
aulléis	hayáis aullado
aúllen	hayan aullado

Pretérito	Antepretérito
aullara o	hubiera o
aullase	hubiese aullado
aullaras o	hubieras o
aullases	hubieses aullado
aullara o	hubiera o
aullase	hubiese aullado
aulláramos o	hubiéramos o
aullásemos	hubiésemos aullado
aullarais o	hubierais o
aullaseis	hubieseis aullado
aullaran o	hubieran o
aullasen	hubiesen aullado

Futuro	Antefuturo
aullare	hubiere aullado
aullares	hubieres aullado
aullare	hubiere aullado
aulláremos	hubiéremos aullado
aullareis	hubiereis aullado
aullaren	hubieren aullado

IMPERATIVO

aúlla	(tú)
aúlle	(usted)
aullad	(vosotros-as)
aúllen	(ustedes)

14 ERRAR

INDICATIVO

Presente	Antepresente
yerro	he errado
yerras	has errado
yerra	ha errado
erramos	hemos errado
erráis	habéis errado
yerran	han errado

Copretérito	Antecopretérito
erraba	había errado
errabas	habías errado
erraba	había errado
errábamos	habíamos errado
errabais	habíais errado
erraban	habían errado

Pretérito	Antepretérito
erré	hube errado
erraste	hubiste errado
erró	hubo errado
erramos	hubimos errado
errasteis	hubisteis errado
erraron	hubieron errado

Futuro	Antefuturo
erraré	habré errado
errarás	habrás errado
errará	habrá errado
erraremos	habremos errado
erraréis	habréis errado
errarán	habrán errado

Pospretérito	Antepospretérito
erraría	habría errado
errarías	habrías errado
erraría	habría errado
erraríamos	habríamos errado
erraríais	habríais errado
errarían	habrían errado

SUBJUNTIVO

Presente	Antepresente
yerre	haya errado
yerres	hayas errado
yerre	haya errado
erremos	hayamos errado
erréis	hayáis errado
yerren	hayan errado

Pretérito	Antepretérito
errara o	hubiera o
errase	hubiese errado
erraras o	hubieras o
errases	hubieses errado
errara o	hubiera o
errase	hubiese errado
erráramos o	hubiéramos o
errásemos	hubiésemos errado
errarais o	hubierais o
erraseis	hubieseis errado
erraran o	hubieran o
errasen	hubiesen errado

Futuro	Antefuturo
errare	hubiere errado
errares	hubieres errado
errare	hubiere errado
erráremos	hubiéremos errado
errareis	hubiereis errado
erraren	hubieren errado

IMPERATIVO

yerra	(tú)
yerre	(usted)
errad	(vosotros-as)
yerren	(ustedes)

50

15 ENRAIZAR

INDICATIVO

Presente	Antepresente
enraízo	he enraizado
enraízas	has enraizado
enraíza	ha enraizado
enraizamos	hemos enraizado
enraizáis	habéis enraizado
enraízan	han enraizado

Copretérito	Antecopretérito
enraizaba	había enraizado
enraizabas	habías enraizado
enraizaba	había enraizado
enraizábamos	habíamos enraizado
enraizabais	habíais enraizado
enraizaban	habían enraizado

Pretérito	Antepretérito
enraicé	hube enraizado
enraizaste	hubiste enraizado
enraizó	hubo enraizado
enraizamos	hubimos enraizado
enraizasteis	hubisteis enraizado
enraizaron	hubieron enraizado

Futuro	Antefuturo
enraizaré	habré enraizado
enraizarás	habrás enraizado
enraizará	habrá enraizado
enraizaremos	habremos enraizado
enraizaréis	habréis enraizado
enraizarán	habrán enraizado

Pospretérito	Antepospretérito
enraizaría	habría enraizado
enraizarías	habrías enraizado
enraizaría	habría enraizado
enraizaríamos	habríamos enraizado
enraizaríais	habríais enraizado
enraizarían	habrían enraizado

SUBJUNTIVO

Presente	Antepresente
enraíce	haya enraizado
enraíces	hayas enraizado
enraíce	haya enraizado
enraicemos	hayamos enraizado
enraicéis	hayáis enraizado
enraícen	hayan enraizado

Pretérito	Antepretérito
enraizara o	hubiera o
enraizase	hubiese enraizado
enraizaras o	hubieras o
enraizases	hubieses enraizado
enraizara o	hubiera o
enraizase	hubiese enraizado
enraizáramos o	hubiéramos o
enraizásemos	hubiésemos enraizado
enraizarais o	hubierais o
enraizaseis	hubieseis enraizado
enraizaran o	hubieran o
enraizasen	hubiesen enraizado

Futuro	Antefuturo
enraizare	hubiere enraizado
enraizares	hubieres enraizado
enraizare	hubiere enraizado
enraizáremos	hubiéremos enraizado
enraizareis	hubiereis enraizado
enraizaren	hubieren enraizado

IMPERATIVO

enraíza	(tú)
enraíce	(usted)
enraizad	(vosotros-as)
enraícen	(ustedes)

16 CAZAR

INDICATIVO

Presente	Antepresente
cazo	he cazado
cazas	has cazado
caza	ha cazado
cazamos	hemos cazado
cazáis	habéis cazado
cazan	han cazado

Copretérito	Antecopretérito
cazaba	había cazado
cazabas	habías cazado
cazaba	había cazado
cazábamos	habíamos cazado
cazabais	habíais cazado
cazaban	habían cazado

Pretérito	Antepretérito
cacé	hube cazado
cazaste	hubiste cazado
cazó	hubo cazado
cazamos	hubimos cazado
cazasteis	hubisteis cazado
cazaron	hubieron cazado

Futuro	Antefuturo
cazaré	habré cazado
cazarás	habrás cazado
cazará	habrá cazado
cazaremos	habremos cazado
cazaréis	habréis cazado
cazarán	habrán cazado

Pospretérito	Antepospretérito
cazaría	habría cazado
cazarías	habrías cazado
cazaría	habría cazado
cazaríamos	habríamos cazado
cazaríais	habríais cazado
cazarían	habrían cazado

SUBJUNTIVO

Presente	Antepresente
cace	haya cazado
caces	hayas cazado
cace	haya cazado
cacemos	hayamos cazado
cacéis	hayáis cazado
cacen	hayan cazado

Pretérito	Antepretérito
cazara o	hubiera o
cazase	hubiese cazado
cazaras o	hubieras o
cazases	hubieses cazado
cazara o	hubiera o
cazase	hubiese cazado
cazáramos o	hubiéramos o
cazásemos	hubiésemos cazado
cazarais o	hubierais o
cazaseis	hubieseis cazado
cazaran o	hubieran o
cazasen	hubiesen cazado

Futuro	Antefuturo
cazare	hubiere cazado
cazares	hubieres cazado
cazare	hubiere cazado
cazáremos	hubiéremos cazado
cazareis	hubiereis cazado
cazaren	hubieren cazado

IMPERATIVO

caza	(tú)
cace	(usted)
cazad	(vosotros-as)
cacen	(ustedes)

17 EDUCAR

INDICATIVO

Presente	Antepresente
educo	he educado
educas	has educado
educa	ha educado
educamos	hemos educado
educáis	habéis educado
educan	han educado

Copretérito	Antecopretérito
educaba	había educado
educabas	habías educado
educaba	había educado
educábamos	habíamos educado
educabais	habíais educado
educaban	habían educado

Pretérito	Antepretérito
eduqué	hube educado
educaste	hubiste educado
educó	hubo educado
educamos	hubimos educado
educasteis	hubisteis educado
educaron	hubieron educado

Futuro	Antefuturo
educaré	habré educado
educarás	habrás educado
educará	habrá educado
educaremos	habremos educado
educaréis	habréis educado
educarán	habrán educado

Pospretérito	Antepospretérito
educaría	habría educado
educarías	habrías educado
educaría	habría educado
educaríamos	habríamos educado
educaríais	habríais educado
educarían	habrían educado

SUBJUNTIVO

Presente	Antepresente
eduque	haya educado
eduques	hayas educado
eduque	haya educado
eduquemos	hayamos educado
eduquéis	hayáis educado
eduquen	hayan educado

Pretérito	Antepretérito
educara o	hubiera o
educase	hubiese educado
educaras o	hubieras o
educases	hubieses educado
educara o	hubiera o
educase	hubiese educado
educáramos o	hubiéramos o
educásemos	hubiésemos educado
educarais o	hubierais o
educaseis	hubieseis educado
educaran o	hubieran o
educasen	hubiesen educado

Futuro	Antefuturo
educare	hubiere educado
educares	hubieres educado
educare	hubiere educado
educáremos	hubiéremos educado
educareis	hubiereis educado
educaren	hubieren educado

IMPERATIVO

educa	(tú)
eduque	(usted)
educad	(vosotros-as)
eduquen	(ustedes)

18 CEGAR

INDICATIVO

Presente	Antepresente
ciego	he cegado
ciegas	has cegado
ciega	ha cegado
cegamos	hemos cegado
cegáis	habéis cegado
ciegan	han cegado

Copretérito	Antecopretérito
cegaba	había cegado
cegabas	habías cegado
cegaba	había cegado
cegábamos	habíamos cegado
cegabais	habíais cegado
cegaban	habían cegado

Pretérito	Antepretérito
cegué	hube cegado
cegaste	hubiste cegado
cegó	hubo cegado
cegamos	hubimos cegado
cegasteis	hubisteis cegado
cegaron	hubieron cegado

Futuro	Antefuturo
cegaré	habré cegado
cegarás	habrás cegado
cegará	habrá cegado
cegaremos	habremos cegado
cegaréis	habréis cegado
cegarán	habrán cegado

Pospretérito	Antepospretérito
cegaría	habría cegado
cegarías	habrías cegado
cegaría	habría cegado
cegaríamos	habríamos cegado
cegaríais	habríais cegado
cegarían	habrían cegado

SUBJUNTIVO

Presente	Antepresente
ciegue	haya cegado
ciegues	hayas cegado
ciegue	haya cegado
ceguemos	hayamos cegado
ceguéis	hayáis cegado
cieguen	hayan cegado

Pretérito	Antepretérito
cegara o	hubiera o
cegase	hubiese cegado
cegaras o	hubieras o
cegases	hubieses cegado
cegara o	hubiera o
cegase	hubiese cegado
cegáramos o	hubiéramos o
cegásemos	hubiésemos cegado
cegarais o	hubierais o
cegaseis	hubieseis cegado
cegaran o	hubieran o
cegasen	hubiesen cegado

Futuro	Antefuturo
cegare	hubiere cegado
cegares	hubieres cegado
cegare	hubiere cegado
cegáremos	hubiéremos cegado
cegareis	hubiereis cegado
cegaren	hubieren cegado

IMPERATIVO

ciega	(tú)
ciegue	(usted)
cegad	(vosotros-as)
cieguen	(ustedes)

54

19 COLGAR

INDICATIVO

Presente	Antepresente
cuelgo	he colgado
cuelgas	has colgado
cuelga	ha colgado
colgamos	hemos colgado
colgáis	habéis colgado
cuelgan	han colgado

Copretérito	Antecopretérito
colgaba	había colgado
colgabas	habías colgado
colgaba	había colgado
colgábamos	habíamos colgado
colgabais	habíais colgado
colgaban	habían colgado

Pretérito	Antepretérito
colgué	hube colgado
colgaste	hubiste colgado
colgó	hubo colgado
colgamos	hubimos colgado
colgasteis	hubisteis colgado
colgaron	hubieron colgado

Futuro	Antefuturo
colgaré	habré colgado
colgarás	habrás colgado
colgará	habrá colgado
colgaremos	habremos colgado
colgaréis	habréis colgado
colgarán	habrán colgado

Pospretérito	Antepospretérito
colgaría	habría colgado
colgarías	habrías colgado
colgaría	habría colgado
colgaríamos	habríamos colgado
colgaríais	habríais colgado
colgarían	habrían colgado

SUBJUNTIVO

Presente	Antepresente
cuelgue	haya colgado
cuelgues	hayas colgado
cuelgue	haya colgado
colguemos	hayamos colgado
colguéis	hayáis colgado
cuelguen	hayan colgado

Pretérito	Antepretérito
colgara o	hubiera o
colgase	hubiese colgado
colgaras o	hubieras o
colgases	hubieses colgado
colgara o	hubiera o
colgase	hubiese colgado
colgáramos o	hubiéramos o
colgásemos	hubiésemos colgado
colgarais o	hubierais o
colgaseis	hubieseis colgado
colgaran o	hubieran o
colgasen	hubiesen colgado

Futuro	Antefuturo
colgare	hubiere colgado
colgares	hubieres colgado
colgare	hubiere colgado
colgáremos	hubiéremos colgado
colgareis	hubiereis colgado
colgaren	hubieren colgado

IMPERATIVO

cuelga	(tú)
cuelgue	(usted)
colgad	(vosotros-as)
cuelguen	(ustedes)

20 COMER

INDICATIVO

Presente	Antepresente
como	he comido
comes	has comido
come	ha comido
comemos	hemos comido
coméis	habéis comido
comen	han comido

Copretérito	Antecopretérito
comía	había comido
comías	habías comido
comía	había comido
comíamos	habíamos comido
comíais	habíais comido
comían	habían comido

Pretérito	Antepretérito
comí	hube comido
comiste	hubiste comido
comió	hubo comido
comimos	hubimos comido
comisteis	hubisteis comido
comieron	hubieron comido

Futuro	Antefuturo
comeré	habré comido
comerás	habrás comido
comerá	habrá comido
comeremos	habremos comido
comeréis	habréis comido
comerán	habrán comido

Pospretérito	Antepospretérito
comería	habría comido
comerías	habrías comido
comería	habría comido
comeríamos	habríamos comido
comeríais	habríais comido
comerían	habrían comido

SUBJUNTIVO

Presente	Antepresente
coma	haya comido
comas	hayas comido
coma	haya comido
comamos	hayamos comido
comáis	hayáis comido
coman	hayan comido

Pretérito	Antepretérito
comiera o	hubiera o
comiese	hubiese comido
comieras o	hubieras o
comieses	hubieses comido
comiera o	hubiera o
comiese	hubiese comido
comiéramos o	hubiéramos o
comiésemos	hubiésemos comido
comierais o	hubierais o
comieseis	hubieseis comido
comieran o	hubieran o
comiesen	hubiesen comido

Futuro	Antefuturo
comiere	hubiere comido
comieres	hubieres comido
comiere	hubiere comido
comiéremos	hubiéremos comido
comiereis	hubiereis comido
comieren	hubieren comido

IMPERATIVO

come	(tú)
coma	(usted)
comed	(vosotros-as)
coman	(ustedes)

56

21 SER

INDICATIVO

Presente	Antepresente
soy	he sido
eres	has sido
es	ha sido
somos	hemos sido
sois	habéis sido
son	han sido

Copretérito	Antecopretérito
era	había sido
eras	habías sido
era	había sido
éramos	habíamos sido
erais	habíais sido
eran	habían sido

Pretérito	Antepretérito
fui	hube sido
fuiste	hubiste sido
fue	hubo sido
fuimos	hubimos sido
fuisteis	hubisteis sido
fueron	hubieron sido

Futuro	Antefuturo
seré	habré sido
serás	habrás sido
será	habrá sido
seremos	habremos sido
seréis	habréis sido
serán	habrán sido

Pospretérito	Antepospretérito
sería	habría sido
serías	habrías sido
sería	habría sido
seríamos	habríamos sido
seríais	habríais sido
serían	habrían sido

SUBJUNTIVO

Presente	Antepresente
sea	haya sido
seas	hayas sido
sea	haya sido
seamos	hayamos sido
seáis	hayáis sido
sean	hayan sido

Pretérito	Antepretérito
fuera o	hubiera o
fuese	hubiese sido
fueras o	hubieras o
fueses	hubieses sido
fuera o	hubiera o
fuese	hubiese sido
fuéramos o	hubiéramos o
fuésemos	hubiésemos sido
fuerais o	hubierais o
fueseis	hubieseis sido
fueran o	hubieran o
fuesen	hubiesen sido

Futuro	Antefuturo
fuere	hubiere sido
fueres	hubieres sido
fuere	hubiere sido
fuéremos	hubiéremos sido
fuereis	hubiereis sido
fueren	hubieren sido

IMPERATIVO

sé	(tú)
sea	(usted)
sed	(vosotros-as)
sean	(ustedes)

22 HABER

INDICATIVO

Presente	Antepresente
he	————
has	————
ha (hay)	ha habido
hemos	————
habéis	————
han	————

Copretérito	Antecopretérito
había	————
habías	————
había	había habido
habíamos	————
habíais	————
habían	————

Pretérito	Antepretérito
hube	————
hubiste	————
hubo	hubo habido
hubimos	————
hubisteis	————
hubieron	————

Futuro	Antefuturo
habré	————
habrás	————
habrá	habrá habido
habremos	————
habréis	————
habrán	————

Pospretérito	Antepospretérito
habría	————
habrías	————
habría	habría habido
habríamos	————
habríais	————
habrían	————

SUBJUNTIVO

Presente	Antepresente
haya	————
hayas	————
haya	haya habido
hayamos	————
hayáis	————
hayan	————

Pretérito	Antepretérito
hubiera o	————
hubiese	
hubieras o	————
hubieses	
hubiera o	hubiera o
hubiese	hubiese habido
hubiéramos o	————
hubiésemos	
hubierais o	————
hubieseis	
hubieran o	.
hubiesen	

Futuro	Antefuturo
hubiere	————
hubieres	————
hubiere	hubiere habido
hubiéremos	————
hubiereis	————
hubieren	————

IMPERATIVO

————	(tú)
————	(usted)
————	(vosotros-as)
————	(ustedes)

58

23 HACER

INDICATIVO

Presente	Antepresente
hago	he hecho
haces	has hecho
hace	ha hecho
hacemos	hemos hecho
hacéis	habéis hecho
hacen	han hecho

Copretérito	Antecopretérito
hacía	había hecho
hacías	habías hecho
hacía	había hecho
hacíamos	habíamos hecho
hacíais	habíais hecho
hacían	habían hecho

Pretérito	Antepretérito
hice	hube hecho
hiciste	hubiste hecho
hizo	hubo hecho
hicimos	hubimos hecho
hicisteis	hubisteis hecho
hicieron	hubieron hecho

Futuro	Antefuturo
haré	habré hecho
harás	habrás hecho
hará	habrá hecho
haremos	habremos hecho
haréis	habréis hecho
harán	habrán hecho

Pospretérito	Antepospretérito
haría	habría hecho
harías	habrías hecho
haría	habría hecho
haríamos	habríamos hecho
haríais	habríais hecho
harían	habrían hecho

SUBJUNTIVO

Presente	Antepresente
haga	haya hecho
hagas	hayas hecho
haga	haya hecho
hagamos	hayamos hecho
hagáis	hayáis hecho
hagan	hayan hecho

Pretérito	Antepretérito
hiciera o	hubiera o
hiciese	hubiese hecho
hicieras o	hubieras o
hicieses	hubieses hecho
hiciera o	hubiera o
hiciese	hubiese hecho
hiciéramos o	hubiéramos o
hiciésemos	hubiésemos hecho
hicierais o	hubierais o
hicieseis	hubieseis hecho
hicieran o	hubieran o
hiciesen	hubiesen hecho

Futuro	Antefuturo
hiciere	hubiere hecho
hicieres	hubieres hecho
hiciere	hubiere hecho
hiciéremos	hubiéremos hecho
hiciereis	hubiereis hecho
hicieren	hubieren hecho

IMPERATIVO

haz	(tú)
haga	(usted)
haced	(vosotros-as)
hagan	(ustedes)

24 PERDER

INDICATIVO

Presente
pierdo
pierdes
pierde
perdemos
perdéis
pierden

Antepresente
he perdido
has perdido
ha perdido
hemos perdido
habéis perdido
han perdido

Copretérito
perdía
perdías
perdía
perdíamos
perdíais
perdían

Antecopretérito
había perdido
habías perdido
había perdido
habíamos perdido
habíais perdido
habían perdido

Pretérito
perdí
perdiste
perdió
perdimos
perdisteis
perdieron

Antepretérito
hube perdido
hubiste perdido
hubo perdido
hubimos perdido
hubisteis perdido
hubieron perdido

Futuro
perderé
perderás
perderá
perderemos
perderéis
perderán

Antefuturo
habré perdido
habrás perdido
habrá perdido
habremos perdido
habréis perdido
habrán perdido

Pospretérito
perdería
perderías
perdería
perderíamos
perderíais
perderían

Antepospretérito
habría perdido
habrías perdido
habría perdido
habríamos perdido
habríais perdido
habrían perdido

SUBJUNTIVO

Presente
pierda
pierdas
pierda
perdamos
perdáis
pierdan

Antepresente
haya perdido
hayas perdido
haya perdido
hayamos perdido
hayáis perdido
hayan perdido

Pretérito
perdiera o
perdiese
perdieras o
perdieses
perdiera o
perdiese
perdiéramos o
perdiésemos
perdierais o
perdieseis
perdieran o
perdiesen

Antepretérito
hubiera o
hubiese perdido
hubieras o
hubieses perdido
hubiera o
hubiese perdido
hubiéramos o
hubiésemos perdido
hubierais o
hubieseis perdido
hubieran o
hubiesen perdido

Futuro
perdiere
perdieres
perdiere
perdiéremos
perdiereis
perdieren

Antefuturo
hubiere perdido
hubieres perdido
hubiere perdido
hubiéremos perdido
hubiereis perdido
hubieren perdido

IMPERATIVO

pierde   (tú)
pierda   (usted)
perded   (vosotros-as)
pierdan   (ustedes)

25 QUERER

INDICATIVO

Presente	Antepresente
quiero	he querido
quieres	has querido
quiere	ha querido
queremos	hemos querido
queréis	habéis querido
quieren	han querido

Copretérito	Antecopretérito
quería	había querido
querías	habías querido
quería	había querido
queríamos	habíamos querido
queríais	habíais querido
querían	habían querido

Pretérito	Antepretérito
quise	hube querido
quisiste	hubiste querido
quiso	hubo querido
quisimos	hubimos querido
quisisteis	hubisteis querido
quisieron	hubieron querido

Futuro	Antefuturo
querré	habré querido
querrás	habrás querido
querrá	habrá querido
querremos	habremos querido
querréis	habréis querido
querrán	habrán querido

Pospretérito	Antepospretérito
querría	habría querido
querrías	habrías querido
querría	había querido
querríamos	habríamos querido
querríais	habríais querido
querrían	habrían querido

SUBJUNTIVO

Presente	Antepresente
quiera	haya querido
quieras	hayas querido
quiera	haya querido
queramos	hayamos querido
queráis	hayáis querido
quieran	hayan querido

Pretérito	Antepretérito
quisiera o	hubiera o
quisiese	hubiese querido
quisieras o	hubieras o
quisieses	hubieses querido
quisiera o	hubiera o
quisiese	hubiese querido
quisiéramos o	hubiéramos o
quisiésemos	hubiésemos querido
quisierais o	hubierais o
quisieseis	hubieseis querido
quisieran o	hubieran o
quisiesen	hubiesen querido

Futuro	Antefuturo
quisiere	hubiere querido
quisieres	hubieres querido
quisiere	hubiere querido
quisiéremos	hubiéremos querido
quisiereis	hubiereis querido
quisieren	hubieren querido

IMPERATIVO

quiere	(tú)
quiera	(usted)
quered	(vosotros-as)
quieran	(ustedes)

26 TENER

INDICATIVO

Presente	Antepresente
tengo	he tenido
tienes	has tenido
tiene	ha tenido
tenemos	hemos tenido
tenéis	habéis tenido
tienen	han tenido

Copretérito	Antecopretérito
tenía	había tenido
tenías	habías tenido
tenía	había tenido
teníamos	habíamos tenido
teníais	habíais tenido
tenían	habían tenido

Pretérito	Antepretérito
tuve	hube tenido
tuviste	hubiste tenido
tuvo	hubo tenido
tuvimos	hubimos tenido
tuvisteis	hubisteis tenido
tuvieron	hubieron tenido

Futuro	Antefuturo
tendré	habré tenido
tendrás	habrás tenido
tendrá	habrá tenido
tendremos	habremos tenido
tendréis	habréis tenido
tendrán	habrán tenido

Pospretérito	Antepospretérito
tendría	habría tenido
tendrías	habrías tenido
tendría	habría tenido
tendríamos	habríamos tenido
tendríais	habríais tenido
tendrían	habrían tenido

SUBJUNTIVO

Presente	Antepresente
tenga	haya tenido
tengas	hayas tenido
tenga	haya tenido
tengamos	hayamos tenido
tengáis	hayáis tenido
tengan	hayan tenido

Pretérito	Antepretérito
tuviera o	hubiera o
tuviese	hubiese tenido
tuvieras o	hubieras o
tuvieses	hubieses tenido
tuviera o	hubiera o
tuviese	hubiese tenido
tuviéramos o	hubiéramos o
tuviésemos	hubiésemos tenido
tuvierais o	hubierais o
tuvieseis	hubieseis tenido
tuvieran o	hubieran o
tuviesen	hubiesen tenido

Futuro	Antefuturo
tuviere	hubiere tenido
tuvieres	hubieres tenido
tuviere	hubiere tenido
tuviéremos	hubiéremos tenido
tuviereis	hubiereis tenido
tuvieren	hubieren tenido

IMPERATIVO

ten	(tú)
tenga	(usted)
tened	(vosotros-as)
tengan	(ustedes)

27 PONER

INDICATIVO

Presente
pongo
pones
pone
ponemos
ponéis
ponen

Antepresente
he puesto
has puesto
ha puesto
hemos puesto
habéis puesto
han puesto

Copretérito
ponía
ponías
ponía
poníamos
poníais
ponían

Antecopretérito
había puesto
habías puesto
había puesto
habíamos puesto
habíais puesto
habían puesto

Pretérito
puse
pusiste
puso
pusimos
pusisteis
pusieron

Antepretérito
hube puesto
hubiste puesto
hubo puesto
hubimos puesto
hubisteis puesto
hubieron puesto

Futuro
pondré
pondrás
pondrá
pondremos
pondréis
pondrán

Antefuturo
habré puesto
habrás puesto
habrá puesto
habremos puesto
habréis puesto
habrán puesto

Pospretérito
pondría
pondrías
pondría
pondríamos
pondríais
pondrían

Antepospretérito
habría puesto
habrías puesto
habría puesto
habríamos puesto
habríais puesto
habrían puesto

SUBJUNTIVO

Presente
ponga
pongas
ponga
pongamos
pongáis
pongan

Antepresente
haya puesto
hayas puesto
haya puesto
hayamos puesto
hayáis puesto
hayan puesto

Pretérito
pusiera o
pusiese
pusieras o
pusieses
pusiera o
pusiese
pusiéramos o
pusiésemos
pusierais o
pusieseis
pusieran o
pusiesen

Antepretérito
hubiera o
hubiese puesto
hubieras o
hubieses puesto
hubiera o
hubiese puesto
hubiéramos o
hubiésemos puesto
hubierais o
hubieseis puesto
hubieran o
hubiesen puesto

Futuro
pusiere
pusieres
pusiere
pusiéremos
pusiereis
pusieren

Antefuturo
hubiere puesto
hubieres puesto
hubiere puesto
hubiéremos puesto
hubiereis puesto
hubieren puesto

IMPERATIVO

pon (tú)
ponga (usted)
poned (vosotros-as)
pongan (ustedes)

28 PODER

INDICATIVO

Presente	Antepresente
puedo	he podido
puedes	has podido
puede	ha podido
podemos	hemos podido
podéis	habéis podido
pueden	han podido

Copretérito	Antecopretérito
podía	había podido
podías	habías podido
podía	había podido
podíamos	habíamos podido
podíais	habíais podido
podían	habían podido

Pretérito	Antepretérito
pude	hube podido
pudiste	hubiste podido
pudo	hubo podido
pudimos	hubimos podido
pudisteis	hubisteis podido
pudieron	hubieron podido

Futuro	Antefuturo
podré	habré podido
podrás	habrás podido
podrá	habrá podido
podremos	habremos podido
podréis	habréis podido
podrán	habrán podido

Pospretérito	Antepospretérito
podría	habría podido
podrías	habrías podido
podría	habría podido
podríamos	habríamos podido
podríais	habríais podido
podrían	habrían podido

SUBJUNTIVO

Presente	Antepresente
pueda	haya podido
puedas	hayas podido
pueda	haya podido
podamos	hayamos podido
podáis	hayáis podido
puedan	hayan podido

Pretérito	Antepretérito
pudiera o	hubiera o
pudiese	hubiese podido
pudieras o	hubieras o
pudieses	hubieses podido
pudiera o	hubiera o
pudiese	hubiese podido
pudiéramos o	hubiéramos o
pudiésemos	hubiésemos podido
pudierais o	hubierais o
pudieseis	hubieseis podido
pudieran o	hubieran o
pudiesen	hubiesen podido

Futuro	Antefuturo
pudiere	hubiere podido
pudieres	hubieres podido
pudiere	hubiere podido
pudiéremos	hubiéremos podido
pudiereis	hubiereis podido
pudieren	hubieren podido

IMPERATIVO

puede	(tú)
pueda	(usted)
poded	(vosotros-as)
puedan	(ustedes)

29 VOLVER

INDICATIVO

Presente	Antepresente
vuelvo	he vuelto
vuelves	has vuelto
vuelve	ha vuelto
volvemos	hemos vuelto
volvéis	habéis vuelto
vuelven	han vuelto

Copretérito	Antecopretérito
volvía	había vuelto
volvías	habías vuelto
volvía	había vuelto
volvíamos	habíamos vuelto
volvíais	habíais vuelto
volvían	habían vuelto

Pretérito	Antepretérito
volví	hube vuelto
volviste	hubiste vuelto
volvió	hubo vuelto
volvimos	hubimos vuelto
volvisteis	hubisteis vuelto
volvieron	hubieron vuelto

Futuro	Antefuturo
volveré	habré vuelto
volverás	habrás vuelto
volverá	habrá vuelto
volveremos	habremos vuelto
volveréis	habréis vuelto
volverán	habrán vuelto

Pospretérito	Antepospretérito
volvería	habría vuelto
volverías	habrías vuelto
volvería	habría vuelto
volveríamos	habríamos vuelto
volveríais	habríais vuelto
volverían	habrían vuelto

SUBJUNTIVO

Presente	Antepresente
vuelva	haya vuelto
vuelvas	hayas vuelto
vuelva	haya vuelto
volvamos	hayamos vuelto
volváis	hayáis vuelto
vuelvan	hayan vuelto

Pretérito	Antepretérito
volviera o	hubiera o
volviese	hubiese vuelto
volvieras o	hubieras o
volvieses	hubieses vuelto
volviera o	hubiera o
volviese	hubiese vuelto
volviéramos o	hubiéramos o
volviésemos	hubiésemos vuelto
volvierais o	hubierais o
volvieseis	hubieseis vuelto
volvieran o	hubieran o
volviesen	hubiesen vuelto

Futuro	Antefuturo
volviere	hubiere vuelto
volvieres	hubieres vuelto
volviere	hubiere vuelto
volviéremos	hubiéremos vuelto
volviereis	hubiereis vuelto
volvieren	hubieren vuelto

IMPERATIVO

vuelve	(tú)
vuelva	(usted)
volved	(vosotros-as)
vuelvan	(ustedes)

30 COCER

INDICATIVO

Presente	Antepresente
cuezo	he cocido
cueces	has cocido
cuece	ha cocido
cocemos	hemos cocido
cocéis	habéis cocido
cuecen	han cocido

Copretérito	Antecopretérito
cocía	había cocido
cocías	habías cocido
cocía	había cocido
cocíamos	habíamos cocido
cocíais	habíais cocido
cocían	nabían cocido

Pretérito	Antepretérito
cocí	hube cocido
cociste	hubiste cocido
coció	hubo cocido
cocimos	hubimos cocido
cocisteis	hubisteis cocido
cocieron	hubieron cocido

Futuro	Antefuturo
coceré	habré cocido
cocerás	habrás cocido
cocerá	habrá cocido
coceremos	habremos cocido
coceréis	habréis cocido
cocerán	habrán cocido

Pospretérito	Antepospretérito
cocería	habría cocido
cocerías	habrías cocido
cocería	habría cocido
coceríamos	habríamos cocido
coceríais	habríais cocido
cocerían	habrían cocido

SUBJUNTIVO

Presente	Antepresente
cueza	haya cocido
cuezas	hayas cocido
cueza	haya cocido
cozamos	hayamos cocido
cozáis	hayáis cocido
cuezan	hayan cocido

Pretérito	Antepretérito
cociera o	hubiera o
cociese	hubiese cocido
cocieras o	hubieras o
cocieses	hubieses cocido
cociera o	hubiera o
cociese	hubiese cocido
cociéramos o	hubiéramos o
cociésemos	hubiésemos cocido
cocierais o	hubierais o
cocieseis	hubieseis cocido
cocieran o	hubieran o
cociesen	hubiesen cocido

Futuro	Antefuturo
cociere	hubiere cocido
cocieres	hubieres cocido
cociere	hubiere cocido
cociéremos	hubiéremos cocido
cociereis	hubiereis cocido
cocieren	hubieren cocido

IMPERATIVO

cuece	(tú)
cueza	(usted)
coced	(vosotros-as)
cuezan	(ustedes)

31 VER

INDICATIVO

Presente	Antepresente
veo	he visto
ves	has visto
ve	ha visto
vemos	hemos visto
veis	habéis visto
ven	han visto

Copretérito	Antecopretérito
veía	había visto
veías	habías visto
veía	había visto
veíamos	habíamos visto
veíais	habíais visto
veían	habían visto

Pretérito	Antepretérito
vi	hube visto
viste	hubiste visto
vio	hubo visto
vimos	hubimos visto
visteis	hubisteis visto
vieron	hubieron visto

Futuro	Antefuturo
veré	habré visto
verás	habrás visto
verá	habrá visto
veremos	habremos visto
veréis	habréis visto
verán	habrán visto

Pospretérito	Antepospretérito
vería	habría visto
verías	habrías visto
vería	habría visto
veríamos	habríamos visto
veríais	habríais visto
verían	habrían visto

SUBJUNTIVO

Presente	Antepresente
vea	haya visto
veas	hayas visto
vea	haya visto
veamos	hayamos visto
veáis	hayáis visto
vean	hayan visto

Pretérito	Antepretérito
viera o	hubiera o
viese	hubiese visto
vieras o	hubieras o
vieses	hubieses visto
viera o	hubiera o
viese	hubiese visto
viéramos o	hubiéramos o
viésemos	hubiésemos visto
vierais o	hubierais o
vieseis	hubieseis visto
vieran o	hubieran o
viesen	hubiesen visto

Futuro	Antefuturo
viere	hubiere visto
vieres	hubieres visto
viere	hubiere visto
viéremos	hubiéremos visto
viereis	hubiereis visto
vieren	hubieren visto

IMPERATIVO

ve	(tú)
vea	(usted)
ved	(vosotros-as)
vean	(ustedes)

67

32 LEER

INDICATIVO

Presente	Antepresente
leo	he leído
lees	has leído
lee	ha leído
leemos	hemos leído
leéis	habéis leído
leen	han leído

Copretérito	Antecopretérito
leía	había leído
leías	habías leído
leía	había leído
leíamos	habíamos leído
leíais	habíais leído
leían	habían leído

Pretérito	Antepretérito
leí	hube leído
leíste	hubiste leído
leyó	hubo leído
leímos	hubimos leído
leísteis	hubisteis leído
leyeron	hubieron leído

Futuro	Antefuturo
leeré	habré leído
leerás	habrás leído
leerá	habrá leído
leeremos	habremos leído
leeréis	habréis leído
leerán	habrán leído

Pospretérito	Antepospretérito
leería	habría leído
leerías	habrías leído
leería	habría leído
leeríamos	habríamos leído
leeríais	habríais leído
leerían	habrían leído

SUBJUNTIVO

Presente	Antepresente
lea	haya leído
leas	hayas leído
lea	haya leído
leamos	hayamos leído
leáis	hayáis leído
lean	hayan leído

Pretérito	Antepretérito
leyera o	hubiera o
leyese	hubiese leído
leyeras o	hubieras o
leyeses	hubieses leído
leyera o	hubiera o
leyese	hubiese leído
leyéramos o	hubiéramos o
leyésemos	hubiésemos leído
leyerais o	hubierais o
leyeseis	hubieseis leído
leyeran o	hubieran o
leyesen	hubiesen leído

Futuro	Antefuturo
leyere	hubiere leído
leyeres	hubieres leído
leyere	hubiere leído
leyéremos	hubiéremos leído
leyereis	hubiereis leído
leyeren	hubieren leído

IMPERATIVO

lee	(tú)
lea	(usted)
leed	(vosotros-as)
lean	(ustedes)

33 OLER

INDICATIVO

Presente	Antepresente
huelo	he olido
hueles	has olido
huele	ha olido
olemos	hemos olido
oléis	habéis olido
huelen	han olido

Copretérito	Antecopretérito
olía	había olido
olías	habías olido
olía	había olido
olíamos	habíamos olido
olíais	habíais olido
olían	habían olido

Pretérito	Antepretérito
olí	hube olido
oliste	hubiste olido
olió	hubo olido
olimos	hubimos olido
olisteis	hubisteis olido
olieron	hubieron olido

Futuro	Antefuturo
oleré	habré olido
olerás	habrás olido
olerá	habrá olido
oleremos	habremos olido
oleréis	habréis olido
olerán	habrán olido

Pospretérito	Antepospretérito
olería	habría olido
olerías	habrías olido
olería	había olido
oleríamos	habríamos olido
oleríais	habríais olido
olerían	habrían olido

SUBJUNTIVO

Presente	Antepresente
huela	haya olido
huelas	hayas olido
huela	haya olido
olamos	hayamos olido
oláis	hayáis olido
huelan	hayan olido

Pretérito	Antepretérito
oliera u	hubiera o
oliese	hubiese olido
olieras u	hubieras o
olieses	hubieses olido
oliera u	hubiera o
oliese	hubiese olido
oliéramos u	hubiéramos o
oliésemos	hubiésemos olido
olierais u	hubierais o
olieseis	hubieseis olido
olieran u	hubieran o
oliesen	hubiesen olido

Futuro	Antefuturo
oliere	hubiere olido
olieres	hubieres olido
oliere	hubiere olido
oliéremos	hubiéremos olido
oliereis	hubiereis olido
olieren	hubieren olido

IMPERATIVO

huele	(tú)
huela	(usted)
oled	(vosotros-as)
huelan	(ustedes)

34 VALER

INDICATIVO

Presente	Antepresente
valgo	he valido
vales	has valido
vale	ha valido
valemos	hemos valido
valéis	habéis valido
valen	han valido

Copretérito	Antecopretérito
valía	había valido
valías	habías valido
valía	había valido
valíamos	habíamos valido
valías	habíais valido
valían	habían valido

Pretérito	Antepretérito
valí	hube valido
valiste	hubiste valido
valió	hubo valido
valimos	hubimos valido
valisteis	hubisteis valido
valieron	hubieron valido

Futuro	Antefuturo
valdré	habré valido
valdrás	habrás valido
valdrá	habrá valido
valdremos	habremos valido
valdréis	habréis valido
valdrán	habrán valido

Pospretérito	Antepospretérito
valdría	habría valido
valdrías	habrías valido
valdría	habría valido
valdríamos	habríamos valido
valdríais	habríais valido
valdrían	habrían valido

SUBJUNTIVO

Presente	Antepresente
valga	haya valido
valgas	hayas valido
valga	haya valido
valgamos	hayamos valido
valgáis	hayáis valido
valgan	hayan valido

Pretérito	Antepretérito
valiera o	hubiera o
valiese	hubiese valido
valieras o	hubieras o
valieses	hubieses valido
valiera o	hubiera o
valiese	hubiese valido
valiéramos o	hubiéramos o
valiésemos	hubiésemos valido
valierais o	hubierais o
valieseis	hubieseis valido
valieran o	hubieran o
valiesen	hubiesen valido

Futuro	Antefuturo
valiere	hubiere valido
valieres	hubieres valido
valiere	hubiere valido
valiéremos	hubiéremos valido
valiereis	hubiereis valido
valieren	hubieren valido

IMPERATIVO

vale	(tú)
valga	(usted)
valed	(vosotros as)
valgan	(ustedes)

35 CABER

INDICATIVO

Presente	Antepresente
quepo	he cabido
cabes	has cabido
cabe	ha cabido
cabemos	hemos cabido
cabéis	habéis cabido
caben	han cabido

Copretérito	Antecopretérito
cabía	había cabido
cabías	habías cabido
cabía	había cabido
cabíamos	habíamos cabido
cabíais	habíais cabido
cabían	habían cabido

Pretérito	Antepretérito
cupe	hube cabido
cupiste	hubiste cabido
cupo	hubo cabido
cupimos	hubimos cabido
cupisteis	hubisteis cabido
cupieron	hubieron cabido

Futuro	Antefuturo
cabré	habré cabido
cabrás	habrás cabido
cabrá	habrá cabido
cabremos	habremos cabido
cabréis	habréis cabido
cabrán	habrán cabido

Pospretérito	Antepospretérito
cabría	habría cabido
cabrías	habrías cabido
cabría	había cabido
cabríamos	habríamos cabido
cabríais	habríais cabido
cabrían	habrían cabido

SUBJUNTIVO

Presente	Antepresente
quepa	haya cabido
quepas	hayas cabido
quepa	haya cabido
quepamos	hayamos cabido
quepáis	hayáis cabido
quepan	hayan cabido

Pretérito	Antepretérito
cupiera o	hubiera o
cupiese	hubiese cabido
cupieras o	hubieras o
cupieses	hubieses cabido
cupiera o	hubiera o
cupiese	hubiese cabido
cupiéramos o	hubiéramos o
cupiésemos	hubiésemos cabido
cupierais o	hubierais o
cupieseis	hubieseis cabido
cupieran o	hubieran o
cupiesen	hubiesen cabido

Futuro	Antefuturo
cupiere	hubiere cabido
cupieres	hubieres cabido
cupiere	hubiere cabido
cupiéremos	hubiéremos cabido
cupiereis	hubiereis cabido
cupieren	hubieren cabido

IMPERATIVO

cabe	(tú)
quepa	(usted)
cabed	(vosotros-as)
quepan	(ustedes)

36 SABER

INDICATIVO

Presente	Antepresente
sé	he sabido
sabes	has sabido
sabe	ha sabido
sabemos	hemos sabido
sabéis	habéis sabido
saben	han sabido

Copretérito	Antecopretérito
sabía	había sabido
sabías	habías sabido
sabía	había sabido
sabíamos	habíamos sabido
sabíais	habíais sabido
sabían	habían sabido

Pretérito	Antepretérito
supe	hube sabido
supiste	hubiste sabido
supo	hubo sabido
supimos	hubimos sabido
supisteis	hubisteis sabido
supieron	hubieron sabido

Futuro	Antefuturo
sabré	habré sabido
sabrás	habrás sabido
sabrá	habrá sabido
sabremos	habremos sabido
sabréis	habréis sabido
sabrán	habrán sabido

Pospretérito	Antepospretérito
sabría	habría sabido
sabrías	habrías sabido
sabría	habría sabido
sabríamos	habríamos sabido
sabríais	habríais sabido
sabrían	habrían sabido

SUBJUNTIVO

Presente	Antepresente
sepa	haya sabido
sepas	hayas sabido
sepa	haya sabido
sepamos	hayamos sabido
sepáis	hayáis sabido
sepan	hayan sabido

Pretérito	Antepretérito
supiera o	hubiera o
supiese	hubiese sabido
supieras o	hubieras o
supieses	hubieses sabido
supiera o	hubiera o
supiese	hubiese sabido
supiéramos o	hubiéramos o
supiésemos	hubiésemos sabido
supierais o	hubierais o
supieseis	hubieseis sabido
supieran o	hubieran o
supiesen	hubiesen sabido

Futuro	Antefuturo
supiere	hubiere sabido
supieres	hubieres sabido
supiere	hubiere sabido
supiéremos	hubiéremos sabido
supiereis	hubiereis sabido
supieren	hubieren sabido

IMPERATIVO

sabe	(tú)
sepa	(usted)
sabed	(vosotros-as)
sepan	(ustedes)

37 CAER

INDICATIVO

Presente	Antepresente
caigo	he caído
caes	has caído
cae	ha caído
caemos	hemos caído
caéis	habéis caído
caen	han caído

Copretérito	Antecopretérito
caía	había caído
caías	habías caído
caía	había caído
caíamos	habíamos caído
caíais	habíais caído
caían	habían caído

Pretérito	Antepretérito
caí	hube caído
caíste	hubiste caído
cayó	hubo caído
caímos	hubimos caído
caísteis	hubisteis caído
cayeron	hubieron caído

Futuro	Antefuturo
caeré	habré caído
caerás	habrás caído
caerá	habrá caído
caeremos	habremos caído
caeréis	habréis caído
caerán	habrán caído

Pospretérito	Antepospretérito
caería	habría caído
caerías	habrías caído
caería	habría caído
caeríamos	habríamos caído
caeríais	habríais caído
caerían	habrían caído

SUBJUNTIVO

Presente	Antepresente
caiga	haya caído
caigas	hayas caído
caiga	haya caído
caigamos	hayamos caído
caigáis	hayáis caído
caigan	hayan caído

Pretérito	Antepretérito
cayera o	hubiera o
cayese	hubiese caído
cayeras o	hubieras o
cayeses	hubieses caído
cayera o	hubiera o
cayese	hubiese caído
cayéramos o	hubiéramos o
cayésemos	hubiésemos caído
cayerais o	hubierais o
cayeseis	hubieseis caído
cayeran o	hubieran o
cayesen	hubiesen caído

Futuro	Antefuturo
cayere	hubiere caído
cayeres	hubieres caído
cayere	hubiere caído
cayéremos	hubiéremos caído
cayereis	hubiereis caído
cayeren	hubieren caído

IMPERATIVO

cae	(tú)
caiga	(usted)
caed	(vosotros-as)
caigan	(ustedes)

38 TRAER

INDICATIVO

Presente	Antepresente
traigo	he traído
traes	has traído
trae	ha traído
traemos	hemos traído
traéis	habéis traído
traen	han traído

Copretérito	Antecopretérito
traía	había traído
traías	habías traído
traía	había traído
traíamos	habíamos traído
traíais	habíais traído
traían	habían traído

Pretérito	Antepretérito
traje	hube traído
trajiste	hubiste traído
trajo	hubo traído
trajimos	hubimos traído
trajisteis	hubisteis traído
trajeron	hubieron traído

Futuro	Antefuturo
traeré	habré traído
traerás	habrás traído
traerá	habrá traído
traeremos	habremos traído
traeréis	habréis traído
traerán	habrán traído

Pospretérito	Antepospretérito
traería	habría traído
traerías	habrías traído
traería	habría traído
traeríamos	habríamos traído
traeríais	habríais traído
traerían	habrían traído

SUBJUNTIVO

Presente	Antepresente
traiga	haya traído
traigas	hayas traído
traiga	haya traído
traigamos	hayamos traído
traigáis	hayáis traído
traigan	hayan traído

Pretérito	Antepretérito
trajera o	hubiera o
trajese	hubiese traído
trajeras o	hubieras o
trajeses	hubieses traído
trajera o	hubiera o
trajese	hubiese traído
trajéramos o	hubiéramos o
trajésemos	hubiésemos traído
trajerais o	hubierais o
trajeseis	hubieseis traído
trajeran o	hubieran o
trajesen	hubiesen traído

Futuro	Antefuturo
trajere	hubiere traído
trajeres	hubieres traído
trajere	hubiere traído
trajéremos	hubiéremos traído
trajereis	hubiereis traído
trajeren	hubieren traído

IMPERATIVO

trae	(tú)
traiga	(usted)
traed	(vosotros-as)
traigan	(ustedes)

74

39 CRECER

INDICATIVO

Presente	**Antepresente**
crezco	he crecido
creces	has crecido
crece	ha crecido
crecemos	hemos crecido
crecéis	habéis crecido
crecen	han crecido

Copretérito	**Antecopretérito**
crecía	había crecido
crecías	habías crecido
crecía	había crecido
crecíamos	habíamos crecido
crecíais	habíais crecido
crecían	habían crecido

Pretérito	**Antepretérito**
crecí	hube crecido
creciste	hubiste crecido
creció	hubo crecido
crecimos	hubimos crecido
crecisteis	hubisteis crecido
crecieron	hubieron crecido

Futuro	**Antefuturo**
creceré	habré crecido
crecerás	habrás crecido
crecerá	habrá crecido
creceremos	habremos crecido
creceréis	habréis crecido
crecerán	habrán crecido

Pospretérito	**Antepospretérito**
crecería	habría crecido
crecerías	habrías crecido
crecería	habría crecido
creceríamos	habríamos crecido
creceríais	habríais crecido
crecerían	habrían crecido

SUBJUNTIVO

Presente	**Antepresente**
crezca	haya crecido
crezcas	hayas crecido
crezca	haya crecido
crezcamos	hayamos crecido
crezcáis	hayáis crecido
crezcan	hayan crecido

Pretérito	**Antepretérito**
creciera o	hubiera o
creciese	hubiese crecido
crecieras o	hubieras o
crecieses	hubieses crecido
creciera o	hubiera o
creciese	hubiese crecido
creciéramos o	hubiéramos o
creciésemos	hubiésemos crecido
crecierais o	hubierais o
crecieseis	hubieseis crecido
crecieran o	hubieran o
creciesen	hubiesen crecido

Futuro	**Antefuturo**
creciere	hubiere crecido
crecieres	hubieres crecido
creciere	hubiere crecido
creciéremos	hubiéremos crecido
creciereis	hubiereis crecido
crecieren	hubieren crecido

IMPERATIVO

crece	(tú)
crezca	(usted)
creced	(vosotros-as)
crezcan	(ustedes)

40 VENCER

INDICATIVO

Presente
venzo
vences
vence
vencemos
vencéis
vencen

Antepresente
he vencido
has vencido
ha vencido
hemos vencido
habéis vencido
han vencido

Copretérito
vencía
vencías
vencía
vencíamos
vencíais
vencían

Antecopretérito
había vencido
habías vencido
había vencido
habíamos vencido
habíais vencido
habían vencido

Pretérito
vencí
venciste
venció
vencimos
vencisteis
vencieron

Antepretérito
hube vencido
hubiste vencido
hubo vencido
hubimos vencido
hubisteis vencido
hubieron vencido

Futuro
venceré
vencerás
vencerá
venceremos
venceréis
vencerán

Antefuturo
habré vencido
habrás vencido
habrá vencido
habremos vencido
habréis vencido
habrán vencido

Pospretérito
vencería
vencerías
vencería
venceríamos
venceríais
vencerían

Antepospretérito
habría vencido
habrías vencido
habría vencido
habríamos vencido
habríais vencido
habrían vencido

SUBJUNTIVO

Presente
venza
venzas
venza
venzamos
venzáis
venzan

Antepresente
haya vencido
hayas vencido
haya vencido
hayamos vencido
hayáis vencido
hayan vencido

Pretérito
venciera o
venciese
vencieras o
vencieses
venciera o
venciese
venciéramos o
venciésemos
vencierais o
vencieseis
vencieran o
venciesen

Antepretérito
hubiera o
hubiese vencido
hubieras o
hubieses vencido
hubiera o
hubiese vencido
hubiéramos o
hubiésemos vencido
hubierais o
hubieseis vencido
hubieran o
hubiesen vencido

Futuro
venciere
vencieres
venciere
venciéremos
venciereis
vencieren

Antefuturo
hubiere vencido
hubieres vencido
hubiere vencido
hubiéremos vencido
hubiereis vencido
hubieren vencido

IMPERATIVO

vence (tú)
venza (usted)
venced (vosotros-as)
venzan (ustedes)

41 COGER

INDICATIVO

Presente	**Antepresente**
cojo	he cogido
coges	has cogido
coge	ha cogido
cogemos	hemos cogido
cogéis	habéis cogido
cogen	han cogido

Copretérito	**Antecopretérito**
cogía	había cogido
cogías	habías cogido
cogía	había cogido
cogíamos	habíamos cogido
cogíais	habíais cogido
cogían	habían cogido

Pretérito	**Antepretérito**
cogí	hube cogido
cogiste	hubiste cogido
cogió	hubo cogido
cogimos	hubimos cogido
cogisteis	hubisteis cogido
cogieron	hubieron cogido

Futuro	**Antefuturo**
cogeré	habré cogido
cogerás	habrás cogido
cogerá	habrá cogido
cogeremos	habremos cogido
cogeréis	habréis cogido
cogerán	habrán cogido

Pospretérito	**Antepospretérito**
cogería	habría cogido
cogerías	habrías cogido
cogería	habría cogido
cogeríamos	habríamos cogido
cogeríais	habríais cogido
cogerían	habrían cogido

SUBJUNTIVO

Presente	**Antepresente**
coja	haya cogido
cojas	hayas cogido
coja	haya cogido
cojamos	hayamos cogido
cojáis	hayáis cogido
cojan	hayan cogido

Pretérito	**Antepretérito**
cogiera o	hubiera o
cogiese	hubiese cogido
cogieras o	hubieras o
cogieses	hubieses cogido
cogiera o	hubiera o
cogiese	hubiese cogido
cogiéramos o	hubiéramos o
cogiésemos	hubiésemos cogido
cogierais o	hubierais o
cogieseis	hubieseis cogido
cogieran o	hubieran o
cogiesen	hubiesen cogido

Futuro	**Antefuturo**
cogiere	hubiere cogido
cogieres	hubieres cogido
cogiere	hubiere cogido
cogiéremos	hubiéremos cogido
cogiereis	hubiereis cogido
cogieren	hubieren cogido

IMPERATIVO

coge	(tú)
coja	(usted)
coged	(vosotros-as)
cojan	(ustedes)

77

42 TAÑER

INDICATIVO

Presente	Antepresente
taño	he tañido
tañes	has tañido
tañe	ha tañido
tañemos	hemos tañido
tañéis	habéis tañido
tañen	han tañido

Copretérito	Antecopretérito
tañía	había tañido
tañías	habías tañido
tañía	había tañido
tañíamos	habíamos tañido
tañíais	habíais tañido
tañían	habían tañido

Pretérito	Antepretérito
tañí	hube tañido
tañiste	hubiste tañido
tañó	hubo tañido
tañimos	hubimos tañido
tañisteis	hubisteis tañido
tañeron	hubieron tañido

Futuro	Antefuturo
tañeré	habré tañido
tañerás	habrás tañido
tañerá	habrá tañido
tañeremos	habremos tañido
tañeréis	habréis tañido
tañerán	habrán tañido

Pospretérito	Antepospretérito
tañería	habría tañido
tañerías	habrías tañido
tañería	habría tañido
tañeríamos	habríamos tañido
tañeríais	habríais tañido
tañerían	habrían tañido

SUBJUNTIVO

Presente	Antepresente
taña	haya tañido
tañas	hayas tañido
taña	haya tañido
tañamos	hayamos tañido
tañáis	hayáis tañido
tañan	hayan tañido

Pretérito	Antepretérito
tañera o	hubiera o
tañese	hubiese tañido
tañeras o	hubieras o
tañeses	hubieses tañido
tañera o	hubiera o
tañese	hubiese tañido
tañéramos o	hubiéramos o
tañésemos	hubiésemos tañido
tañerais o	hubierais o
tañeseis	hubieseis tañido
tañeran o	hubieran o
tañesen	hubiesen tañido

Futuro	Antefuturo
tañere	hubiere tañido
tañeres	hubieres tañido
tañere	hubiere tañido
tañéremos	hubiéremos tañido
tañereis	hubiereis tañido
tañeren	hubieren tañido

IMPERATIVO

tañe	(tú)
taña	(usted)
tañed	(vosotros-as)
tañan	(ustedes)

78

43 YACER

INDICATIVO

Presente	Antepresente
yazco o yazgo	he yacido
yaces	has yacido
yace	ha yacido
yacemos	hemos yacido
yacéis	habéis yacido
yacen	han yacido

Copretérito	Antecopretérito
yacía	había yacido
yacías	habías yacido
yacía	había yacido
yacíamos	habíamos yacido
yacíais	habíais yacido
yacían	habían yacido

Pretérito	Antepretérito
yací	hube yacido
yaciste	hubiste yacido
yació	hubo yacido
yacimos	hubimos yacido
yacisteis	hubisteis yacido
yacieron	hubieron yacido

Futuro	Antefuturo
yaceré	habré yacido
yacerás	habrás yacido
yacerá	habrá yacido
yaceremos	habremos yacido
yaceréis	habréis yacido
yacerán	habrán yacido

Pospretérito	Antepospretérito
yacería	habría yacido
yacerías	habrías yacido
yacería	habría yacido
yaceríamos	habríamos yacido
yaceríais	habríais yacido
yacerían	habrían yacido

SUBJUNTIVO

Presente	Antepresente
yazca o yazga	haya yacido
yazcas o yazgas	hayas yacido
yazca o yazga	haya yacido
yazcamos o yazgamos	hayamos yacido
yazcáis o yazgáis	hayáis yacido
yazcan o yazgan	hayan yacido

Pretérito	Antepretérito
yaciera o yaciese	hubiera o hubiese yacido
yacieras o yacieses	hubieras o hubieses yacido
yaciera o yaciese	hubiera o hubiese yacido
yaciéramos o yaciésemos	hubiéramos o hubiésemos yacido
yacierais o yacieseis	hubierais o hubieseis yacido
yacieran o yaciesen	hubieran o hubiesen yacido

Futuro	Antefuturo
yaciere	hubiere yacido
yacieres	hubieres yacido
yaciere	hubiere yacido
yaciéremos	hubiéremos yacido
yaciereis	hubiereis yacido
yacieren	hubieren yacido

IMPERATIVO

yace o yaz	(tú)
yazca o yazga	(usted)
yaced	(vosotros-as)
yazcan o yazgan	(ustedes)

44 ROER

INDICATIVO

Presente	Antepresente
roo o roigo	he roído
roes	has roído
roe	ha roído
roemos	hemos roído
roéis	habéis roído
roen	han roído

Copretérito	Antecopretérito
roía	había roído
roías	habías roído
roía	había roído
roíamos	habíamos roído
roíais	habíais roído
roían	habían roído

Pretérito	Antepretérito
roí	hube roído
roíste	hubiste roído
royó	hubo roído
roímos	hubimos roído
roísteis	hubisteis roído
royeron	hubieron roído

Futuro	Antefuturo
roeré	habré roído
roerás	habrás roído
roerá	habrá roído
roeremos	habremos roído
roeréis	habréis roído
roerán	habrán roído

Pospretérito	Antepospretérito
roería	habría roído
roerías	habrías roído
roería	habría roído
roeríamos	habríamos roído
roeríais	habríais roído
roerían	habrían roído

SUBJUNTIVO

Presente	Antepresente
roa o roiga	haya roído
roas o roigas	hayas roído
roa o roiga	haya roído
roamos o roigamos	hayamos roído
roáis o roigáis	hayáis roído
roan o roigan	hayan roído

Pretérito	Antepretérito
royera o royese	hubiera o hubiese roído
royeras o royeses	hubieras o hubieses roído
royera o royese	hubiera o hubiese roído
royéramos o royésemos	hubiéramos o hubiésemos roído
royerais o royeseis	hubierais o hubieseis roído
royeran o royesen	hubieran o hubiesen roído

Futuro	Antefuturo
royere	hubiere roído
royeres	hubieres roído
royere	hubiere roído
royéremos	hubiéremos roído
royereis	hubiereis roído
royeren	hubieren roído

IMPERATIVO

roe	(tú)
roa o roiga	(usted)
roed	(vosotros-as)
roan o roigan	(ustedes)

45 VIVIR

INDICATIVO

Presente	Antepresente
vivo	he vivido
vives	has vivido
vive	ha vivido
vivimos	hemos vivido
vivís	habéis vivido
viven	han vivido

Copretérito	Antecopretérito
vivía	había vivido
vivías	habías vivido
vivía	había vivido
vivíamos	habíamos vivido
vivíais	habíais vivido
vivían	habían vivido

Pretérito	Antepretérito
viví	hube vivido
viviste	hubiste vivido
vivió	hubo vivido
vivimos	hubimos vivido
vivisteis	hubisteis vivido
vivieron	hubieron vivido

Futuro	Antefuturo
viviré	habré vivido
vivirás	habrás vivido
vivirá	habrá vivido
viviremos	habremos vivido
viviréis	habréis vivido
vivirán	habrán vivido

Pospretérito	Antepospretérito
viviría	habría vivido
vivirías	habrías vivido
viviría	había vivido
viviríamos	habríamos vivido
viviríais	habríais vivido
vivirían	habrían vivido

SUBJUNTIVO

Presente	Antepresente
viva	haya vivido
vivas	hayas vivido
viva	haya vivido
vivamos	hayamos vivido
viváis	hayáis vivido
vivan	hayan vivido

Pretérito	Antepretérito
viviera o	hubiera o
viviese	hubiese vivido
vivieras o	hubieras o
vivieses	hubieses vivido
viviera o	hubiera o
viviese	hubiese vivido
viviéramos o	hubiéramos o
viviésemos	hubiésemos vivido
vivierais o	hubierais o
vivieseis	hubieseis vivido
vivieran o	hubieran o
viviesen	hubiesen vivido

Futuro	Antefuturo
viviere	hubiere vivido
vivieres	hubieres vivido
viviere	hubiere vivido
viviéremos	hubiéremos vivido
viviereis	hubiereis vivido
vivieren	hubieren vivido

IMPERATIVO

vive	(tú)
viva	(usted)
vivid	(vosotros-as)
vivan	(ustedes)

81

46 IR

INDICATIVO

Presente	Antepresente
voy	he ido
vas	has ido
va	ha ido
vamos	hemos ido
vais	habéis ido
van	han ido

Copretérito	Antecopretérito
iba	había ido
ibas	habías ido
iba	había ido
íbamos	habíamos ido
ibais	habíais ido
iban	habían ido

Pretérito	Antepretérito
fui	hube ido
fuiste	hubiste ido
fue	hubo ido
fuimos	hubimos ido
fuisteis	hubisteis ido
fueron	hubieron ido

Futuro	Antefuturo
iré	habré ido
irás	habrás ido
irá	habrá ido
iremos	habremos ido
iréis	habréis ido
irán	habrán ido

Pospretérito	Antepospretérito
iría	habría ido
irías	habrías ido
iría	habría ido
iríamos	habríamos ido
iríais	habríais ido
irían	habrían ido

SUBJUNTIVO

Presente	Antepresente
vaya	haya ido
vayas	hayas ido
vaya	haya ido
vayamos	hayamos ido
vayáis	hayáis ido
vayan	hayan ido

Pretérito	Antepretérito
fuera o	hubiera o
fuese	hubiese ido
fueras o	hubieras o
fueses	hubieses ido
fuera o	hubiera o
fuese	hubiese ido
fuéramos o	hubiéramos o
fuésemos	hubiésemos ido
fuerais o	hubierais o
fueseis	hubieseis ido
fueran o	hubieran o
fuesen	hubiesen ido

Futuro	Antefuturo
fuere	hubiere ido
fueres	hubieres ido
fuere	hubiere ido
fuéremos	hubiéremos ido
fuereis	hubiereis ido
fueren	hubieren ido

IMPERATIVO

ve	(tú)
vaya	(usted)
id	(vosotros-as)
vayan	(ustedes)

82

47 PEDIR

INDICATIVO

Presente	Antepresente
pido	he pedido
pides	has pedido
pide	ha pedido
pedimos	hemos pedido
pedís	habéis pedido
piden	han pedido

Copretérito	Antecopretérito
pedía	había pedido
pedías	habías pedido
pedía	había pedido
pedíamos	habíamos pedido
pedíais	habíais pedido
pedían	habían pedido

Pretérito	Antepretérito
pedí	hube pedido
pediste	hubiste pedido
pidió	hubo pedido
pedimos	hubimos pedido
pedisteis	hubisteis pedido
pidieron	hubieron pedido

Futuro	Antefuturo
pediré	habré pedido
pedirás	habrás pedido
pedirá	habrá pedido
pediremos	habremos pedido
pediréis	habréis pedido
pedirán	habrán pedido

Pospretérito	Antepospretérito
pediría	habría pedido
pedirías	habrías pedido
pediría	habría pedido
pediríamos	habríamos pedido
pediríais	habríais pedido
pedirían	habrían pedido

SUBJUNTIVO

Presente	Antepresente
pida	haya pedido
pidas	hayas pedido
pida	haya pedido
pidamos	hayamos pedido
pidáis	hayáis pedido
pidan	hayan pedido

Pretérito	Antepretérito
pidiera o	hubiera o
pidiese	hubiese pedido
pidieras o	hubieras o
pidieses	hubieses pedido
pidiera o	hubiera o
pidiese	hubiese pedido
pidiéramos o	hubiéramos o
pidiésemos	hubiésemos pedido
pidierais o	hubierais o
pidieseis	hubieseis pedido
pidieran o	hubieran o
pidiesen	hubiesen pedido

Futuro	Antefuturo
pidiere	hubiere pedido
pidieres	hubieres pedido
pidiere	hubiere pedido
pidiéremos	hubiéremos pedido
pidiereis	hubiereis pedido
pidieren	hubieren pedido

IMPERATIVO

pide	(tú)
pida	(usted)
pedid	(vosotros-as)
pidan	(ustedes)

48 REÍR

INDICATIVO

Presente	Antepresente
río	he reído
ríes	has reído
ríe	ha reído
reímos	hemos reído
reís	habéis reído
ríen	han reído

Copretérito	Antecopretérito
reía	había reído
reías	habías reído
reía	había reído
reíamos	habíamos reído
reíais	habíais reído
reían	habían reído

Pretérito	Antepretérito
reí	hube reído
reíste	hubiste reído
rió	hubo reído
reímos	hubimos reído
reísteis	hubisteis reído
rieron	hubieron reído

Futuro	Antefuturo
reiré	habré reído
reirás	habrás reído
reirá	habrá reído
reiremos	habremos reído
reiréis	habréis reído
reirán	habrán reído

Pospretérito	Antepospretérito
reiría	habría reído
reirías	habrías reído
reiría	habría reído
reiríamos	habríamos reído
reiríais	habríais reído
reirían	habrían reído

SUBJUNTIVO

Presente	Antepresente
ría	haya reído
rías	hayas reído
ría	haya reído
riamos	hayamos reído
riáis	hayáis reído
rían	hayan reído

Pretérito	Antepretérito
riera o	hubiera o
riese	hubiese reído
rieras o	hubieras o
rieses	hubieses reído
riera o	hubiera o
riese	hubiese reído
riéramos o	hubiéramos o
riésemos	hubiésemos reído
rierais o	hubierais o
rieseis	hubieseis reído
rieran o	hubieran o
riesen	hubiesen reído

Futuro	Antefuturo
riere	hubiere reído
rieres	hubieres reído
riere	hubiere reído
riéremos	hubiéremos reído
riereis	hubiereis reído
rieren	hubieren reído

IMPERATIVO

ríe	(tú)
ría	(usted)
reíd	(vosotros-as)
rían	(ustedes)

84

49 VENIR

INDICATIVO

Presente	Antepresente
vengo	he venido
vienes	has venido
viene	ha venido
venimos	hemos venido
venís	habéis venido
vienen	han venido

Copretérito	Antecopretérito
venía	había venido
venías	habías venido
venía	había venido
veníamos	habíamos venido
veníais	habíais venido
venían	habían venido

Pretérito	Antepretérito
vine	hube venido
viniste	hubiste venido
vino	hubo venido
vinimos	hubimos venido
vinisteis	hubisteis venido
vinieron	hubieron venido

Futuro	Antefuturo
vendré	habré venido
vendrás	habrás venido
vendrá	habrá venido
vendremos	habremos venido
vendréis	habréis venido
vendrán	habrán venido

Pospretérito	Antepospretérito
vendría	habría venido
vendrías	habrías venido
vendría	habría venido
vendríamos	habríamos venido
vendríais	habríais venido
vendrían	habrían venido

SUBJUNTIVO

Presente	Antepresente
venga	haya venido
vengas	hayas venido
venga	haya venido
vengamos	hayamos venido
vengáis	hayáis venido
vengan	hayan venido

Pretérito	Antepretérito
viniera o	hubiera o
viniese	hubiese venido
vinieras o	hubieras o
vinieses	hubieses venido
viniera o	hubiera o
viniese	hubiese venido
viniéramos o	hubiéramos o
viniésemos	hubiésemos venido
vinierais o	hubierais o
vinieseis	hubieseis venido
vinieran o	hubieran o
viniesen	hubiesen venido

Futuro	Antefuturo
viniere	hubiere venido
vinieres	hubieres venido
viniere	hubiere venido
viniéremos	hubiéremos venido
viniereis	hubiereis venido
vinieren	hubieren venido

IMPERATIVO

ven	(tú)
venga	(usted)
venid	(vosotros-as)
vengan	(ustedes)

85

50 SENTIR

INDICATIVO

Presente	Antepresente
siento	he sentido
sientes	has sentido
siente	ha sentido
sentimos	hemos sentido
sentís	habéis sentido
sienten	han sentido

Copretérito	Antecopretérito
sentía	había sentido
sentías	habías sentido
sentía	había sentido
sentíamos	habíamos sentido
sentíais	habíais sentido
sentían	habían sentido

Pretérito	Antepretérito
sentí	hube sentido
sentiste	hubiste sentido
sintió	hubo sentido
sentimos	hubimos sentido
sentisteis	hubisteis sentido
sintieron	hubieron sentido

Futuro	Antefuturo
sentiré	habré sentido
sentirás	habrás sentido
sentirá	habrá sentido
sentiremos	habremos sentido
sentiréis	habréis sentido
sentirán	habrán sentido

Pospretérito	Antepospretérito
sentiría	habría sentido
sentirías	habrías sentido
sentiría	habría sentido
sentiríamos	habríamos sentido
sentiríais	habríais sentido
sentirían	habrían sentido

SUBJUNTIVO

Presente	Antepresente
sienta	haya sentido
sientas	hayas sentido
sienta	haya sentido
sintamos	hayamos sentido
sintáis	hayáis sentido
sientan	hayan sentido

Pretérito	Antepretérito
sintiera o	hubiera o
sintiese	hubiese sentido
sintieras o	hubieras o
sintieses	hubieses sentido
sintiera o	hubiera o
sintiese	hubiese sentido
sintiéramos o	hubiéramos o
sintiésemos	hubiésemos sentido
sintierais o	hubierais o
sintieseis	hubieseis sentido
sintieran o	hubieran o
sintiesen	hubiesen sentido

Futuro	Antefuturo
sintiere	hubiere sentido
sintieres	hubieres sentido
sintiere	hubiere sentido
sintiéremos	hubiéremos sentido
sintiereis	hubiereis sentido
sintieren	hubieren sentido

IMPERATIVO

siente	(tú)
sienta	(usted)
sentid	(vosotros-as)
sientan	(ustedes)

51 MORIR

INDICATIVO

Presente	Antepresente
muero	he muerto
mueres	has muerto
muere	ha muerto
morimos	hemos muerto
morís	habéis muerto
mueren	han muerto

Copretérito	Antecopretérito
moría	había muerto
morías	habías muerto
moría	había muerto
moríamos	habíamos muerto
moríais	habíais muerto
morían	habían muerto

Pretérito	Antepretérito
morí	hube muerto
moriste	hubiste muerto
murió	hubo muerto
morimos	hubimos muerto
moristeis	hubisteis muerto
murieron	hubieron muerto

Futuro	Antefuturo
moriré	habré muerto
morirás	habrás muerto
morirá	habrá muerto
moriremos	habremos muerto
moriréis	habréis muerto
morirán	habrán muerto

Pospretérito	Antepospretérito
moriría	habría muerto
morirías	habrías muerto
moriría	habría muerto
moriríamos	habríamos muerto
moriríais	habríais muerto
morirían	habrían muerto

SUBJUNTIVO

Presente	Antepresente
muera	haya muerto
mueras	hayas muerto
muera	haya muerto
muramos	hayamos muerto
muráis	hayáis muerto
mueran	hayan muerto

Pretérito	Antepretérito
muriera o	hubiera o
muriese	hubiese muerto
murieras o	hubieras o
murieses	hubieses muerto
muriera o	hubiera o
muriese	hubiese muerto
muriéramos o	hubiéramos o
muriésemos	hubiésemos muerto
murierais o	hubierais o
murieseis	hubieseis muerto
murieran o	hubieran o
muriesen	hubiesen muerto

Futuro	Antefuturo
muriere	hubiere muerto
murieres	hubieres muerto
muriere	hubiere muerto
muriéremos	hubiéremos muerto
muriereis	hubiereis muerto
murieren	hubieren muerto

IMPERATIVO

muere	(tú)
muera	(usted)
morid	(vosotros-as)
mueran	(ustedes)

52 SALIR

INDICATIVO

Presente	Antepresente
salgo	he salido
sales	has salido
sale	ha salido
salimos	hemos salido
salís	habéis salido
salen	han salido

Copretérito	Antecopretérito
salía	había salido
salías	habías salido
salía	había salido
salíamos	habíamos salido
salíais	habíais salido
salían	habían salido

Pretérito	Antepretérito
salí	hube salido
saliste	hubiste salido
salió	hubo salido
salimos	hubimos salido
salisteis	hubisteis salido
salieron	hubieron salido

Futuro	Antefuturo
saldré	habré salido
saldrás	habrás salido
saldrá	habrá salido
saldremos	habremos salido
saldréis	habréis salido
saldrán	habrán salido

Pospretérito	Antepospretérito
saldría	habría salido
saldrías	habrías salido
saldría	habría salido
saldríamos	habríamos salido
saldríais	habríais salido
saldrían	habrían salido

SUBJUNTIVO

Presente	Antepresente
salga	haya salido
salgas	hayas salido
salga	haya salido
salgamos	hayamos salido
salgáis	hayáis salido
salgan	hayan salido

Pretérito	Antepretérito
saliera o	hubiera o
saliese	hubiese salido
salieras o	hubieras o
salieses	hubieses salido
saliera o	hubiera o
saliese	hubiese salido
saliéramos o	hubiéramos o
saliésemos	hubiésemos salido
salierais o	hubierais o
salieseis	hubieseis salido
salieran o	hubieran o
saliesen	hubiesen salido

Futuro	Antefuturo
saliere	hubiere salido
salieres	hubieres salido
saliere	hubiere salido
saliéremos	hubiéremos salido
saliereis	hubiereis salido
salieren	hubieren salido

IMPERATIVO

sal	(tú)
salga	(usted)
salid	(vosotros-as)
salgan	(ustedes)

53 OÍR

INDICATIVO

Presente	Antepresente
oigo	he oído
oyes	has oído
oye	ha oído
oímos	hemos oído
oís	habéis oído
oyen	han oído

Copretérito	Antecopretérito
oía	había oído
oías	habías oído
oía	había oído
oíamos	habíamos oído
oíais	habíais oído
oían	habían oído

Pretérito	Antepretérito
oí	hube oído
oíste	hubiste oído
oyó	hubo oído
oímos	hubimos oído
oísteis	hubisteis oído
oyeron	hubieron oído

Futuro	Antefuturo
oiré	habré oído
oirás	habrás oído
oirá	habrá oído
oiremos	habremos oído
oiréis	habréis oído
oirán	habrán oído

Pospretérito	Antepospretérito
oiría	habría oído
oirías	habrías oído
oiría	habría oído
oiríamos	habríamos oído
oiríais	habríais oído
oirían	habrían oído

SUBJUNTIVO

Presente	Antepresente
oiga	haya oído
oigas	hayas oído
oiga	haya oído
oigamos	hayamos oído
oigáis	hayáis oído
oigan	hayan oído

Pretérito	Antepretérito
oyera u	hubiera o
oyese	hubiese oído
oyeras u	hubieras o
oyeses	hubieses oído
oyera u	hubiera o
oyese	hubiese oído
oyéramos u	hubiéramos o
oyésemos	hubiésemos oído
oyerais u	hubierais o
oyeseis	hubieseis oído
oyeran u	hubieran o
oyesen	hubiesen oído

Futuro	Antefuturo
oyere	hubiere oído
oyeres	hubieres oído
oyere	hubiere oído
oyéremos	hubiéremos oído
oyereis	hubiereis oído
oyeren	hubieren oído

IMPERATIVO

oye	(tú)
oiga	(usted)
oíd	(vosotros-as)
oigan	(ustedes)

54 DECIR

INDICATIVO

Presente	Antepresente
digo	he dicho
dices	has dicho
dice	ha dicho
decimos	hemos dicho
decís	habéis dicho
dicen	han dicho

Copretérito	Antecopretérito
decía	había dicho
decías	habías dicho
decía	había dicho
decíamos	habíamos dicho
decíais	habíais dicho
decían	habían dicho

Pretérito	Antepretérito
dije	hube dicho
dijiste	hubiste dicho
dijo	hubo dicho
dijimos	hubimos dicho
dijisteis	hubisteis dicho
dijeron	hubieron dicho

Futuro	Antefuturo
diré	habré dicho
dirás	habrás dicho
dirá	habrá dicho
diremos	habremos dicho
diréis	habréis dicho
dirán	habrán dicho

Pospretérito	Antepospretérito
diría	habría dicho
dirías	habrías dicho
diría	habría dicho
diríamos	habríamos dicho
diríais	habríais dicho
dirían	habrían dicho

SUBJUNTIVO

Presente	Antepresente
diga	haya dicho
digas	hayas dicho
diga	haya dicho
digamos	hayamos dicho
digáis	hayáis dicho
digan	hayan dicho

Pretérito	Antepretérito
dijera o	hubiera o
dijese	hubiese dicho
dijeras o	hubieras o
dijeses	hubieses dicho
dijera o	hubiera o
dijese	hubiese dicho
dijéramos o	hubiéramos o
dijésemos	hubiésemos dicho
dijerais o	hubierais o
dijeseis	hubieseis dicho
dijeran o	hubieran o
dijesen	hubiesen dicho

Futuro	Antefuturo
dijere	hubiere dicho
dijeses	hubieres dicho
dijere	hubiere dicho
dijéremos	hubiéremos dicho
dijereis	hubiereis dicho
dijeren	hubieren dicho

IMPERATIVO

di	(tú)
diga	(usted)
decid	(vosotros-as)
digan	(ustedes)

55 BENDECIR

INDICATIVO

Presente	Antepresente
bendigo	he bendecido
bendices	has bendecido
bendice	ha bendecido
bendecimos	hemos bendecido
bendecís	habéis bendecido
bendicen	han bendecido

Copretérito	Antecopretérito
bendecía	había bendecido
bendecías	habías bendecido
bendecía	había bendecido
bendecíamos	habíamos bendecido
bendecíais	habíais bendecido
bendecían	habían bendecido

Pretérito	Antepretérito
bendije	hube bendecido
bendijiste	hubiste bendecido
bendijo	hubo bendecido
bendijimos	hubimos bendecido
bendijisteis	hubisteis bendecido
bendijeron	hubieron bendecido

Futuro	Antefuturo
bendeciré	habré bendecido
bendecirás	habrás bendecido
bendecirá	habrá bendecido
bendeciremos	habremos bendecido
bendeciréis	habréis bendecido
bendecirán	habrán bendecido

Pospretérito	Antepospretérito
bendeciría	habría bendecido
bendecirías	habrías bendecido
bendeciría	había bendecido
bendeciríamos	habríamos bendecido
bendeciríais	habríais bendecido
bendecirían	habrían bendecido

SUBJUNTIVO

Presente	Antepresente
bendiga	haya bendecido
bendigas	hayas bendecido
bendiga	haya bendecido
bendigamos	hayamos bendecido
bendigáis	hayáis bendecido
bendigan	hayan bendecido

Pretérito	Antepretérito
bendijera o	hubiera o
bendijese	hubiese bendecido
bendijeras o	hubieras o
bendijeses	hubieses bendecido
bendijera o	hubiera o
bendijese	hubiese bendecido
bendijéramos o	hubiéramos o
bendijésemos	hubiésemos bendecido
bendijerais o	hubierais o
bendijeseis	hubieseis bendecido
bendijeran o	hubieran o
bendijesen	hubiesen bendecido

Futuro	Antefuturo
bendijere	hubiere bendecido
bendijeres	hubieres bendecido
bendijere	hubiere bendecido
bendijéremos	hubiéremos bendecido
bendijereis	hubiereis bendecido
bendijeren	hubieren bendecido

IMPERATIVO

bendice	(tú)
bendiga	(usted)
bendecid	(vosotros-as)
bendigan	(ustedes)

91

56 SEGUIR

INDICATIVO

Presente	Antepresente
sigo	he seguido
sigues	has seguido
sigue	ha seguido
seguimos	hemos seguido
seguís	habéis seguido
siguen	han seguido

Copretérito	Antecopretérito
seguía	había seguido
seguías	habías seguido
seguía	había seguido
seguíamos	habíamos seguido
seguíais	habíais seguido
seguían	habían seguido

Pretérito	Antepretérito
seguí	hube seguido
seguiste	hubiste seguido
siguió	hubo seguido
seguimos	hubimos seguido
seguisteis	hubisteis seguido
siguieron	hubieron seguido

Futuro	Antefuturo
seguiré	habré seguido
seguirás	habrás seguido
seguirá	habrá seguido
seguiremos	habremos seguido
seguiréis	habréis seguido
seguirán	habrán seguido

Pospretérito	Antepospretérito
seguiría	habría seguido
seguirías	habrías seguido
seguiría	habría seguido
seguiríamos	habríamos seguido
seguiríais	habríais seguido
seguirían	habrían seguido

SUBJUNTIVO

Presente	Antepresente
siga	haya seguido
sigas	hayas seguido
siga	haya seguido
sigamos	hayamos seguido
sigáis	hayáis seguido
sigan	hayan seguido

Pretérito	Antepretérito
siguiera o	hubiera o
siguiese	hubiese seguido
siguieras o	hubieras o
siguieses	hubieses seguido
siguiera o	hubiera o
siguiese	hubiese seguido
siguiéramos o	hubiéramos o
siguiésemos	hubiésemos seguido
siguierais o	hubierais o
siguieseis	hubieseis seguido
siguieran o	hubieran o
siguiesen	hubiesen seguido

Futuro	Antefuturo
siguiere	hubiere seguido
siguieres	hubieres seguido
siguiere	hubiere seguido
siguiéremos	hubiéremos seguido
siguiereis	hubiereis seguido
siguieren	hubieren seguido

IMPERATIVO

sigue	(tú)
siga	(usted)
seguid	(vosotros-as)
sigan	(ustedes)

92

57 PRODUCIR

INDICATIVO

Presente
produzco
produces
produce
producimos
producís
producen

Antepresente
he producido
has producido
ha producido
hemos producido
habéis producido
han producido

Copretérito
producía
producías
producía
producíamos
producíais
producían

Antecopretérito
había producido
habías producido
había producido
habíamos producido
habíais producido
habían producido

Pretérito
produje
produjiste
produjo
produjimos
produjisteis
produjeron

Antepretérito
hube producido
hubiste producido
hubo producido
hubimos producido
hubisteis producido
hubieron producido

Futuro
produciré
producirás
producirá
produciremos
produciréis
producirán

Antefuturo
habré producido
habrás producido
habrá producido
habremos producido
habréis producido
habrán producido

Pospretérito
produciría
producirías
produciría
produciríamos
produciríais
producirían

Antepospretérito
habría producido
habrías producido
habría producido
habríamos producido
habríais producido
habrían producido

SUBJUNTIVO

Presente
produzca
produzcas
produzca
produzcamos
produzcáis
produzcan

Antepresente
haya producido
hayas producido
haya producido
hayamos producido
hayáis producido
hayan producido

Pretérito
produjera o
produjese
produjeras o
produjeses
produjera o
produjese
produjéramos o
produjésemos
produjerais o
produjeseis
produjeran o
produjesen

Antepretérito
hubiera o
hubiese producido
hubieras o
hubieses producido
hubiera o
hubiese producido
hubiéramos o
hubiésemos producido
hubierais o
hubieseis producido
hubieran o
hubiesen producido

Futuro
produjere
produjeres
produjere
produjéremos
produjereis
produjeren

Antefuturo
hubiere producido
hubieres producido
hubiere producido
hubiéremos producido
hubiereis producido
hubieren producido

IMPERATIVO

produce   (tú)
produzca   (usted)
producid   (vosotros-as)
produzcan   (ustedes)

58 LUCIR

INDICATIVO

Presente	Antepresente
luzco	he lucido
luces	has lucido
luce	ha lucido
lucimos	hemos lucido
lucís	habéis lucido
lucen	han lucido

Copretérito	Antecopretérito
lucía	había lucido
lucías	habías lucido
lucía	había lucido
lucíamos	habíamos lucido
lucíais	habíais lucido
lucían	habían lucido

Pretérito	Antepretérito
lucí	hube lucido
luciste	hubiste lucido
lució	hubo lucido
lucimos	hubimos lucido
lucisteis	hubisteis lucido
lucieron	hubieron lucido

Futuro	Antefuturo
luciré	habré lucido
lucirás	habrás lucido
lucirá	habrá lucido
luciremos	habremos lucido
luciréis	habréis lucido
lucirán	habrán lucido

Pospretérito	Antepospretérito
luciría	habría lucido
lucirías	habrías lucido
luciría	habría lucido
luciríamos	habríamos lucido
luciríais	habríais lucido
lucirían	habrían lucido

SUBJUNTIVO

Presente	Antepresente
luzca	haya lucido
luzcas	hayas lucido
luzca	haya lucido
luzcamos	hayamos lucido
luzcáis	hayáis lucido
luzcan	hayan lucido

Pretérito	Antepretérito
luciera o	hubiera o
luciese	hubiese lucido
lucieras o	hubieras o
lucieses	hubieses lucido
luciera o	hubiera o
luciese	hubiese lucido
luciéramos o	hubiéramos o
luciésemos	hubiésemos lucido
lucierais o	hubierais o
lucieseis	hubieseis lucido
lucieran o	hubieran o
luciesen	hubiesen lucido

Futuro	Antefuturo
luciere	hubiere lucido
lucieres	hubieres lucido
luciere	hubiere lucido
luciéremos	hubiéremos lucido
luciereis	hubiereis lucido
lucieren	hubieren lucido

IMPERATIVO

luce	(tú)
luzca	(usted)
lucid	(vosotros-as)
luzcan	(ustedes)

59 CONCLUIR

INDICATIVO

Presente	Antepresente
concluyo	he concluido
concluyes	has concluido
concluye	ha concluido
concluimos	hemos concluido
concluís	habéis concluido
concluyen	han concluido

Copretérito	Antecopretérito
concluía	había concluido
concluías	habías concluido
concluía	había concluido
concluíamos	habíamos concluido
concluíais	habíais concluido
concluían	habían concluido

Pretérito	Antepretérito
concluí	hube concluido
concluiste	hubiste concluido
concluyó	hubo concluido
concluimos	hubimos concluido
concluisteis	hubisteis concluido
concluyeron	hubieron concluido

Futuro	Antefuturo
concluiré	habré concluido
concluirás	habrás concluido
concluirá	habrá concluido
concluiremos	habremos concluido
concluiréis	habréis concluido
concluirán	habrán concluido

Pospretérito	Antepospretérito
concluiría	habría concluido
concluirías	habrías concluido
concluiría	habría concluido
concluiríamos	habríamos concluido
concluiríais	habríais concluido
concluirían	habrían concluido

SUBJUNTIVO

Presente	Antepresente
concluya	haya concluido
concluyas	hayas concluido
concluya	haya concluido
concluyamos	hayamos concluido
concluyáis	hayáis concluido
concluyan	hayan concluido

Pretérito	Antepretérito
concluyera o	hubiera o
concluyese	hubiese concluido
concluyeras o	hubieras o
concluyeses	hubieses concluido
concluyera o	hubiera o
concluyese	hubiese concluido
concluyéramos o	hubiéramos o
concluyésemos	hubiésemos concluido
concluyerais o	hubierais o
concluyeseis	hubieseis concluido
concluyeran o	hubieran o
concluyesen	hubiesen concluido

Futuro	Antefuturo
concluyere	hubiere concluido
concluyeres	hubieres concluido
concluyere	hubiere concluido
concluyéremos	hubiéremos concluido
concluyereis	hubiereis concluido
concluyeren	hubieren concluido

IMPERATIVO

concluye	(tú)
concluya	(usted)
concluid	(vosotros-as)
concluyan	(ustedes)

95

60 ELEGIR

INDICATIVO

Presente	Antepresente
elijo	he elegido
eliges	has elegido
elige	ha elegido
elegimos	hemos elegido
elegís	habéis elegido
eligen	han elegido

Copretérito	Antecopretérito
elegía	había elegido
elegías	habías elegido
elegía	había elegido
elegíamos	habíamos elegido
elegíais	habíais elegido
elegían	habían elegido

Pretérito	Antepretérito
elegí	hube elegido
elegiste	hubiste elegido
eligió	hubo elegido
elegimos	hubimos elegido
elegisteis	hubisteis elegido
eligieron	hubieron elegido

Futuro	Antefuturo
elegiré	habré elegido
elegirás	habrás elegido
elegirá	habrá elegido
elegiremos	habremos elegido
elegiréis	habréis elegido
elegirán	habrán elegido

Pospretérito	Antepospretérito
elegiría	habría elegido
elegirías	habrías elegido
elegiría	habría elegido
elegiríamos	habríamos elegido
elegiríais	habríais elegido
elegirían	habrían elegido

SUBJUNTIVO

Presente	Antepresente
elija	haya elegido
elijas	hayas elegido
elija	haya elegido
elijamos	hayamos elegido
elijáis	hayáis elegido
elijan	hayan elegido

Pretérito	Antepretérito
eligiera o	hubiera o
eligiese	hubiese elegido
eligieras o	hubieras o
eligieses	hubieses elegido
eligiera o	hubiera o
eligiese	hubiese elegido
eligiéramos o	hubiéramos o
eligiésemos	hubiésemos elegido
eligierais o	hubierais o
eligieseis	hubieseis elegido
eligieran o	hubieran o
eligiesen	hubiesen elegido

Futuro	Antefuturo
eligiere	hubiere elegido
eligieres	hubieres elegido
eligiere	hubiere elegido
eligiéremos	hubiéremos elegido
eligiereis	hubiereis elegido
eligieren	hubieren elegido

IMPERATIVO

elige	(tú)
elija	(usted)
elegid	(vosotros-as)
elijan	(ustedes)

61 DIRIGIR

INDICATIVO

Presente	Antepresente
dirijo	he dirigido
diriges	has dirigido
dirige	ha dirigido
dirigimos	hemos dirigido
dirigís	habéis dirigido
dirigen	han dirigido

Copretérito	Antecopretérito
dirigía	había dirigido
dirigías	habías dirigido
dirigía	había dirigido
dirigíamos	habíamos dirigido
dirigíais	habíais dirigido
dirigían	habían dirigido

Pretérito	Antepretérito
dirigí	hube dirigido
dirigiste	hubiste dirigido
dirigió	hubo dirigido
dirigimos	hubimos dirigido
dirigisteis	hubisteis dirigido
dirigieron	hubieron dirigido

Futuro	Antefuturo
dirigiré	habré dirigido
dirigirás	habrás dirigido
dirigirá	habrá dirigido
dirigiremos	habremos dirigido
dirigiréis	habréis dirigido
dirigirán	habrán dirigido

Pospretérito	Antepospretérito
dirigiría	habría dirigido
dirigirías	habrías dirigido
dirigiría	habría dirigido
dirigiríamos	habríamos dirigido
dirigiríais	habríais dirigido
dirigirían	habrían dirigido

SUBJUNTIVO

Presente	Antepresente
dirija	haya dirigido
dirijas	hayas dirigido
dirija	haya dirigido
dirijamos	hayamos dirigido
dirijáis	hayáis dirigido
dirijan	hayan dirigido

Pretérito	Antepretérito
dirigiera o	hubiera o
dirigiese	hubiese dirigido
dirigieras o	hubieras o
dirigieses	hubieses dirigido
dirigiera o	hubiera o
dirigiese	hubiese dirigido
dirigiéramos o	hubiéramos o
dirigiésemos	hubiésemos dirigido
dirigierais o	hubierais o
dirigieseis	hubieseis dirigido
dirigieran o	hubieran o
dirigiesen	hubiesen dirigido

Futuro	Antefuturo
dirigiere	hubiere dirigido
dirigieres	hubieres dirigido
dirigiere	hubiere dirigido
dirigiéremos	hubiéremos dirigido
dirigiereis	hubiereis dirigido
dirigieren	hubieren dirigido

IMPERATIVO

dirige	(tú)
dirija	(usted)
dirigid	(vosotros-as)
dirijan	(ustedes)

62 ADQUIRIR

INDICATIVO

Presente	Antepresente
adquiero	he adquirido
adquieres	has adquirido
adquiere	ha adquirido
adquirimos	hemos adquirido
adquirís	habéis adquirido
adquieren	han adquirido

Copretérito	Antecopretérito
adquiría	había adquirido
adquirías	habías adquirido
adquiría	había adquirido
adquiríamos	habíamos adquirido
adquiríais	habíais adquirido
adquirían	habían adquirido

Pretérito	Antepretérito
adquirí	hube adquirido
adquiriste	hubiste adquirido
adquirió	hubo adquirido
adquirimos	hubimos adquirido
adquiristeis	hubisteis adquirido
adquirieron	hubieron adquirido

Futuro	Antefuturo
adquiriré	habré adquirido
adquirirás	habrás adquirido
adquirirá	habrá adquirido
adquiriremos	habremos adquirido
adquiriréis	habréis adquirido
adquirirán	habrán adquirido

Pospretérito	Antepospretérito
adquiriría	habría adquirido
adquirirías	habrías adquirido
adquiriría	habría adquirido
adquiriríamos	habríamos adquirido
adquiriríais	habríais adquirido
adquirirían	habrían adquirido

SUBJUNTIVO

Presente	Antepresente
adquiera	haya adquirido
adquieras	hayas adquirido
adquiera	haya adquirido
adquiramos	hayamos adquirido
adquiráis	hayáis adquirido
adquieran	hayan adquirido

Pretérito	Antepretérito
adquiriera o	hubiera o
adquiriese	hubiese adquirido
adquirieras o	hubieras o
adquirieses	hubieses adquirido
adquiriera o	hubiera o
adquiriese	hubiese adquirido
adquiriéramos o	hubiéramos o
adquiriésemos	hubiésemos adquirido
adquirierais o	hubierais o
adquirieseis	hubieseis adquirido
adquirieran o	hubieran o
adquiriesen	hubiesen adquirido

Futuro	Antefuturo
adquiriere	hubiere adquirido
adquirieres	hubieres adquirido
adquiriere	hubiere adquirido
adquiriéremos	hubiéremos adquirido
adquiriereis	hubiereis adquirido
adquirieren	hubieren adquirido

IMPERATIVO

adquiere	(tú)
adquiera	(usted)
adquirid	(vosotros-as)
adquieran	(ustedes)

63 PUDRIR O PODRIR

INDICATIVO

Presente	Antepresente
pudro	he podrido
pudres	has podrido
pudre	ha podrido
pudrimos	hemos podrido
pudrís	habéis podrido
pudren	han podrido

Copretérito	Antecopretérito
pudría	había podrido
pudrías	habías podrido
pudría	había podrido
pudríamos	habíamos podrido
pudríais	habíais podrido
pudrían	habían podrido

Pretérito	Antepretérito
pudrí	hube podrido
pudriste	hubiste podrido
pudrió	hubo podrido
pudrimos	hubimos podrido
pudristeis	hubisteis podrido
pudrieron	hubieron podrido

Futuro	Antefuturo
pudriré	habré podrido
pudrirás	habrás podrido
pudrirá	habrá podrido
pudriremos	habremos podrido
pudriréis	habréis podrido
pudrirán	habrán podrido

Pospretérito	Antepospretérito
pudriría	habría podrido
pudrirías	habrías podrido
pudriría	habría podrido
pudriríamos	habríamos podrido
pudriríais	habríais podrido
pudrirían	habrían podrido

SUBJUNTIVO

Presente	Antepresente
pudra	haya podrido
pudras	hayas podrido
pudra	haya podrido
pudramos	hayamos podrido
pudráis	hayáis podrido
pudran	hayan podrido

Pretérito	Antepretérito
pudriera o	hubiera o
pudriese	hubiese podrido
pudrieras o	hubieras o
pudrieses	hubieses podrido
pudriera o	hubiera o
pudriese	hubiese podrido
pudriéramos o	hubiéramos o
pudriésemos	hubiésemos podrido
pudrierais o	hubierais o
pudrieseis	hubieseis podrido
pudrieran o	hubieran o
pudriesen	hubiesen podrido

Futuro	Antefuturo
pudriere	hubiere podrido
pudrieres	hubieres podrido
pudriere	hubiere podrido
pudriéremos	hubiéremos podrido
pudriereis	hubiereis podrido
pudrieren	hubieren podrido

IMPERATIVO

pudre	(tú)
pudra	(usted)
pudrid	(vosotros-as)
pudran	(ustedes)

64 ZURCIR

INDICATIVO

Presente	Antepresente
zurzo	he zurcido
zurces	has zurcido
zurce	ha zurcido
zurcimos	hemos zurcido
zurcís	habéis zurcido
zurcen	han zurcido

Copretérito	Antecopretérito
zurcía	había zurcido
zurcías	habías zurcido
zurcía	había zurcido
zurcíamos	habíamos zurcido
zurcíais	habíais zurcido
zurcían	habían zurcido

Pretérito	Antepretérito
zurcí	hube zurcido
zurciste	hubiste zurcido
zurció	hubo zurcido
zurcimos	hubimos zurcido
zurcisteis	hubisteis zurcido
zurcieron	hubieron zurcido

Futuro	Antefuturo
zurciré	habré zurcido
zurcirás	habrás zurcido
zurcirá	habrá zurcido
zurciremos	habremos zurcido
zurciréis	habréis zurcido
zurcirán	habrán zurcido

Pospretérito	Antepospretérito
zurciría	habría zurcido
zurcirías	habrías zurcido
zurciría	habría zurcido
zurciríamos	habríamos zurcido
zurciríais	habríais zurcido
zurcirían	habrían zurcido

SUBJUNTIVO

Presente	Antepresente
zurza	haya zurcido
zurzas	hayas zurcido
zurza	haya zurcido
zurzamos	hayamos zurcido
zurzáis	hayáis zurcido
zurzan	hayan zurcido

Pretérito	Antepretérito
zurciera o	hubiera o
zurciese	hubiese zurcido
zurcieras o	hubieras o
zurcieses	hubieses zurcido
zurciera o	hubiera o
zurciese	hubiese zurcido
zurciéramos o	hubiéramos o
zurciésemos	hubiésemos zurcido
zurcierais o	hubierais o
zurcieseis	hubieseis zurcido
zurcieran o	hubieran o
zurciesen	hubiesen zurcido

Futuro	Antefuturo
zurciere	hubiere zurcido
zurcieres	hubieres zurcido
zurciere	hubiere zurcido
zurciéremos	hubiéremos zurcido
zurciereis	hubiereis zurcido
zurcieren	hubieren zurcido

IMPERATIVO

zurce	(tú)
zurza	(usted)
zurcid	(vosotros-as)
zurzan	(ustedes)

65 DELINQUIR

INDICATIVO

Presente	Antepresente
delinco	he delinquido
delinques	has delinquido
delinque	ha delinquido
delinquimos	hemos delinquido
delinquís	habéis delinquido
delinquen	han delinquido

Copretérito	Antecopretérito
delinquía	había delinquido
delinquías	habías delinquido
delinquía	había delinquido
delinquíamos	habíamos delinquido
delinquíais	habíais delinquido
delinquían	habían delinquido

Pretérito	Antepretérito
delinquí	hube delinquido
delinquiste	hubiste delinquido
delinquió	hubo delinquido
delinquimos	hubimos delinquido
delinquisteis	hubisteis delinquido
delinquieron	hubieron delinquido

Futuro	Antefuturo
delinquiré	habré delinquido
delinquirás	habrás delinquido
delinquirá	habrá delinquido
delinquiremos	habremos delinquido
delinquiréis	habréis delinquido
delinquirán	habrán delinquido

Pospretérito	Antepospretérito
delinquiría	había delinquido
delinquirías	habrías delinquido
delinquiría	habría delinquido
delinquiríamos	habríamos delinquido
delinquiríais	habríais delinquido
delinquirían	habrían delinquido

SUBJUNTIVO

Presente	Antepresente
delinca	haya delinquido
delincas	hayas delinquido
delinca	haya delinquido
delincamos	hayamos delinquido
delincáis	hayáis delinquido
delincan	hayan delinquido

Pretérito	Antepretérito
delinquiera o	hubiera o
delinquiese	hubiese delinquido
delinquieras o	hubieras o
delinquieses	hubieses delinquido
delinquiera o	hubiera o
delinquiese	hubiese delinquido
delinquiéramos o	hubiéramos o
delinquiésemos	hubiésemos delinquido
delinquierais o	hubierais o
delinquieseis	hubieseis delinquido
delinquieran o	hubieran o
delinquiesen	hubiesen delinquido

Futuro	Antefuturo
delinquiere	hubiere delinquido
delinquieres	hubieres delinquido
delinquiere	hubiere delinquido
delinquiéremos	hubiéremos delinquido
delinquiereis	hubiereis delinquido
delinquieren	hubieren delinquido

IMPERATIVO

delinque	(tú)
delinca	(usted)
delinquid	(vosotros-as)
delincan	(ustedes)

66 CEÑIR

INDICATIVO

Presente	Antepresente
ciño	he ceñido
ciñes	has ceñido
ciñe	ha ceñido
ceñimos	hemos ceñido
ceñís	habéis ceñido
ciñen	han ceñido

Copretérito	Antecopretérito
ceñía	había ceñido
ceñías	habías ceñido
ceñía	había ceñido
ceñíamos	habíamos ceñido
ceñíais	habíais ceñido
ceñían	habían ceñido

Pretérito	Antepretérito
ceñí	hube ceñido
ceñiste	hubiste ceñido
ciñó	hubo ceñido
ceñimos	hubimos ceñido
ceñisteis	hubisteis ceñido
ciñeron	hubieron ceñido

Futuro	Antefuturo
ceñiré	habré ceñido
ceñirás	habrás ceñido
ceñirá	habrá ceñido
ceñiremos	habremos ceñido
ceñiréis	habréis ceñido
ceñirán	habrán ceñido

Pospretérito	Antepospretérito
ceñiría	habría ceñido
ceñirías	habrías ceñido
ceñiría	habría ceñido
ceñiríamos	habríamos ceñido
ceñiríais	habríais ceñido
ceñirían	habrían ceñido

SUBJUNTIVO

Presente	Antepresente
ciña	haya ceñido
ciñas	hayas ceñido
ciña	haya ceñido
ciñamos	hayamos ceñido
ciñáis	hayáis ceñido
ciñan	hayan ceñido

Pretérito	Antepretérito
ciñera o	hubiera o
ciñese	hubiese ceñido
ciñeras o	hubieras o
ciñeses	hubieses ceñido
ciñera o	hubiera o
ciñese	hubiese ceñido
ciñéramos o	hubiéramos o
ciñésemos	hubiésemos ceñido
ciñerais o	hubierais o
ciñeseis	hubieseis ceñido
ciñeran o	hubieran o
ciñesen	hubiesen ceñido

Futuro	Antefuturo
ciñere	hubiere ceñido
ciñeres	hubieres ceñido
ciñere	hubiere ceñido
ciñéremos	hubiéremos ceñido
ciñereis	hubiereis ceñido
ciñeren	hubieren ceñido

IMPERATIVO

ciñe	(tú)
ciña	(usted)
ceñid	(vosotros-as)
ciñan	(ustedes)

67 CERNIR

INDICATIVO

Presente	Antepresente
cierno	he cernido
ciernes	has cernido
cierne	ha cernido
cernimos	hemos cernido
cernís	habéis cernido
ciernen	han cernido

Copretérito	Antecopretérito
cernía	había cernido
cernías	habías cernido
cernía	había cernido
cerníamos	habíamos cernido
cerníais	habíais cernido
cernían	habían cernido

Pretérito	Antepretérito
cerní	hube cernido
cerniste	hubiste cernido
cernió	hubo cernido
cernimos	hubimos cernido
cernisteis	hubisteis cernido
cernieron	hubieron cernido

Futuro	Antefuturo
cerniré	habré cernido
cernirás	habrás cernido
cernirá	habrá cernido
cerniremos	habremos cernido
cerniréis	habréis cernido
cernirán	habrán cernido

Pospretérito	Antepospretérito
cerniría	habría cernido
cernirías	habrías cernido
cerniría	habría cernido
cerniríamos	habríamos cernido
cerniríais	habríais cernido
cernirían	habrían cernido

SUBJUNTIVO

Presente	Antepresente
cierna	haya cernido
ciernas	hayas cernido
cierna	haya cernido
cernamos	hayamos cernido
cernáis	hayáis cernido
ciernan	hayan cernido

Pretérito	Antepretérito
cerniera o	hubiera o
cerniese	hubiese cernido
cernieras o	hubieras o
cernieses	hubieses cernido
cerniera o	hubiera o
cerniese	hubiese cernido
cerniéramos o	hubiéramos o
cerniésemos	hubiésemos cernido
cernierais o	hubierais o
cernieseis	hubieseis cernido
cernieran o	hubieran o
cerniesen	hubiesen cernido

Futuro	Antefuturo
cerniere	hubiere cernido
cernieres	hubieres cernido
cerniere	hubiere cernido
cerniéremos	hubiéremos cernido
cerniereis	hubiereis cernido
cernieren	hubieren cernido

IMPERATIVO

cierne	(tú)
cierna	(usted)
cernid	(vosotros-as)
ciernan	(ustedes)

103

68 ERGUIR

INDICATIVO

Presente
irgo o yergo
irgues o yergues
irgue o yergue
erguimos
erguís
irguen o yerguen

Antepresente
he erguido
has erguido
ha erguido
hemos erguido
habéis erguido
han erguido

Copretérito
erguía
erguías
erguía
erguíamos
erguíais
erguían

Antecopretérito
había erguido
habías erguido
había erguido
habíamos erguido
habíais erguido
habían erguido

Pretérito
erguí
erguiste
irguió
erguimos
erguisteis
irguieron

Antepretérito
hube erguido
hubiste erguido
hubo erguido
hubimos erguido
hubisteis erguido
hubieron erguido

Futuro
erguiré
erguirás
erguirá
erguiremos
erguiréis
erguirán

Antefuturo
habré erguido
habrás erguido
habrá erguido
habremos erguido
habréis erguido
habrán erguido

Pospretérito
erguiría
erguirías
erguiría
erguiríamos
erguiríais
erguirían

Antepospretérito
habría erguido
habrías erguido
habría erguido
habríamos erguido
habríais erguido
habrían erguido

SUBJUNTIVO

Presente
irga o yerga
irgas o yergas
irga o yerga
irgamos o yergamos
irgáis o yergáis
irgan o yergan

Antepresente
haya erguido
hayas erguido
haya erguido
hayamos erguido
hayáis erguido
hayan erguido

Pretérito
irguiera o
irguiese
irguieras o
irguieses
irguiera o
irguiese
irguiéramos o
irguiésemos
irguierais o
irguieseis
irguieran o
irguiesen

Antepretérito
hubiera o
hubiese erguido
hubieras o
hubieses erguido
hubiera o
hubiese erguido
hubiéramos o
hubiésemos erguido
hubierais o
hubieseis erguido
hubieran o
hubiesen erguido

Futuro
irguiere
irguieres
irguiere
irguiéremos
irguiereis
irguieren

Antefuturo
hubiere erguido
hubieres erguido
hubiere erguido
hubiéremos erguido
hubiereis erguido
hubieren erguido

IMPERATIVO

irgue o yergue (tú)
irga o yerga (usted)
erguid (vosotros-as)
irgan o yergan (ustedes)

69 PLAÑIR

INDICATIVO

Presente
plaño
plañes
plañe
plañimos
plañís
plañen

Antepresente
he plañido
has plañido
ha plañido
hemos plañido
habéis plañido
han plañido

Copretérito
plañía
plañías
plañía
plañíamos
plañíais
plañían

Antecopretérito
había plañido
habías plañido
había plañido
habíamos plañido
habíais plañido
habían plañido

Pretérito
plañí
plañiste
plañó
plañimos
plañisteis
plañeron

Antepretérito
hube plañido
hubiste plañido
hubo plañido
hubimos plañido
hubisteis plañido
hubieron plañido

Futuro
plañiré
plañirás
plañirá
plañiremos
plañiréis
plañirán

Antefuturo
habré plañido
habrás plañido
habrá plañido
habremos plañido
habréis plañido
habrán plañido

Pospretérito
plañiría
plañirías
plañiría
plañiríamos
plañiríais
plañirían

Antepospretérito
habría plañido
habrías plañido
habría plañido
habríamos plañido
habríais plañido
habrían plañido

SUBJUNTIVO

Presente
plaña
plañas
plaña
plañamos
plañáis
plañan

Antepresente
haya plañido
hayas plañido
haya plañido
hayamos plañido
hayáis plañido
hayan plañido

Pretérito
plañera o
plañese
plañeras o
plañeses
plañera o
plañese
plañéramos o
plañésemos
plañerais o
plañeseis
plañeran o
plañesen

Antepretérito
hubiera o
hubiese plañido
hubieras o
hubieses plañido
hubiera o
hubiese plañido
hubiéramos o
hubiésemos plañido
hubierais o
hubieseis plañido
hubieran o
hubiesen plañido

Futuro
plañere
plañeres
plañere
plañéremos
plañereis
plañeren

Antefuturo
hubiere plañido
hubieres plañido
hubiere plañido
hubiéremos plañido
hubiereis plañido
hubieren plañido

IMPERATIVO

plañe   (tú)
plaña   (usted)
plañid   (vosotros-as)
plañan   (ustedes)

70 ASIR

INDICATIVO

Presente
asgo
ases
ase
asimos
asís
asen

Antepresente
he asido
has asido
ha asido
hemos asido
habéis asido
han asido

Copretérito
asía
asías
asía
asíamos
asíais
asían

Antecopretérito
había asido
habías asido
había asido
habíamos asido
habíais asido
habían asido

Pretérito
así
asiste
asió
asimos
asisteis
asieron

Antepretérito
hube asido
hubiste asido
hubo asido
hubimos asido
hubisteis asido
hubieron asido

Futuro
asiré
asirás
asirá
asiremos
asiréis
asirán

Antefuturo
habré asido
habrás asido
habrá asido
habremos asido
habréis asido
habrán asido

Pospretérito
asiría
asirías
asiría
asiríamos
asiríais
asirían

Antepospretérito
habría asido
habrías asido
habría asido
habríamos asido
habríais asido
habrían asido

SUBJUNTIVO

Presente
asga
asgas
asga
asgamos
asgáis
asgan

Antepresente
haya asido
hayas asido
haya asido
hayamos asido
hayáis asido
hayan asido

Pretérito
asiera o
asiese
asieras o
asieses
asiera o
asiese
asiéramos o
asiésemos
asierais o
asieseis
asieran o
asiesen

Antepretérito
hubiera o
hubiese asido
hubieras o
hubieses asido
hubiera o
hubiese asido
hubiéramos o
hubiésemos asido
hubierais o
hubieseis asido
hubieran o
hubiesen asido

Futuro
asiere
asieres
asiere
asiéremos
asiereis
asieren

Antefuturo
hubiere asido
hubieres asido
hubiere asido
hubiéremos asido
hubiereis asido
hubieren asido

IMPERATIVO

ase   (tú)
asga   (usted)
asid   (vosotros-as)
asgan   (ustedes)

71 ABOLIR

INDICATIVO

Presente	Antepresente
———	he abolido
———	has abolido
———	ha abolido
abolimos	hemos abolido
abolís	habéis abolido
———	han abolido

Copretérito	Antecopretérito
abolía	había abolido
abolías	habías abolido
abolía	había abolido
abolíamos	habíamos abolido
abolíais	habíais abolido
abolían	habían abolido

Pretérito	Antepretérito
abolí	hube abolido
aboliste	hubiste abolido
abolió	hubo abolido
abolimos	hubimos abolido
abolisteis	hubisteis abolido
abolieron	hubieron abolido

Futuro	Antefuturo
aboliré	habré abolido
abolirás	habrás abolido
abolirá	habrá abolido
aboliremos	habremos abolido
aboliréis	habréis abolido
abolirán	habrán abolido

Pospretérito	Antepospretérito
aboliría	habría abolido
abolirías	habrías abolido
aboliría	habría abolido
aboliríamos	habríamos abolido
aboliríais	habríais abolido
abolirían	habrían abolido

SUBJUNTIVO

Presente	Antepresente
———	haya abolido
———	hayas abolido
———	haya abolido
———	hayamos abolido
———	hayáis abolido
———	hayan abolido

Pretérito	Antepretérito
aboliera o	hubiera o
aboliese	hubiese abolido
abolieras o	hubieras o
abolieses	hubieses abolido
aboliera o	hubiera o
aboliese	hubiese abolido
aboliéramos o	hubiéramos o
aboliésemos	hubiésemos abolido
abolierais o	hubierais o
abolieseis	hubieseis abolido
abolieran o	hubieran o
aboliesen	hubiesen abolido

Futuro	Antefuturo
aboliere	hubiere abolido
abolieres	hubieres abolido
aboliere	hubiere abolido
aboliéremos	hubiéremos abolido
aboliereis	hubiereis abolido
abolieren	hubieren abolido

IMPERATIVO

———	(tú)
———	(usted)
abolid	(vosotros-as)
———	(ustedes)

72 REUNIR

INDICATIVO

Presente	Antepresente
reúno	he reunido
reúnes	has reunido
reúne	ha reunido
reunimos	hemos reunido
reunís	habéis reunido
reúnen	han reunido

Copretérito	Antecopretérito
reunía	había reunido
reunías	habías reunido
reunía	había reunido
reuníamos	habíamos reunido
reuníais	habíais reunido
reunían	habían reunido

Pretérito	Antepretérito
reuní	hube reunido
reuniste	hubiste reunido
reunió	hubo reunido
reunimos	hubimos reunido
reunisteis	hubisteis reunido
reunieron	hubieron reunido

Futuro	Antefuturo
reuniré	habré reunido
reunirás	habrás reunido
reunirá	habrá reunido
reuniremos	habremos reunido
reuniréis	habréis reunido
reunirán	habrán reunido

Pospretérito	Antepospretérito
reuniría	habría reunido
reunirías	habrías reunido
reuniría	habría reunido
reuniríamos	habríamos reunido
reuniríais	habríais reunido
reunirían	habrían reunido

SUBJUNTIVO

Presente	Antepresente
reúna	haya reunido
reúnas	hayas reunido
reúna	haya reunido
reunamos	hayamos reunido
reunáis	hayáis reunido
reúnan	hayan reunido

Pretérito	Antepretérito
reuniera o	hubiera o
reuniese	hubiese reunido
reunieras o	hubieras o
reunieses	hubieses reunido
reuniera o	hubiera o
reuniese	hubiese reunido
reuniéramos o	hubiéramos o
reuniésemos	hubiésemos reunido
reunierais o	hubierais o
reunieseis	hubieseis reunido
reunieran o	hubieran o
reuniesen	hubiesen reunido

Futuro	Antefuturo
reuniere	hubiere reunido
reunieres	hubieres reunido
reuniere	hubiere reunido
reuniéremos	hubiéremos reunido
reuniéreis	hubiereis reunido
reunieren	hubieren reunido

IMPERATIVO

reúne	(tú)
reúna	(usted)
reunid	(vosotros-as)
reúnan	(ustedes)

ÍNDICE DE VERBOS

Índice de verbos

112

afeminar, 1

aferrar, 1

afianzar, 16

aficionar, 1

afiebrarse, 1

afilar, 1

afiliar, 1

afinar, 1

afincar, 17

afirmar, 1

afligir, 61

aflojar, 1

aflorar, 1

aforar, 5

afrentar, 1

afrontar, 1

agachar, 1

agarrar, 1

agarrotar, 1

agasajar, 1

agazapar, 1

agenciar, 1

agilizar, 16

agitar, 1

aglomerar, 1

aglutinar, 1

agobiar, 1

agolpar, 1

agonizar, 16

agostar, 1

agotar, 1

agraciar, 1

agradar, 1

agradecer, 39

agrandar, 1

agravar, 1

agraviar, 1

agredir, 45

agregar, 17

agriar, 1

agrietar, 1

agriparse, 1

agrupar, 1

aguaitar, 1

aguantar, 1

aguardar, 1

agudizar, 16

aguerrir (defect.), 71

aguijar, 1

aguijonear, 1

agujerear, 1

aguzar, 16

aherrojar, 1

ahijar, 15

ahilar, 15

ahincar, 15

ahitar, 15

ahogar, 17

ahondar, 1

ahorcar, 17

ahorrar, 1

ahuecar, 17

ahumar, 13

ahuyentar, 1

airar, 15

airear, 1

aislar, 15

ajar, 1

ajetrear, 1

ajuarar, 1

ajustar, 1

ajusticiar, 1

alabar, 1

alambicar, 17

alambrar, 1

alardear, 1

alargar, 17

alarmar, 1

albear, 1

albergar, 17

alborotar, 1

alborozar, 16

alburear, 1

alcahuetear, 1

alcanzar, 16

alcoholizar, 16

alebrestarse, 1

aleccionar, 1

alegar, 17

alegorizar, 16

alegrar, 1

alejar, 1

alelar, 1

alentar, 3

alertar, 1

aletargar, 17

aletear, 1

alfabetizar, 16

alfombrar, 1

alhajar, 1

aliar, 9

alienar, 1

animar, 1
aniñarse, 1
aniquilar, 1
anochecer, 39
anonadar, 1
anotar, 1
anquilosar, 1
ansiar, 9
anticipar, 1
antipatizar, 16
antojarse, 1
anualizar, 16
anudar, 1
anular, 1
anunciar, 1
añejar, 1
añorar, 1
apabullar, 1
apacentar, 3
apachurrar, 1
apaciguar, 11
apadrinar, 1
apagar, 17
apalabrar, 1
apalancar, 17
apalear, 1
apantallar, 1
apañar, 1
aparcar, 17
aparear, 1
aparecer, 39
aparejar, 1
aparentar, 1
apartar, 1

apasionar, 1
apear, 1
apechugar, 17
apedrear, 1
apegar, 17
apelar, 1
apellidar, 1
apelmazar, 16
apelotonar, 1
apenar, 1
apendejarse, 1
apergollar, 1
apersogar, 17
apersonarse, 1
apesadumbrar, 1
apestar, 1
apetecer, 39
apiadar, 1
apilar, 1
apiñar, 1
apisonar, 1
aplacar, 17
aplacer, 39
aplanar, 1
aplastar, 1
aplatanar, 1
aplaudir, 45
aplazar, 16
aplicar, 17
apocar, 17
apocopar, 1
apodar, 1
apoderar, 1
apolillar, 1

apologizar, 16
apoltronarse, 1
aporrear, 1
aportar, 1
aposentar, 1
apostar, 5
apostillar, 1
apostrofar, 1
apoyar, 1
apreciar, 1
aprehender, 20
apremiar, 1
aprender, 20
apresar, 1
aprestar, 1
apresurar, 1
apretar, 3
apretujar, 1
aprisionar, 1
aprobar, 5
aprontar, 1
apropiar, 1
aprovechar, 1
aprovisionar, 1
aproximar, 1
apuntalar, 1
apuntar, 1
apuntillar, 1
apuñalar, 1
apurar, 1
aquejar, 1
aquietar, 1
aquilatar, 1
arañar, 1

atardecer, 39

atarear, 1

atarugar, 17

atasajar, 1

atascar, 17

ataviar, 9

atemorizar, 16

atemperar, 1

atenacear, 1

atenazar, 16

atender, 24

atenerse, 26

atentar, 1

atenuar, 10

aterir (defect.), 71

aterrar, 1

aterrizar, 16

aterrorizar, 16

atesorar, 1

atestar, 1

atestiguar, 11

atiborrar, 1

atildar, 1

atinar, 1

atiriciarse, 1

atisbar, 1

atizar, 16

atolondrar, 1

atomizar, 16

atontar, 1

atorar, 1

atormentar, 1

atornillar, 1

atosigar, 17

atrabancar, 17

atracar, 17

atraer, 38

atrafagar, 17

atragantar, 1

atrampar, 1

atrancar, 17

atrapar, 1

atrasar, 1

atravesar, 3

atreverse, 20

atribuir, 59

atribular, 1

atrincar, 17

atrincherar, 1

atrochar, 1

atrofiar, 1

atropellar, 1

atufar, 1

aturdir, 45

atusar, 1

auditar, 1

augurar, 1

aullar, 13

aumentar, 1

aunar, 13

aupar, 13

aureolar, 1

auscultar, 1

ausentarse, 1

auspiciar, 1

autentificar, 17

automatizar, 16

autorizar, 16

auxiliar, 1

avalar, 1

avanzar, 16

avasallar, 1

avecinar, 1

avecindar, 1

avejentar, 1

avellanar, 1

avenir, 49

aventajar, 1

aventar, 3

aventurar, 1

avergonzar, 6

averiar, 9

averiguar, 11

avezar, 16

aviar, 9

avillanar, 1

avinagrar, 1

avisar, 1

avispar, 1

avistar, 1

avituallar, 1

avivar, 1

avizorar, 1

avocar, 17

ayudar, 1

ayunar, 1

ayuntar, 1

azafranar, 1

azocar, 17

azogar, 17

azolvar, 1

azorar, 1

brujear, 1

brujulear, 1

bruñir, 69

brutalizarse, 16

bucear, 1

bufar, 1

bufonear, 1

bullir, 69

burbujear, 1

burilar, 1

burlar, 1

buscar, 17

cabalgar, 17

cabecear, 1

caber, 35

cabildear, 1

cabrear, 1

cabriolar, 1

cacarear, 1

cachar, 1

cachear, 1

cachetear, 1

cachifollar, 1

cachondearse, 1

caciquear, 1

caducar, 17

caer, 37

cafetear, 1

cagar, 17

calafatear, 1

calar, 1

calcar, 17

calcificar, 17

calcinar, 1

calcular, 1

caldear, 1

calentar, 3

calibrar, 1

calificar, 17

callar, 1

callear, 1

callejear, 1

calmar, 1

calumniar, 1

calzar, 16

camandulear, 1

cambalachear, 1

cambiar, 1

camelar, 1

caminar, 1

camorrear, 1

campanear, 1

campanillear, 1

campear, 1

camuflar, 1

canalizar, 16

cancanear, 1

cancelar, 1

cancerar, 1

canchear, 1

canjear, 1

canonizar, 16

cansar, 1

cantalear, 1

cantaletear, 1

cantar, 1

cantear, 1

cantinflear, 1

canturrear, 1

cañonear, 1

capacitar, 1

capar, 1

capear, 1

capitalizar, 16

capitanear, 1

capitular, 1

capotear, 1

captar, 1

capturar, 1

caracolear, 1

caracterizar, 16

caratular, 1

carbonizar, 16

carburar, 1

carcajear, 1

carcomer, 20

cardar, 1

carear, 1

carecer, 39

cargar, 17

caricaturizar, 16

carmenar, 1

carnear, 1

carpintear, 1

carraspear, 1

carretear, 1

cartear, 1

casar, 1

cascabelear, 1

cascamajar, 1

cascar, 17

cifrar, 1

cilindrar, 1

cimbrar, 1

cimentar, 3

cincelar, 1

cinchar, 1

cinglar, 1

cintarear, 1

cintilar, 1

circular, 1

circuncidar, 1

circundar, 1

circunscribir, 45

ciscar, 17

citar, 1

civilizar, 16

cizañar, 1

clamar, 1

clamorear, 1

clarear, 1

clarecer, 39

clarificar, 17

clasificar, 17

claudicar, 17

clausular, 1

clausurar, 1

clavar, 1

clavetear, 1

climatizar, 16

clisar, 1

cloquear, 1

coaccionar, 1

coadyuvar, 1

coagular, 1

cobijar, 1

cobrar, 1

cocar, 17

cocear, 1

cocer, 30

cocinar, 1

codear, 1

codiciar, 1

codificar, 17

coercer, 40

coger, 41

cohechar, 1

cohesionar, 1

cohibir, 72

cohonestar, 1

coimear, 1

coincidir, 45

cojear, 1

colaborar, 1

colapsar, 1

colar, 5

colear, 1

coleccionar, 1

colectar, 1

colegiar, 1

colegir, 60

colerizar, 16

colgar, 19

colindar, 1

colisionar, 1

colmar, 1

colocar, 17

colonizar, 16

colorar, 1

colorear, 1

coludir, 45

columbrar, 1

columpiar, 1

comadrear, 1

comandar, 1

combar, 1

combatir, 45

combinar, 1

comediar, 1

comedir, 47

comentar, 1

comenzar, 4

comer, 20

comercializar, 16

comerciar, 1

cometer, 20

comiquear, 1

comisionar, 1

compactar, 1

compadecer, 39

compadrear, 1

compaginar, 1

comparar, 1

compartir, 45

compasar, 1

compatibilizar, 16

compeler, 20

compendiar, 1

compenetrarse, 1

compensar, 1

competer, 20

competir, 47

compilar, 1

depredar, 1
deprimir, 45
depurar, 1
derivar, 1
derogar, 17
derramar, 1
derrapar, 1
derrengar, 17
derretir, 47
derribar, 1
derrocar, 17
derrochar, 1
derrotar, 1
derrubiar, 1
derruir, 59
derrumbar, 1
desafiar, 9
desaguar, 11
desahuciar, 1
desairar, 15
desarrollar, 1
desayunar, 1
desazonar, 1
desbalagar, 17
desbancar, 17
desbaratar, 1
desbarrar, 1
desbastar, 1
desbocar, 17
desbordar, 1
desbrozar, 16
desbullar, 1
descabezar, 16
descalabazarse, 16

descalabrar, 1
descansar, 1
descararse, 1
descarnar, 1
descarriar, 9
descarrilar, 1
descartar, 1
descender, 24
descifrar, 1
desconcertar, 3
descorchar, 1
descoyuntar, 1
describir, 45
descuartizar, 16
descubrir, 45
desdecir, 54
desdeñar, 1
desdorar, 1
desear, 1
desembocar, 17
desempeñar, 1
desentumecer, 39
desenvainar, 1
desertar, 1
desfalcar, 17
desfasar, 1
desfilar, 1
desflorar, 1
desfogar, 17
desfondar, 1
desgajar, 1
desgañitarse, 1
desgaritar, 1
desgarrar, 1

desgreñar, 1
desherbar, 3
deshilachar, 1
designar, 1
desistir, 45
desleír, 48
deslenguar, 11
deslindar, 1
deslizar, 16
deslomar, 1
deslumbrar, 1
desmantelar, 1
desmayar, 1
desmenuzar, 16
desmesurar, 1
desmontar, 1
desmoralizar, 16
desmoronar, 1
desmurar, 1
desnudar, 1
desojar, 1
desolar, 5
desollar, 5
desorbitar, 1
despabilar, 1
despachar, 1
despachurrar, 1
despampanar, 1
despanzurrar, 1
desparpajar, 1
desparramar, 1
despatarrar, 1
despavorir (defect.), 71
despechar, 1

125

discriminar, 1	divergir, 61	duplicar, 17
disculpar, 1	diversificar, 17	durar, 1
discurrir, 45	divertir, 50	
discursar, 1	dividir, 45	echar, 1
discursear, 1	divinizar, 16	eclipsar, 1
discutir, 45	divisar, 1	eclosionar, 1
disecar, 17	divorciar, 1	economizar, 16
diseminar, 1	divulgar, 17	ecualizar, 16
disentir, 50	doblar, 1	edificar, 17
diseñar, 1	doblegar, 17	editar, 1
disertar, 1	doctorar, 1	educar, 17
disfrazar, 16	documentar, 1	educir, 57
disfrutar, 1	dogmatizar, 16	edulcorar, 1
disgregar, 17	doler, 29	efectuar, 10
disimular, 1	domar, 1	egresar, 1
disipar, 1	domeñar, 1	ejecutar, 1
dislocar, 17	domesticar, 17	ejemplarizar, 16
disminuir, 59	domiciliar, 1	ejemplificar, 17
disociar, 1	dominar, 1	ejercer, 40
disolver, 29	donar, 1	ejercitar, 1
disparar, 1	doñear, 1	elaborar, 1
disparatar, 1	dorar, 1	electrificar, 17
dispensar, 1	dormir, 51	electrizar, 16
dispersar, 1	dormitar, 1	electrocutar, 1
disponer, 27	dosificar, 17	elegantizar, 16
disputar, 1	dotar, 1	elegir, 60
distanciar, 1	dragar, 17	elevar, 1
distar, 1	dramatizar, 16	elidir, 45
distender, 24	drapear, 1	eliminar, 1
distinguir, 65	drenar, 1	elogiar, 1
distorsionar, 1	drogar, 17	elucidar, 1
distraer, 38	duchar, 1	elucubrar, 1
distribuir, 59	dudar, 1	eludir, 45
disuadir, 45	dulcificar, 17	emanar, 1

empezar, 4

empinar, 1

empingorotar, 1

empitonar, 1

emplastar, 1

emplazar, 16

emplear, 1

emplomar, 1

emplumar, 1

empobrecer, 39

empollar, 1

empolvar, 1

emponzoñar, 1

emporcar, 19

empotrar, 1

empozar, 16

emprender, 20

emprimar, 1

empujar, 1

empuñar, 1

emputecer, 39

emular, 1

enajenar, 1

enaltecer, 39

enamorar, 1

enanchar, 1

enarbolar, 1

enarcar, 17

enardecer, 39

enarenar, 1

enartar, 1

encabalgar, 17

encabestrar, 1

encabezar, 16

encabritarse, 1

encabronar, 1

encadenar, 1

encajar, 1

encajonar, 1

encalar, 1

encallar, 1

encallecer, 39

encamar, 1

encaminar, 1

encampanar, 1

encanalar, 1

encanarse, 1

encandecer, 39

encandilar, 1

encanecer, 39

encanijar, 1

encantar, 1

encañar, 1

encañonar, 1

encapar, 1

encapillar, 1

encapotar, 1

encapricharse, 1

encapsular, 1

encapuchar, 1

encaramar, 1

encarar, 1

encarcelar, 1

encarecer, 39

encargar, 17

encariñar, 1

encarnar, 1

encarnecer, 39

encarnizar, 16

encarrilar, 1

encartar, 1

encasillar, 1

encasquetar, 1

encasquillar, 1

escastillar, 1

encauzar, 16

encebollar, 1

enceguecer, 39

encelar, 1

encenagarse, 17

encender, 24

encentar, 1

encepar, 1

encerar, 1

encerrar, 3

encestar, 1

encharcar, 17

enchilar, 1

enchinar, 1

enchuecar, 17

enchufar, 1

encimar, 1

encintar, 1

enclaustrar, 1

enclavar, 1

encobijar, 1

encoger, 41

encolar, 1

encolerizar, 16

encomendar, 3

encomiar, 1

enconar, 1

enjugar, 17
enjuiciar, 1
enjurar, 1
enjutar, 1
enlabiar, 1
enlamar, 1
enlatar, 1
enlazar, 16
enlijar, 1
enlodar, 1
enloquecer, 39
enlucir, 58
enlutar, 1
enmaderar, 1
enmagrecer, 39
enmantar, 1
enmarañar, 1
enmarcar, 17
enmaridar, 1
enmascarar, 1
enmelar, 3
enmendar, 3
enmohecer, 39
enmudecer, 39
enmugrecer, 39
enmustiar, 1
ennegrecer, 39
ennoblecer, 39
enojar, 1
enorgullecer, 39
enquistar, 1
enraizar, 15
enrarecer, 39
enrasar, 1

enredar, 1
enrejar, 1
enripiar, 1
enriquecer, 39
enristrar, 1
enrocar, 17
enrojecer, 39
enrolar, 1
enrollar, 1
enronquecer, 39
enroscar, 17
ensalivar, 1
ensalmar, 1
ensalzar, 16
ensamblar, 1
ensanchar, 1
ensangrentar, 3
ensañar, 1
ensartar, 1
ensayar, 1
enseñar, 1
enseñorear, 1
ensillar, 1
ensimismarse, 1
ensoberbecer, 39
ensombrecer, 39
ensopar, 1
ensordecer, 39
ensortijar, 1
ensuciar, 1
entablar, 1
entablillar, 1
entallar, 1
entarimar, 1

entarugar, 17
entender, 24
enterar, 1
enternecer, 39
enterrar, 3
entiesar, 1
entibiar, 1
entintar, 1
entoldar, 1
entonar, 1
entornar, 1
entorpecer, 39
entrampar, 1
entrañar, 1
entrapajar, 1
entrar, 1
entredecir, 54
entregar, 17
entrelazar, 16
entrelucir, 58
entremeter, 20
entrenar, 1
entretener, 26
entreverar, 1
entrevistar, 1
entristecer, 39
entroncar, 17
entronizar, 16
entubar, 1
entumecer, 39
entumirse, 45
entupir, 45
enturbiar, 1
entusiasmar, 1

131

especializar, 16
especificar, 17
especular, 1
espejear, 1
espeluznar, 1
esperanzar, 16
esperar, 1
espesar, 1
espetar, 1
espiar, 9
espichar, 1
espigar, 17
espinar, 1
espirar, 1
espiritar, 1
espiritualizar, 16
esplender, 20
espolear, 1
espolvorear, 1
esponjar, 1
esposar, 1
espulgar, 17
espumar, 1
esputar, 1
esquematizar, 16
esquiar, 9
esquilar, 1
esquilmar, 1
esquinar, 1
esquivar, 1
estabilizar, 16
establecer, 39
estacar, 17
estacionar, 1

estafar, 1
estallar, 1
estambrar, 1
estampar, 1
estancar, 17
estandarizar, 16
estaquear, 1
estar, 2
estatuir, 59
estereotipar, 1
esterilizar, 16
estibar, 1
estigmatizar, 16
estilar, 1
estilizar, 16
estimar, 1
estimular, 1
estipendiar, 1
estipular, 1
estirar, 1
estocar, 17
estofar, 1
estorbar, 1
estornudar, 1
estragar, 17
estrangular, 1
estratificar, 17
estrechar, 1
estregar, 18
estrellar, 1
estremecer, 39
estrenar, 1
estreñir, 66
estriar, 9

estribar, 1
estropear, 1
estructurar, 1
estrujar, 1
estudiar, 1
eternizar, 16
etimologizar, 16
etiquetar, 1
europeizar, 15
evacuar, 1
evadir, 45
evaluar, 10
evanescer, 39
evangelizar, 16
evaporar, 1
evidenciar, 1
evitar, 1
evocar, 17
evolucionar, 1
exacerbar, 1
exagerar, 1
exaltar, 1
examinar, 1
exasperar, 1
exceder, 20
exceptuar, 10
excitar, 1
exclamar, 1
excluir, 59
excogitar, 1
excomulgar, 17
excoriar, 1
excretar, 1
excusar, 1

133

filmar, 1
filosofar, 1
filtrar, 1
finalizar, 16
financiar, 1
finar, 1
fincar, 17
fingir, 61
finiquitar, 1
firmar, 1
fiscalizar, 16
fisgar, 17
fisgonear, 1
flagelar, 1
flamear, 1
flanquear, 1
flaquear, 1
flechar, 1
fletar, 1
flexibilizar, 16
flexionar, 1
flirtear, 1
flojear, 1
florear, 1
florecer, 39
flotar, 1
fluctuar, 10
fluir, 59
foguear, 1
foliar, 1
follar, 1
fomentar, 1
fondear, 1
forcejar, 1

forcejear, 1
forjar, 1
formalizar, 16
formar, 1
formular, 1
fornicar, 17
forrar, 1
fortalecer, 39
fortificar, 17
forzar, 6
fosforescer, 39
fosilizarse, 16
fotografiar, 9
fotolitografiar, 9
fracasar, 1
fraccionar, 1
fracturar, 1
fragmentar, 1
fraguar, 11
franjear, 1
franquear, 1
frasear, 1
fraternizar, 16
frecuentar, 1
fregar, 18
freír, 48
frenar, 1
frenetizar, 16
fresar, 1
frezar, 16
fricar, 17
friccionar, 1
frisar, 1
frivolizar, 16

frotar, 1
fructificar, 17
fruncir, 64
frustrar, 1
fugar, 17
fulgir, 60
fulgurar, 1
fulminar, 1
fumar, 1
fumigar, 17
funcionar, 1
fundamentar, 1
fundar, 1
fundir, 45
fungir, 61
fusilar, 1
fusionar, 1
fustigar, 17

gafar, 1
gaguear, 1
galantear, 1
galardonar, 1
gallardear, 1
gallear, 1
gallofear, 1
galonear, 1
galopar, 1
galvanizar, 16
ganar, 1
gandujar, 1
gandulear, 1
gangrenarse, 1
ganguear, 1

guiñar, 1

guisar, 1

guitonear, 1

guizgar, 17

gulusmear, 1

gurruñar, 1

gustar, 1

haber, 22

habilitar, 1

habitar, 1

habituar, 10

hablar, 1

hacendar, 3

hacer, 23

hachar, 1

hachear, 1

hacinar, 1

hadar, 1

halagar, 17

halar, 1

halconear, 1

haldear, 1

hallar, 1

hamacar, 17

hamaquear, 1

hambrear, 1

haraganear, 1

harinear, 1

haronear, 1

hartar, 1

hastiar, 9

hatear, 1

hazañar, 1

hebraizar, 15

hechizar, 16

heder, 24

helar, 3

helenizar, 16

hembrear, 1

henchir, 47

hender, 24

henificar, 17

heñir, 66

herbajar, 1

herbajear, 1

herbar, 3

herbolar, 1

herborizar, 16

heredar, 1

hereticar, 17

herir, 50

hermanar, 1

hermanear, 1

hermetizar, 16

hermosear, 1

herniarse, 1

herrar, 3

herrumbrar, 1

herventar, 3

hervir, 50

hesitar, 1

hibernar, 1

hidratar, 1

higienizar, 16

hilar, 1

hilvanar, 1

himpar, 1

himplar, 1

hincar, 17

hinchar, 1

hipar, 1

hiperbolizar, 16

hipertrofiarse, 1

hipnotizar, 16

hipotecar, 17

hirmar, 1

hisopar, 1

hispanizar, 16

hispir, 45

historiar, 1

hocicar, 17

hojaldrar, 1

hojear, 1

holear, 1

holgar, 19

holgazanear, 1

hollar, 5

hombrear, 1

homenajear, 1

homogeneizar, 15

homologar, 17

hondear, 1

honestar, 1

honorar, 1

honrar, 1

hopear, 1

horadar, 1

hormiguear, 1

hormiguillar, 1

hornaguear, 1

hornear, 1

inducir, 57
indultar, 1
industrializar, 16
industriar, 1
infamar, 1
infartar, 1
infatuar, 10
infectar, 1
inferir, 50
infestar, 1
inficionar, 1
infiltrar, 1
inflamar, 1
inflar, 1
infligir, 61
influenciar, 1
influir, 59
informar, 1
informatizar, 16
infringir, 61
infundir, 45
ingeniar, 1
ingerir, 50
ingresar, 1
inhalar, 1
inhibir, 45
inhumar, 1
iniciar, 1
injerir, 50
injertar, 1
injuriar, 1
inmigrar, 1
inmiscuir, 59
inmolar, 1

inmortalizar, 16
inmunizar, 16
inmutar, 1
innovar, 1
inocular, 1
inquietar, 1
inquinar, 1
inquirir, 62
insalivar, 1
inscribir, 45
inseminar, 1
insertar, 1
insidiar, 1
insinuar, 10
insistir, 45
insolar, 1
insolentar, 1
inspeccionar, 1
inspirar, 1
instalar, 1
instar, 1
instaurar, 1
instigar, 17
instilar, 1
institucionalizar, 16
instituir, 59
instruir, 59
instrumentar, 1
insuflar, 1
insultar, 1
insurreccionar, 1
integrar, 1
intelectualizar, 16
intensificar, 17

intentar, 1
intercalar, 1
interceder, 20
interceptar, 1
interesar, 1
interferir, 50
interlinear, 1
intermitir, 45
internacionalizar, 16
internar, 1
interpelar, 1
interpolar, 1
interpretar, 1
interrogar, 17
interrumpir, 45
intervenir, 49
intimar, 1
intimidar, 1
intitular, 1
intoxicar, 17
intrigar, 17
intrincar, 17
introducir, 57
intubar, 1
intuir, 59
inundar, 1
invadir, 45
invaginar, 1
inventar, 1
inventariar, 9
invernar, 3
invertir, 50
investigar, 17
investir, 47

laurear, 1
lavar, 1
lavotear, 1
laxar, 1
layar, 1
lazar, 16
leer, 32
legalizar, 16
legar, 17
legislar, 1
legitimar, 1
legrar, 1
lentificar, 17
leñar, 1
lerdear, 1
lesionar, 1
levantar, 1
levar, 1
levigar, 17
lexicalizar, 16
liar, 9
libar, 1
liberalizar, 16
liberar, 1
libertar, 1
librar, 1
librear, 1
licenciar, 1
licitar, 1
licuar, 11
liderar, 1
lidiar, 1
ligar, 17
lignificar, 17

lijar, 1
limar, 1
limitar, 1
limosnear, 1
limpiar, 1
lincear, 1
linchar, 1
lindar, 1
linear, 1
liofilizar, 16
liquidar, 1
lisiar, 1
lisonjear, 1
listar, 1
listonar, 1
litigar, 17
litografiar, 9
lividecer, 39
llagar, 17
llamar, 1
llamear, 1
llanear, 1
llegar, 17
llenar, 1
llevar, 1
llorar, 1
lloriquear, 1
llover, 29
lloviznar, 1
loar, 1
localizar, 16
lograr, 1
lomear, 1
loquear, 1

losar, 1
lotear, 1
lozanear, 1
lubricar, 17
lubrificar, 17
luchar, 1
lucir, 58
lucrar, 1
lucubrar, 1
ludir, 45
lujuriar, 1
lustrar, 1
luxar, 1

macanear, 1
macear, 1
macerar, 1
machacar, 17
machear, 1
machetear, 1
macizar, 16
macular, 1
madrearse, 1
madrigalizar, 16
madrugar, 17
madurar, 1
maestrear, 1
magnetizar, 16
magnificar, 17
magostar, 1
magrear, 1
magullar, 1
majadear, 1
majaderear, 1

141

melancolizar, 16

melar, 3

melcochar, 1

melificar, 17

melindrear, 1

mellar, 1

memorar, 1

memorizar, 16

mencionar, 1

mendigar, 17

menear, 1

menguar, 11

menoscabar, 1

menospreciar, 1

menstruar, 10

mensurar, 1

mentalizar, 16

mentar, 3

mentir, 50

menudear, 1

mercadear, 1

mercantilizar, 16

mercar, 17

merecer, 39

merendar, 3

mermar, 1

merodear, 1

mesar, 1

mestizar, 16

mesurar, 1

metaforizar, 16

metalizar, 16

metamorfosear, 1

metatizar, 16

meteorizar, 16

meter, 20

metodizar, 16

metrificar, 17

mezclar, 1

mezquinar, 1

migar, 17

milagrear, 1

militar, 1

militarizar, 16

mimar, 1

mimbrear, 1

minar, 1

mineralizar, 16

miniar, 1

miniaturizar, 16

minimizar, 16

ministrar, 1

minorar, 1

minutar, 1

mirar, 1

misar, 1

miserear, 1

mistificar, 17

mitificar, 17

mitigar, 17

mitotear, 1

mixturar, 1

mocar, 17

mocear, 1

mochar, 1

modelar, 1

moderar, 1

modernizar, 16

modificar, 17

modorrar, 1

modular, 1

mofar, 1

mojar, 1

mojonar, 1

moldar, 1

moldear, 1

moler, 29

molestar, 1

molificar, 17

molliznar, 1

momificar, 17

mondar, 1

monear, 1

monetizar, 16

monologar, 17

monopolizar, 16

montar, 1

montear, 1

monumentalizar, 16

moquear, 1

moquetear, 1

moralizar, 16

morar, 1

morder, 29

mordiscar, 17

mordisquear, 1

moretear, 1

morigerar, 1

morir, 51

mortificar, 17

mosquear, 1

mostrar, 5

olear, 1
oler, 33
olfatear, 1
oliscar, 17
olisquear, 1
olivar, 1
olorizar, 16
olvidar, 1
omitir, 45
ondear, 1
ondular, 1
opacar, 17
opalizar, 16
operar, 1
opilar, 1
opinar, 1
oponer, 27
opositar, 1
oprimir, 45
oprobiar, 1
optar, 1
optimar, 1
optimizar, 16
opugnar, 1
orar, 1
ordenar, 1
ordeñar, 1
orear, 1
organizar, 16
orientar, 1
orificar, 17
originar, 1
orillar, 1
orinar, 1

orlar, 1
ornamentar, 1
ornar, 1
orquestar, 1
osar, 1
oscilar, 1
oscurecer, 39
osificarse, 17
ostentar, 1
otear, 1
otoñar, 1
otorgar, 17
ovacionar, 1
ovalar, 1
ovar, 1
ovillar, 1
ovular, 1
oxidar, 1
oxigenar, 1

pacer, 39
pacificar, 17
pactar, 1
padecer, 39
paganizar, 16
pagar, 17
paginar, 1
pajarear, 1
palabrear, 1
paladear, 1
palanquear, 1
palatalizar, 16
palear, 1
paletear, 1

paliar, 1
palidecer, 39
paliquear, 1
pallar, 1
palmar, 1
palmear, 1
palmotear, 1
palotear, 1
palpar, 1
palpitar, 1
pandear, 1
panderetear, 1
panificar, 17
papar, 1
papear, 1
papelear, 1
paquetear, 1
parabolizar, 16
parafrasear, 1
paralelar, 1
paralizar, 16
parangonar, 1
parapetarse, 1
parar, 1
parcelar, 1
parchar, 1
parcializar, 16
pardear, 1
parear, 1
parecer, 39
parir, 45
parlamentar, 1
parlar, 1
parlotear, 1

pesar, 1
pescar, 17
pespuntear, 1
pesquisar, 1
pestañear, 1
petardear, 1
peticionar, 1
petrificar, 17
petrolear, 1
piafar, 1
pialar, 1
piar, 9
picar, 17
picardear, 1
pichulear, 1
picotear, 1
pifiar, 1
pigmentar, 1
pignorar, 1
pillar, 1
pillear, 1
pilotar, 1
pincelar, 1
pinchar, 1
pintar, 1
pintarrajar, 1
pinzar, 16
piñonear, 1
pirar, 1
piratear, 1
piropear, 1
piruetear, 1
pisar, 1
pisonear, 1

pisotear, 1
pistar, 1
pitar, 1
pitorrearse, 1
pizcar, 17
placear, 1
placer, 39
plagar, 17
plagiar, 1
planchar, 1
planear, 1
planificar, 17
plantar, 1
plantear, 1
plantificar, 17
plañir, 69
plasmar, 1
plastificar, 17
platear, 1
platicar, 17
plegar, 18
pleitear, 1
plisar, 1
plomear, 1
pluralizar, 16
poblar, 5
pobretear, 1
podar, 1
poder, 28
podrir o pudrir, 63
poetizar, 16
polarizar, 16
polemizar, 16
politiquear, 1

politizar, 16
polvear, 1
polvificar, 17
polvorear, 1
ponderar, 1
poner, 27
pontificar, 17
popularizar, 16
pordiosear, 1
porfiar, 9
pormenorizar, 16
porrear, 1
portar, 1
portear, 1
posar, 1
poseer, 32
posesionar, 1
posibilitar, 1
posponer, 27
postergar, 17
postrar, 1
postular, 1
potabilizar, 16
potenciar, 1
practicar, 17
precaver, 20
preceder, 20
preceptuar, 10
preciar, 1
precipitar, 1
precisar, 1
preconizar, 16
predecir, 55
predicar, 17

puntear, 1	radiar, 1	reaccionar, 1
puntualizar, 16	radicalizar, 16	realizar, 16
puntuar, 10	radicar, 17	realzar, 16
punzar, 16	radiografiar, 9	reavivar, 1
purgar, 17	raigar, 1	rebajar, 1
purificar, 17	rajar, 1	rebanar, 1
purpurar, 1	ralear, 1	rebasar, 1
purpurear, 1	rallar, 1	rebatir, 45
putañear, 1	ramalear, 1	rebelarse, 1
putear, 1	ramificar, 17	rebinar, 1
	ramonear, 1	reblandecer, 39
quebrajar, 1	ranchear, 1	reblar, 1
quebrantar, 1	ranciar, 1	rebosar, 1
quebrar, 3	rapar, 1	rebozar, 16
quedar, 1	rapiñar, 1	rebuznar, 1
quejar, 1	raposear, 1	recabar, 1
quejumbrar, 1	raptar, 1	recaer, 37
quemar, 1	rarificar, 17	recalar, 1
querellarse, 1	rasar, 1	recalcar, 17
querer, 25	rascar, 17	recalcitrar, 1
quietar, 1	rasgar, 17	recatar, 1
quijotear, 1	rasguear, 1	recaudar, 1
quillotrar, 1	rasguñar, 1	recetar, 1
quinolear, 1	raspar, 1	rechazar, 16
quintar, 1	raspear, 1	rechinar, 1
quiñar, 1	rastrear, 1	recibir, 45
quistarse, 1	rastrillar, 1	reciprocar, 17
quitar, 1	rastrojar, 1	recitar, 1
	rasurar, 1	reclamar, 1
rabiar, 1	ratear, 1	reclinar, 1
rabiatar, 1	ratificar, 17	recluir, 59
racimar, 1	ratonar, 1	reclutar, 1
raciocinar, 1	rayar, 1	recobrar, 1
racionar, 1	razonar, 1	recoger, 41

149

renquear, 1

rentar, 1

renunciar, 1

reñir, 66

repantigarse, 17

reparar, 1

repartir, 45

repasar, 1

repatriar, 9

repelar, 1

repeler, 20

repellar, 1

repercutir, 45

repetir, 47

repicar, 17

repiquetear, 1

replegar, 18

replicar, 17

reponer, 27

reportar, 1

reportear, 1

reposar, 1

reprender, 20

represar, 1

reprimir, 45

reprobar, 5

reprochar, 1

reproducir, 57

reptar, 1

repudiar, 1

repugnar, 1

repujar, 1

repulsar, 1

repuntar, 1

reputar, 1

requerir, 50

requisar, 1

resaltar, 1

resanar, 1

resarcir, 64

resbalar, 1

rescatar, 1

rescindir, 45

reseñar, 1

reservar, 1

resfriar, 9

resguardar, 1

residir, 45

resignar, 1

resistir, 45

resollar, 5

resolver, 29

respaldar, 1

respetar, 1

respingar, 17

respirar, 1

resplandecer, 39

responder, 20

responsabilizar, 16

resquebrajar, 1

restallar, 1

restañar, 1

restar, 1

restaurar, 1

restituir, 59

restregar, 18

restringir, 61

resucitar, 1

resultar, 1

resumir, 45

retacar, 17

retar, 1

retener, 26

retirar, 1

retocar, 17

retoñar, 1

retorcer, 30

retornar, 1

retozar, 16

retractar, 1

retraer, 38

retrasar, 1

retratar, 1

retribuir, 59

retroceder, 20

retumbar, 1

reunir, 72

revalidar, 1

revalorizar, 16

revelar, 1

reventar, 3

reverberar, 1

reverdecer, 39

reverenciar, 1

revirar, 1

revertir, 50

revisar, 1

revivir, 45

revocar, 17

revolcar, 19

revolotear, 1

revolucionar, 1

seguetear, 1
seguir, 56
seleccionar, 1
sellar, 1
semblantear, 1
sembrar, 3
semejar, 1
senderear, 1
sensibilizar, 16
sentar, 3
sentenciar, 1
sentir, 50
señalar, 1
señalizar, 16
señorear, 1
separar, 1
sepultar, 1
ser, 21
serenar, 1
seriar, 1
sermonear, 1
serpear, 1
serpentear, 1
serpollar, 1
servir, 47
sesear, 1
sesgar, 17
sesionar, 1
sestear, 1
sigilar, 1
signar, 1
significar, 17
silabear, 1
silbar, 1

silenciar, 1
silogizar, 16
siluetear, 1
simbolizar, 16
simpatizar, 16
simplificar, 17
simular, 1
sincerar, 1
sincopar, 1
sincronizar, 16
sindicalizar, 16
sindicar, 17
singar, 17
singlar, 1
singularizar, 16
sintetizar, 16
sintonizar, 16
sisar, 1
sisear, 1
sistematizar, 16
sitiar, 1
situar, 10
sobajar, 1
sobar, 1
sobornar, 1
sobrar, 1
sobrasar, 1
sobrellevar, 1
sobrecoger, 41
sobresalir, 52
sobresaltar, 1
socavar, 1
socializar, 16
socorrer, 20

sofisticar, 17
sofocar, 17
soguear, 1
sojuzgar, 17
solapar, 1
solazar, 16
soldar, 5
solear, 1
solemnizar, 16
soler (defect.), 29
solfear, 1
solicitar, 1
solidar, 1
solidarizar, 16
solidificar, 17
soliloquiar, 1
soliviantar, 1
soliviar, 1
sollozar, 16
soltar, 5
solubilizar, 16
solucionar, 1
solventar, 1
somatizar, 16
sombrear, 1
someter, 20
sonar, 5
sondear, 1
sonorizar, 16
sonreír, 48
sonrojar, 1
sonrosar, 1
sonsacar, 17
soñar, 5

tartalear, 1

tartamudear, 1

tasar, 1

tascar, 17

tatuar, 10

tazar, 16

teatralizar, 16

techar, 1

teclear, 1

tecnificar, 17

tejar, 1

tejer, 20

telefonear, 1

telegrafiar, 9

televisar, 1

temblar, 3

temblequear, 1

temer, 20

temperar, 1

templar, 1

temporalizar, 16

tempranear, 1

tenacear, 1

tender, 24

tener, 26

tensar, 1

tentalear, 1

tentar, 3

teñir, 66

teologizar, 16

teorizar, 16

terciar, 1

tergiversar, 1

terminar, 1

terraplenar, 1

terrear, 1

tersar, 1

tertuliar, 1

tesar, 1

testar, 1

testificar, 17

testimoniar, 1

tetar, 1

tibiar, 1

tijeretear, 1

tildar, 1

timar, 1

timbrar, 1

timonear, 1

tintar, 1

tintinar, 1

tinturar, 1

tipificar, 17

tiranizar, 16

tirar, 1

tiritar, 1

tironear, 1

titilar, 1

titubear, 1

titular, 1

tiznar, 1

tizonear, 1

tocar, 17

tolerar, 1

tomar, 1

tonar, 1

tonificar, 17

tonsurar, 1

tontear, 1

topar, 1

topear, 1

topetar, 1

toquetear, 1

torcer, 30

torear, 1

tornar, 1

tornasolar, 1

tornear, 1

torpedear, 1

torrar, 1

torrear, 1

tortear, 1

torturar, 1

toser, 20

tostar, 5

totalizar, 16

trabajar, 1

trabar, 1

trabucar, 17

traducir, 57

traer, 38

trafagar, 17

traficar, 17

tragar, 17

traicionar, 1

traillar, 15

trajear, 1

trajinar, 1

tramar, 1

tramitar, 1

tramontar, 1

trampear, 1

uniformar, 1
unir, 45
universalizar, 16
univocarse, 17
untar, 1
uñir, 69
urbanizar, 16
urdir, 45
urgir, 61
usar, 1
usufructuar, 10
usurear, 1
usurpar, 1
utilizar, 16

vacar, 17
vaciar, 9
vacilar, 1
vacunar, 1
vadear, 1
vagabundear, 1
vagar, 17
vaguear, 1
vahar, 1
vahear, 1
valer, 34
validar, 1
vallar, 1
valorar, 1
valorizar, 16
valsar, 1
valuar, 10
vanagloriarse, 1
vanear, 1

vaporear, 1
vaporizar, 16
vapulear, 1
vaquear, 1
varar, 1
varear, 1
variar, 9
vastar, 1
vaticinar, 1
vedar, 1
vegetar, 1
vejar, 1
velar, 1
velarizar, 16
velejar, 1
vencer, 40
vendar, 1
vender, 20
vendimiar, 1
venerar, 1
vengar, 17
venir, 49
ventanear, 1
ventear, 1
ventilar, 1
ventisquear, 1
ventosear, 1
ver, 31
veranear, 1
verberar, 1
verdear, 1
verdecer, 39
verificar, 17
verraquear, 1

versar, 1
versificar, 17
vertebrar, 1
verter, 24
vestir, 47
vetar, 1
vetear, 1
viajar, 1
viborear, 1
vibrar, 1
vichar, 1
viciar, 1
victimar, 1
vidriar, 1
vigilar, 1
vigorizar, 16
vilipendiar, 1
vincular, 1
vindicar, 17
violar, 1
violentar, 1
virar, 1
virilizarse, 16
visar, 1
visionar, 1
visitar, 1
vislumbrar, 1
visualizar, 16
vitalizar, 16
vitorear, 1
vitrificar, 17
vituallar, 1
vituperar, 1
vivar, 1